互联网时代

中国电信运营商发展研究

张高毅●编著

四川科学技术出版社

图书在版编目 (CIP) 数据

互联网时代中国电信运营商发展研究 / 张高毅编著
. -- 成都 : 四川科学技术出版社 , 2023.8

ISBN 978-7-5727-1006-3

Ⅰ. ①互… Ⅱ. ①张… Ⅲ. ①电信企业－企业发展－研究－中国Ⅳ. ①F626

中国版本图书馆 CIP 数据核字 (2023) 第 110168 号

互联网时代中国电信运营商发展研究

HULIANWANG SHIDAI ZHONGGUO DIANXIN YUNYINGSHANG FAZHAN YANJIU

编 著 者　张高毅
出 品 人　程佳月
责任编辑　王双叶
封面设计　众亦知文化
责任出版　欧晓春
出版发行　四川科学技术出版社
成都市锦江区三色路238号　邮政编码　610023
官方微博　http://weibo.com/sckjcbs
官方微信公众号　sckjcbs
传真　028-86361756
成品尺寸　185mm×260mm
印　　张　13
字　　数　260千
印　　刷　三河市华东印刷有限公司
版　　次　2023年8月第1版
印　　次　2023年8月第1次印刷
定　　价　68.00元
ISBN 978-7-5727-1006-3
邮　　购：成都市锦江区三色路238号新华之星A座25层　邮政编码：610023
电　　话：028-86361770

《互联网时代中国电信运营商发展研究》

编委会

前 言

我国电信市场经历多次变革，形成了目前中国移动、中国联通和中国电信三足鼎立的局面。信息经济时代的到来催促着移动互联网的飞速发展，如今5G网络的全面兴起使电信产业凭借其规模经济性、网络外部性等特征，不断推进着自身产业链的转型，也促使产业链中各主体积极寻找适应信息革命浪潮的升级模式。作为电信产业链的主导者，电信运营商正在面临各种机遇与挑战，民营资本的进入、虚拟运营商的崛起，无疑都是在促使电信产业链中各主体积极寻求合作与互通，共同维护与推动移动互联网产业链的健康发展。基于此，移动互联网应运而生。移动互联网是随着移动通信和互联网行业的发展衍生出的一个新行业，它具备互联网行业的一切特征，并且由于移动终端的便捷性，移动互联网比传统的互联网更具活力。然而，在移动互联网时代下，电信运营商逐渐沦为渠道提供商，在这样的情形下，其很难抓住移动互联网发展的红利，这就需要电信运营商改变运营策略，把握机会，创造更多价值。

本书基于电信产业在互联网背景下的发展对电信运营商的健康发展提出优化建议，共分为六章。第一章为移动互联网时代电信运营商概述，简述了电信行业、移动互联网的概念、特征和发展；第二章为我国电信运营商行业现状，主要研究我国电信运营商行业发展现状、电信运营商盈利模式、电信运营商产业链发展现状等方面的困境及问题，并举例分析电信产品开发；第三章为电信产业价值链演变和竞合关系分析，简述了电信产业价值链演变过程和电信产业价值链竞合关系的必要性；第四章为互联网下我国电信运营商商业模式创新，主要对电信运营商商业模式概念、我国电信运营商商业模式现状和创新策略等方面进行分析与研究；第五章为电信运营商电子商务战略发展，主要对移动电子商务基本概述、电信运营商移动电子商务服务分析和移动电子商务平台构建等内容进行研究；第六章为我国电信运营商发展对策，针对上述电信运营商存在的问题，对三大电信运营商提出优化建议，并提出电信运营商绿色技术创新与可持续发展的理念。

总之，移动互联网业务是电信行业未来的发展方向，电信运营商作为产业价值链上的重要一环，必须在移动互联网领域有所探索和突破，这对电信运营商的发展具有重要意义。

张高毅

目　录

CONTENTS

第一章

移动互联网时代电信运营商

第一节 中国电信行业基本概述

一、我国电信行业发展历程

自改革开放以来，我国电信业始终保持着快速发展的态势。由于国家宏观政策的支持，我国电信业不仅起点高，而且发展非常迅猛，已连续多年超过国民经济增长速度。电信行业对国民经济发展和社会进步的贡献日益凸显，目前已发展成为国民经济发展的基础性、先导性和战略性行业。其间，我国政府对电信业进行了多次机构改革与行业重组，以求打破垄断、提升效率。纵观三十多年的发展历程，我国电信业大致经历了四个阶段，如图 1-1 所示。

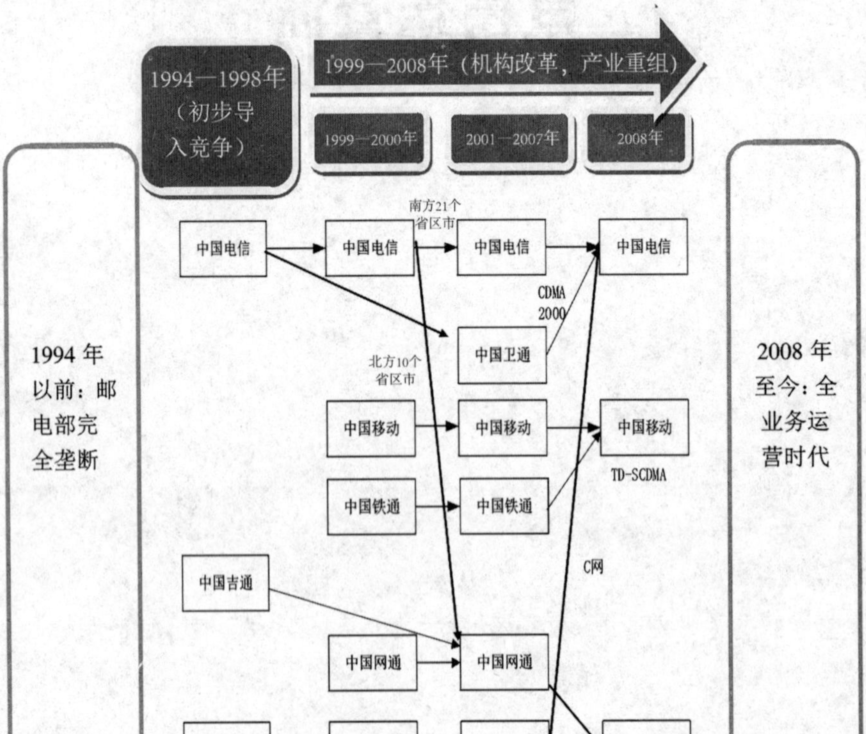

图 1-1 我国电信业发展历程图

1994—1998 年，为初步导入竞争阶段：1994 年 7 月，中国电信史上具有里程碑意义的中国联合通信有限公司（简称中国联通）正式成立。中国联通的成立，对我国电信行业深化改革、打破邮电部完全垄断具有重要意义。在移动通信市场上，中国联通的进入形成了双垄断寡头的竞争格局，从而推动了电信效率得到一定提升，大幅降低了入网费和资费，使客户得到了实惠。但是，1998 年中国联通的营业额相当于中国电信的 1/112，资产仅相当于中国电信的 1/260，其差距之大反映出竞争极不充分。电信市场的有效竞争远远没有形成。①

1999—2008 年，为机构改革阶段和产业重组阶级：1999 年 2 月，我国政府决定对中国电信进行拆分重组。1999 年 12 月国务院通过中国电信重组方案，2000 年 4 月组建中国移动通信集团公司的方案，2000 年 9 月组建中国电信集团公司，2000 年 6 月国务院通过组建中国卫星通信集团公司的方案。1999 年 5 月，国信寻呼公司从中国电信剥离出来整体划归中国联通。此后，政府正式开始决定给中国吉通、中国铁通与中国网通这三家公司颁发电信经营许可证。在这一阶段重组后，我国电信行业初步形成多方竞争的格局。即在整个电信市场上，开始有中国移动、中国联通、中国电信、中国网通、中国吉通、中国铁通和中国卫通等七家基础运营商，“七雄争霸”的局面正式开始。

2001 年，原中国电信南、北拆分方案出台。南方及西北 21 个省区市，继续享有“中国电信”的无形资产和品牌商誉；华北地区、东北地区和河南、山东共 10 个省区市的电信公司和中国吉通、中国网通整合为中国网络通信集团公司。至此，中国电信业最终形成“5+1”的竞争格局，即中国移动、中国电信、中国联通、中国铁通、中国卫通和中国网通这六家运营商正式共存于我国电信市场上。在移动通信领域，移动运营商收入市场份额于 2001 年超越固网运营商，而中国移动的收入市场份额也于重组后的 2002 年跃居行业第一。中国电信市场失衡现象逐步出现。②

以 2004 年全国信息产业工作会议提出中国要“从电信大国向电信强国”转变的战略目标为标志，我国电信业进入了转型阶段。至此，我国信息产业走到了一个新的阶段，业界人士更是将 2004 年定为电信强国“破题”之年。

2008 年，为全业务运营时代：2008 年 5 月，国务院三部委《关于深化电信体制改革的通告》正式发布。中国铁通并入中国移动，中国联通 GSM 网与中国网通合并成立新联通，中国电信收购中国联通 CDMA 网，同时中国卫通的基础电信业务并入中国电信，这样形成新电信。原来的六家电信运营商合并演变为中国移动、中国电信和中国联通这三家实力与规模相对接近、能同时经营固话和移动业务、具有

① 宋杰，朱莹莹，徐静，等. 电信行业竞争分析方法与实践 [M]. 人民邮电出版社，2009：82-83.
② 张君. 中国电信运营商的竞争与发展策略研究 [D]. 武汉：华中科技大学，2010.

全国性网络资源的全业务市场竞争主体。至此，电信行业的资源配置进一步优化，竞争格局也进一步完善。从党的十六大提出的“信息化带动工业化”，到十七大进一步提出的“工业化与信息化融合”，再到十八大将“信息化作为经济发展的新引擎”，历史赋予信息产业更加深远的战略意义，同时也给电信业的转型指明了方向。很显然，无论是从用户需求还是从硬件环境来看，面向未来的综合信息服务都将是我国电信业下一步的发展方向。①

2014 年 7 月，三大电信运营商中国移动、中国联通和中国电信共同签署了《发起人协议》，成立中国通信设施服务股份有限公司，亦即铁塔公司，主要从事通信铁塔等基站配套设施和高铁、地铁公网覆盖，大型室内分布系统的建设、维护和运营。

2019 年 6 月，中华人民共和国工业和信息化部（简称工信部）向中国移动、中国电信、中国联通、中国广播电视网络集团有限公司（简称中国广电）发放 5G 商用牌照。同年 12 月，工信部将 192 号段给予中国广电。2022 年，中国广电基于“手机 + 电视 + 宽带 + 语音 + 卫星 +*X*”全融合业务体系，在全国除港澳台地区以外的 31 个省区市全部开通中国广电的 5G 网络服务。

2019 年 11 月，工信部召开携号转网启动仪式，携号转网正式在全国提供服务，电信业务经营者不得干涉用户自主选择。携号转网即号码携带、移机不改号，也就是说一家电信运营商的用户，无须改变自己的手机号码，就能转而成为另一家电信运营商的用户，并享受其提供的各种服务。为了降低用户离网的影响，电信运营商不得不付出更多的成本来提高服务能力，以改善客户使用感受，提升客户满意度。

二、电信行业的基本特性

电信行业主要由设备提供商、电信运营商、服务提供商构成，其中电信运营商是体系中的核心，为整个行业提供平台式服务。本文研究对象为电信运营商，因此，本章将着重讨论以电信运营商为基础的行业特征。首先，我国对于电信运营许可有着严格的控制，目前我国只有三家电信运营商获得许可。其次，网络的大力发展必然存在规模经济效应和外部网络效应。

为了迎合市场经济发展规律，促进电信运营商企业的发展，国家逐步放开对电信运营商所有业务的资费管制，鼓励电信运营商提高经营绩效、降低运营成本。电信运营商可以在合理范围内自主设计和调节业务经营模式。因此，电信运营商之间便具有了一定的竞争性。然而，中国移动、中国电信、中国联通依然是我国仅有的

---

① 高红冰．第五次电信分拆与重组方案建议 [J]. 互联网周刊，2011（5）：28–31.

三大电信运营商，所以我国电信行业目前的基本现状是三大电信运营商的垄断和竞争。

(一) 自然限制性

一方面，在某些行业发展进程中，资源、技术、规模或者其他因素使得行业中为消费者提供产品和服务的企业只有极少数几家甚至仅有一家。如此便形成行业独占现象。企业可以根据自身意愿调节生产成本、产品供给和产品价格。经济学中提到，这时企业很有可能为了利益最大化从而放弃整个市场整体价值最大化，造成经济发展效率低下。但在国家政策的干预下，企业这方面的做法得到抑制。所以整体上，市场经济发展效率还是趋向帕累托最优。另一方面，如果有新的企业要进入自然限制行业，与行业中的领先者竞争，抢夺市场份额，极大可能发生价格战，导致生产效率降低。而新进企业的实力普遍弱于领先者，在价格战的消耗下，新进企业大多被驱逐出场，行业重新进入发展受限状态。在市场争夺中，行业发展效率大大降低。为防止此类损失发生，国家给行业建立了壁垒（如行业许可证）。国家对此类行业既保护又管控，保护是为了防止内耗，管控是为了抑制企业的野心。

电信行业的发展必须依靠大面积的网络覆盖，也就意味着电信运营商必须广泛建立通信网络基础设施。而我国幅员辽阔，通信网络的搭建必然需要巨大的投资。一旦企业开始运营，对于行业来说几乎是独占性的。我国电信运营商在2008年重组后形成三大电信运营商（中国移动、中国联通、中国电信）三足鼎立的现象，现在行业呈现为三家电信运营商相互竞争的格局。

(二) 规模经济性

规模经济性是指企业规模加大，其经营平均成本降低，利润提升。很明显，电信运营商具备这一特性。通信网络与人们日常生活和工作息息相关，是社会活动信息交流传递的枢纽，可以说人们对用通信网络的需求几乎是刚性的，这必定会促使电信运营商扩大其规模来满足人们的需要。

电信运营商建立广泛的通信基础设施、对其进行维护、随着技术的变革更新设备，这些都代表着大量的固定成本投入。电信运营商每增加一个用户，便会拉低平均成本，当用户增加到一定量时，运营成本将显著减少，此时电信运营商的盈利指标会显著提升，而我们不必担心网络的承载能力。如此一来，电信运营商的规模将越来越大，进而加深了外部企业进入的壁垒。所以，我们在讨论其竞争优势时更多考虑其行业内部如何争夺市场，如何获得更多用户的青睐。

（三）网络外部性

产品的网络外部性是指每增加一个该产品的消费者，该产品的价值就会提升。对于电信通信网络来说，网络中用户越多，电信网络服务对每一个用户的价值就会越高。

电信行业的网络外部性可以从三个方面来理解。

第一，所有电信运营的用户构成一个网络，在这个网络下，用户互联互通，每增加一个用户，也就为其他用户增加了一个可连接的对象，用户的体验效用①是增加的。除了用户之间随着数量上升增加效用外，用户的增加也使得内容提供商需要提供更多更丰富的内容，这也间接增大了用户的效用。

第二，同一个运营商下面的用户构成的网络，在此网络中，用户同样互联互通，资费也比前者便宜。在这样的网络下，用户在网络外部性的作用下会获得更高的效用。而在此网络中，运营商可以针对自己的用户进行分析，细分用户层次，开发多样化的服务以满足各层次用户的需求，从而间接提高了用户的效用。

第三，所有使用相同通信技术标准的用户构成的网络，在此网络中同样也存在网络外部性。而随着同一标准的用户数量增加，使得生产该类技术标准终端的企业增加产量，终端产品价格会有所下降，用户因此会获得额外的效用。

三、电信行业产品基本概述

追溯电信的业务 / 产品的发展历史，它与电信行业的发展历程几乎是一致的，技术和市场作为两大推动力，贯穿电信产品发展始终。从技术层面上看，经历了电报、固话、移动电话、窄带、宽带、2G、3G、4G 及 5G 等几个阶段，每个阶段都会有与该阶段相匹配的电信产品产生，也会有一些相应的产品退出历史的舞台；从市场层面看，经历了资源紧缺、高速发展和激烈竞争三个阶段，电信产品也从原先的固定单一变成如今的丰富灵活，未来还将以更加灵活的模式融入移动互联网时代的激烈竞争中去。

（一）电信产品的基本概念

过去人们通常将电信行业提供的服务叫作电信业务。传统意义上的电信业务是指电信运营商根据用户的通信需求，向用户提供的有偿通信服务。②

① 体验效用：消费者拥有或消费商品对欲望的满足程度。
② 叶云 . 电信服务产品化的应用和管理探讨 [J]. 通信世界，2003（7）：30-31.

电信产品是指电信运营商为了满足顾客需求所提供的各种通信业务的总称[①]，更具体地说，就是通过营销手段，将一个或多个单元电信业务经过排列组合后生成的产物。从本质上说，电信产品就是电信业务某种形式的集合，它具有电信业务可销售、可计价、可分解的诸多属性，又具有业务多样、灵活计价等这些电信业务没有的属性。因此电信产品既有产品的特性，又同时兼顾服务的属性。

进入互联网时代，电信行业的产品又发生了新的变化：移动互联网的三个“更”——更多的应用服务、更好的用户体验、更快的需求响应深刻地影响了电信行业的产品模式，在这种背景下，如何合理地分配电信资源，开发出具有互联网特征的优势电信产品，成为摆在电信运营商面前亟须解决的一道难题。

（二）电信产品及其分类

我们所熟知的电信产品，通常泛指电信运营商通过通信电磁系统传送、发射和接收多媒体信号或者以其他信号为基础所提供的一类服务。电信产品的种类繁多，分类也比较复杂。根据战略目标的不同将电信产品划分为收入导向型、用户黏性型和战略发展型产品三类；根据用户的需求将电信产品分为个人产品、家庭产品、集团产品三类；根据管理方式的不同将电信产品分为集团类产品、省市类产品、区县类产品；还有根据生命周期的不同阶段将电信产品分为原始型产品、成长型产品、成熟型产品、衰退型产品和退网型产品五类。这几种分类方式是从电信运营商或监管部门的角度进行的分类，都是在电信产品开发完成后进行的分类，属于事后分类。而在开发阶段，主要是按照工信部发布的《电信业务分类目录》，将电信产品分成基础电信产品和增值电信产品两大类。

基础电信产品是指提供公共网络基础设施、公共数据传送和基本语音通信服务的业务。[②]基础电信产品所提供的是最基本的电信业务和服务，诸如常见的3G、4G、5G、WLAN都属于基础电信产品。在电信产品开发过程中，它是必选的产品，因而不存在取舍的选择性问题。由于同质化严重，决定基础电信产品竞争力的只有价格因素和业务质量（例如通话质量、宽带速度、服务种类等）。就基础电信产品而言，它们之间的选择往往是互斥的，例如网络制式、网络带宽。

增值电信产品是指利用公共网络基础设施提供附加的电信与信息服务业务，有时也称为增强型业务。[③]增值电信产品是建立在基础电信产品基础上所提供的增值服务。相比而言，基础电信产品满足了用户最基本的通信需求，而增值电信产品满

---

① 赵鑫龙．电信产品管理信息系统的设计与实现 [D]. 大连：大连海事大学，2009.
② 韩胜飞，王炜．我国电信基础业务 FDI 壁垒及行业影响 [J]. 国际贸易问题，2013（5）：143-157.
③ 郑鑫．我国增值电信业务发展及转型策略分析 [J]. 互联网天地，2015（1）：32-35.

足了用户更高层次的信息需求。增值电信产品提供了多种多样的服务，以满足不同用户群体的个性化要求。增值电信产品的自身特性决定其必然是一种具有多元化特征的综合性捆绑产品。在实际产品开发中，增值电信产品往往是一系列的增值业务的组合，例如12580、114、互联网业务等都属于增值电信产品。近些年来，电信运营商开始将电信产品与终端、话费和流量进行捆绑，推出了充值送手机、充值送话费、流量加油包等新型增值电信产品，取得了不错的市场效果。

以上将电信产品划分为基础电信产品和增值电信产品的方式实质上还是将电信业务作为单独的产品进行开发，也就是"单产品"模式。近些年来，随着电信产品的种类不断丰富，电信产品开始向"融合产品"模式转变，即将多种电信产品组合成一个新的电信产品，即所谓的"电信套餐"。[①] 常见的电信套餐都是1～2个基础电信产品加多个增值电信产品的组合，其中的每一个电信产品叫作电信套餐产品的基本业务单元。电信运营商可以根据用户的需求进行电信产品的组合搭配，并通过合理的批价优惠，向用户推销打包产品，这样既降低了电信产品的单价，又提升了电信产品的使用量，成为运营商市场竞争的一大利器。电信产品的这种组成模式和传统制造业的零件总装模式非常类似，基本业务单元就是一个个"零件"，产品开发人员将这些零件进行拼装，形成最终的电信产品，因此也可以参照传统制造业的QFD质量屋模型，构建基于电信产品的QFD质量屋模型，实现用户需求到电信产品之间的转化。

（三）电信产品的四类属性

电信产品的属性很多，但通常分为内在、外在、表现和抽象四类。[②]

（1）电信产品的内在属性就是电信产品所提供的服务和功能，内在属性又包括内容属性和功能属性。内容属性是电信产品提供给用户用以满足通信或信息需求的产品，例如手机彩铃的铃声、语音信箱所听到的语音留言等，都属于内容属性。功能属性是指电信产品所属的业务类别，例如手机报、通信助手属于数据业务，企信通、企业彩信属于短彩业务。

（2）电信产品的外在属性是与产品本身功能无关的一些属性，主要包括品牌、价格和客户服务。电信产品的品牌是电信运营商向市场传递其企业形象、产品理念等所做的形象或设计，例如国内三大电信运营商都有自己的4G品牌。电信产品的价格是电信运营商为提供给用户的产品而收取的费用，电信产品的价格定制的方式包括包月、计次、计流量、计时等，例如家庭套餐是包月，SP（Service Provider,

① 赵国栋．大数据时代的三大发展趋势 [J]. 高科技与产业化，2013（5）：50-53.
② 郝伟杰．电信邮箱类业务设计关键问题研究 [D]. 北京：北京邮电大学，2010.

服务提供商）业务是计次，手机视频是计流量，长途通话是计时。电信产品的客户服务是电信产品销售后为了更好地满足消费者的需求而提供的服务，例如国内三大电信运营商都拥有自己的客服品牌。

（3）电信产品的表现属性是指电信产品为了满足用户的需求而发挥的作用，其归结到一点就是电信产品的质量。这里的质量既包括产品本身的质量，例如上网的网速、彩铃的音质、手机报的及时性；也包括产品包含的服务质量，例如通话的接通率、上网的丢包率、客服的满意度等。

（4）电信产品的抽象属性是指电信产品未表现出来的隐藏功能，主要就是产品的品牌号召力。电信产品的品牌号召力是电信产品在使用过程中所积累的市场口碑。

电信产品的四类属性与一般的工业化产品的属性相同，因此工业化产品的开发方法在某种程度上也适用于电信产品的开发。

（四）电信产品竞争性因素分析

为了对电信产品开发过程进行改进，就必须首先了解电信产品几个关键的竞争性因素。电信产品的竞争性因素主要包括价格、速率、质量、品种四类。

价格是电信产品竞争性因素的核心。虽然经过了十几年的竞争和电信行业技术的快速进步，电信资费已经有所降低，但价格因素仍然左右着电信产品能否在市场中走向成功，这之中有电信产品的边际成本近似为零的特点，也有电信服务同质化的现实。电信产品的价格受到成本、市场、需求、行业管控、技术特征五个方面的影响。其中在成本方面，电信运营商的网络建设与生产一般产品的流水线建设不同，通信网络的建设通常是一次性完成的。一旦通信网络建成后，其绝大多数的成本将成为沉没成本，而电信产品在使用过程中产生的边际成本很低，甚至可以忽略不计。通常意义上讲，电信产品的使用用户越多，其单位产品的固定成本就越低。在市场方面，国内三家电信运营商之间竞争非常激烈，经常打价格战，甚至时常出现亏本赚吆喝的情况，电信产品的价格受到市场竞争的影响，不断下调。在需求方面，用户对于通信的需求已经从传统语音、短信等基础业务向数据、增值业务转型，而数据、增值业务的成本远远高于语音、短信业务，这使得电信产品在定价时必须考虑到成本效益的问题。在行业管控方面，过去电信产品的价格资费长期受电信监管部门的限制；但随着近年来政策逐步放宽，电信运营商对于其产品的定价有了更大的自主性。在技术特征方面，电信产品除了具有普通产品的一般特性以外，还具有以服务业务为表象的特殊属性。产品与服务的双重属性决定了在对电信产品进行定价时，需要综合考虑属性、质量、等级、成本等多种因素。

电信产品的速率是电信产品的核心竞争力。广义的速率是指电信产品的业务传输速率；而狭义上讲，就是网速。随着电脑、手机等电子产品的普及以及移动互联网技术的不断进步，人们的吃穿住行越来越离不开互联网，而互联网的接入方就是电信运营商，它们通过电信产品的形式将上网服务提供给普通用户，因此电信产品中所提供的上网速率成了普通用户非常关心的内容。一般意义上说，用户都希望电信运营商能够提供越来越快的上网速率，高速的网络能够保证用户访问网站、浏览视频、观看图片的流畅度，使得用户在使用网络时获得良好的用户体验。但高速的网络必然带来高昂的投资成本以及与之对应产生的高昂的使用费用，价格与速率往往是电信产品的一对矛盾因素。近些年来，随着生活水平的日益提高，很大一部分用户对电信产品的速率要求已经渐渐取代了价格要求并上升为主要关注点，这就要求在电信产品开发中，要善于利用速率与资费的矛盾，找到其中的契合点，进行有针对性的产品开发。

电信产品质量是电信产品的竞争基石。电信产品的实质就是电信运营商提供给用户的一种电信服务，而电信产品质量也就是提供给用户的电信业务的服务质量。从本质上讲，电信产品质量其实是代表了用户满意程度的业务性能聚合，用户对电信产品的质量预期比较复杂，更多的是一种主观判断，它极易受到竞争、价格等非技术因素的影响。但由于质量评判标准是以技术为主要依据的，因此它也是一种客观存在的事实。落实到用户的使用中，电信产品质量包括了信噪比、丢包率、通话及时率等诸多具体的技术指标，这些技术指标构成了用户对电信产品的质量感知。随着 4G 牌照的发放和运营商开始进行业务转型，以移动互联网为基础的增值、数据业务得到了极大的发展，逐渐成为电信运营商的利润增长点和竞争点。但随着各大运营商的 4G 网络和业务的建设与完善，其所提供的各项业务与产品日渐趋于同质化。在这种越来越同质化的市场竞争环境中，电信产品质量的优劣将成为电信运营商吸引客户的关键因素，同时也是其核心竞争力体现。

电信产品的品种是电信产品竞争力的原动力。随着传统的语音业务和短信业务逐步萎缩，电信运营商陷入了传统业务发展倒退、新型业务增长乏力的困境，电信运营商纷纷开始进行互联网化转型。互联网化转型的重要措施就是丰富电信产品线，通过“三网融合”“全业务经营”，电信运营商已经开始破除固网和移动网络之间的业务壁垒，着手进行多领域的跨界尝试。目前电信运营商提供的产品已经逐步涵盖电信、互联网、金融、生活、旅游等多个行业，可以提供全方位满足用户日常需求的各项业务。因此在某种意义上说，电信运营商所提供产品的丰富度决定了其未来的核心竞争力。

简而言之，电信产品的四类竞争性因素在某种程度上就是用户的四类需求。

（五）电信产品开发

1. 开发的一般方法

管理学中的产品开发方法一般包括调查研究、构思创意、设计、试制与评价鉴定、生产技术准备、正式生产和销售这六个阶段。电信产品的一般开发方法也参照此经典理论进行设计。

电信产品开发的一般方法中最为关键的两个过程是调查研究和构思创意。调查研究的目的是获取市场对电信行业的需求，构思创意实则是将用户的需求转化为电信产品的特性。这两个步骤都是基于数据而进行的分析：调查研究是基于问卷调查、访谈、调研等数据进行判断；构思创意是基于历史的产品开发经验数据，判断采用何种电信产品特性。虽然它们都是基于数据进行分析，但数据只在步骤中起到辅助作用，真正做出判断和决策的依然是产品设计人员，他们的经验判断决定了调查研究和构思创意的走向，因此电信产品开发人员都是具有丰富的电信市场经验的产品开发专家。

传统电信产品的开发过程方法比较简单，产品开发质量的好坏很大程度上取决于产品开发人员的个人能力和经验，极易导致电信产品开发过程过于主观化，产品开发风险高。在电信业务快速发展的今天，该开发过程的弊端更加明显。电信行业亟须一种更加客观的电信产品开发方法，既能降低电信产品开发风险，又能提升电信产品质量。这正是本项研究的核心。

2. 开发策略

电信产品的种类很多，在此基础上开发的电信“套餐”产品的组合更是纷繁复杂。但是无论电信产品多么复杂，其开发策略依然还是围绕着用户的需求来展开，主要包括把握市场方向、获取用户需求，科学细分市场、确定目标用户，整合产品资源、满足用户需求，建立反馈机制、提升客户体验，不断改进产品、加强客户黏性五个方面。

把握市场方向、获取用户需求是要求准确把握用户的需求和消费趋势。对于电信产品开发方法而言，对需求了解越深刻、对市场把握得越准确，开发出的产品也就越优秀。因此在进行电信产品开发时，需要时刻洞悉市场和用户的需求及未来的变化趋势。为了能够开发出具有竞争力的电信产品，我们需要从多个方面入手。首先是定期进行市场调研分析，通过电话、访谈、问卷等调查方式，从多种渠道获取用户的真实需求。其次是对电信运营商的经营数据进行分析，电信运营商的BOSS、CRM、BSS、账务平台等系统中存储着大量有价值的用户数据，通过对这些数据的挖掘、分析，准确获得用户和市场的需求。再次是将一线营销人员融入电信产品开发团队中，由于一线营销人员直接接触用户，因此对于用户的喜好和需求能够准确把握，通过将营销人员融入电信产品开发团队，能够有效地获取用户的一些需求，特别是通过其他方法很难获取的隐性需求。最后是通过与外部企业合作，购买需求。电信运营商与相关的咨询公司或大数据运营企业合作，购买现成的市场和用户需求，用于开发电信产品，这种方法节省了电信运营商获取需求的时间，通过外包的方式和直接获取了市场和用户需求，简单方便、可操作性强。

科学细分市场、确定目标用户是要求将众多的用户按照一定的标准进行划分，并在此基础上提供差异化的产品。由于客户的需求千差万别，因此有必要针对不同的客户提供不同的电信产品，从而满足各种用户的需求，这也是电信运营商获得市场竞争优势十分重要的途径。为了科学细分市场，需要电信运营商对用户有较为深入的了解，并在此基础上进行细分。常见的细分口径是根据客户的日常消费、位置信息、行业信息、消费习惯、消费能力等对用户进行细分，能够让电信运营商获取潜在的市场规模，掌握用户现在或正在形成的需求，从而能够找准产品开发的切入点，开发出具有针对性和特色的电信产品。

整合产品资源、满足用户需求要求电信运营商引入合作机制，将其他企业的优势产品融入现有的电信产品中去，形成新的优势产品。这实质上就是电信“套餐”产品的另一种构建形式，通过与友好企业建立合作与联盟，将其他行业的资源进行整合，已成为电信运营商广泛采用的经营策略。在合作联盟的选择方面，电信运营商首先要先了解用户的真实需求，然后根据需求选择合适的合作伙伴，例如，中国移动与唱片公司合作，推出彩铃业务，满足了用户的多媒体需求；中国电信与广电集团合作，推出了ITV业务，满足了用户的电视能直播回看的需求；中国联通与实体商户紧密合作，成功地推出了“116114”，满足了用户电子订票、订酒店的需求；等。因此电信运营商整合产品资源、满足用户需求的最重要条件是能够准确获取解用户的需求。

建立反馈机制、提升客户体验是要求电信运营商搭建与客户沟通的桥梁，将用户的体验反馈与产品的持续改进相结合，开发出更加符合用户需求的产品。在移动通信市场，各大互联网手机制造商已经将与用户的沟通互动玩转到极致，通过建立不同的粉丝群，形成与用户沟通的良好渠道，不断对自己的产品进行改进。作为电信运营商，也可借鉴这一方法，定期吸纳一些具有代表性的客户组成产品体验委员会，其中可以包含电信专家、政企客户关键人、家庭客户具体成员等，与他们签订客户体验反馈协议，通过让他们免费试用产品的方式获取对产品的评价和意见，借以获得用户真实的体验需求，即内在需求，并对电信产品进行针对性的改进，用以提升客户感知，增强产品的竞争力。

不断改进产品、加强客户黏性是要求电信运营商树立创新意识，营造创新氛围，对电信产品的改进创新脚步永不停止。虽然目前国内电信行业还处于三家独大的阶段，但三大电信运营商之间的竞争非常激烈。为了保持竞争力，就需要对电信产品不断改进、不断创新，以此增强用户使用黏性，满足不断变化和增长的市场需求。电信运营商在产品不断改进、业务持续创新时，必须要以实现用户需求为根本目标，一切改进和创新都为满足用户需求服务，以此树立创新意识，营造创新氛围，消化和吸收国内外先进的科学技术，最终形成自有的电信产品持续不断创新改进的开发模式。

除了上述5个开发策略之外，电信运营商目前正在尝试利用大数据挖掘技术辅助产品开发，并将按照四个步骤实施：第一步是深入挖掘数据，即利用大数据挖掘技术对数据仓库进行挖掘，给客户打上不同种类的标签，从而实现对客户的进一步细化分类；第二步是精准定位分析，即基于大数据能力的进一步提升，实现对客户的全面理解，完成对客户的虚拟画像，对客户的分析深入到通信服务以外的其他方面，能够实时了解客户对产品的体验感知，实现精准化营销；第三步是开发电信产品，即通过对用户的需求定位开发出适合用户的电信产品；第四步是进行营销，通过大数据、超细分、微营销等手段提升电信运营商向前以及向后的营销服务能力。

综上可知，电信产品的开发策略一直是围绕着准确把握用户的需求来展开的，对用户需求的把握决定了电信产品的开发策略，更决定了所开发的电信产品的经济效益。因此，在电信产品开发过程中，能否精准获取需求并且将需求转化为产品，成为电信产品开发成功与否的决定性因素，这也就是要借助大数据挖掘技术融入质量功能展开进行电信产品开发的原因。

四、电信市场宏观环境分析

在此借助宏观环境分析模型对三大电信运营商宏观环境进行分析。宏观环境是指影响行业和企业的各种宏观因素。对宏观环境因素做分析，根据经营需要和自身特点，不同行业和企业的分析内容会有差异，但一般都应对政治、经济、社会和技术这四大类影响企业的主要外部环境因素进行分析。

（一）政治环境

国家出台的《国民经济和社会发展第十二个五年规划纲要》（以下简称《“十二五”规划纲要》）涉及多项通信业内容，对通信基础设施建设、网络与信息安全、战略性新兴产业等都提出了发展目标与重点。《“十二五”规划纲要》明确指出，“新一代信息技术产业将重点发展新一代移动通信、下一代互联网”，“加快建设宽带、融合、安全、泛在的下一代国家信息基础设施，推动信息化和工业化深度融合，推进经济社会各领域信息化”，“深化大型央企和国企信息化建设”。

“十三五”时期，我国经济保持中高速增长，在提高发展平衡性、包容性、可持续性的基础上，到2020年国内生产总值和城乡居民人均收入比2010年翻一番，产业迈向中高端水平，消费对经济增长贡献明显加大，户籍人口城镇化率加快提高。这一时期农村人口大幅减少，城市治理体系日益完善。

"十四五"时期是我国全面建设小康社会，实现第一个百年奋斗目标之后，乘势而上开启全面建设社会主义新征程、向第二个百年目标进军的第一个五年，我国将进入快速发展新阶段，国家大力实施乡村振兴战略，这五年是企业信息化技术大力投入的五年，国家加大对重点行业信息化的投资力度将直接拉动信息产业的飞速发展。

信息技术日益成为国际竞争核心，信息化引领科技发展与提升国家竞争力的作用也受到了高度重视。目前，全球已有90多个国家制订了国家宽带战略或计划。2012年初，国家发展和改革委员会表示将会同工信部、财政部、科技部、国资委等多个相关部门成立宽带中国战略研究工作小组，共同组织开展宽带中国战略研究，加快推进宽带网络建设与发展。在三网融合方面，由于政府积极推动，三网融合试点在2013年扩大至全国30多个城市。当前，三网融合虽然面临着管理体制不畅、发展思路有差异、试点业务不明确等困境，整体进展较为缓慢，但三网融合对电信运营商数据增值业务有积极的推进作用。在基础设施方面，政府也予以很大支持。随着移动信息化流量的快速增长，国家加大对光传输和光接入设备的建设力度，在有线网络层面解决好"最后一公里"问题；在无线设施建设上，中国电信、中国移动、中国联通三家电信运营商共完成专用设施投资近千亿元，实现对所有城市和县城以及部分乡镇的覆盖。党的十八大报告首次提出"促进工业化、信息化、城镇化、农业现代化互动发展"，明确指出将"信息化水平大幅提高"列为全面建成小康社会的一项重要经济目标，为电信业发展指明了基本方向。电信业在两化（信息化和工业化）深度融合、四化（工业化、信息化、城镇化、农业现代化）互动发展的政策环境下大有作为。

党的十九大以来，中国信息通信行业踔厉奋发，建成了全球规模最大的光纤网络和移动网络，形成了全球最大、最完整的光通信产业体系，为我国加速建设网络强国、数字中国做出了重要贡献。

在党的二十大报告中，多次提及信息通信业，在"加快构建新发展格局，着力推动高质量发展"部分提出，建设现代化产业体系，坚持把发展经济的着力点放在实体经济上，推进新型工业化，加快建设制造强国、质量强国、航天强国、交通强国、网络强国、数字中国。在"实施科教兴国战略，强化现代化建设人才支撑"部分提出，完善科技创新体系，坚持创新在我国现代化建设全局中的核心地位，健全新型体制，强化国家战略科技力量，提升国家创新体系整体效能，形成具有全球竞争力的开放创新生态。加快实施创新驱动发展战略，加快实现高水平科技自立自强，以国家战略需求为导向，集聚力量进行原创性、引领性科技攻关，坚决打赢关键核心技术攻坚战，加快实施一批具有战略性、全局性、前瞻性的国家重大科技项目，增强自主创新能力。在“推进国家安全体系和能力现代化，坚决维护国家安全和社会稳定”部分提出，提高公共安全治理水平，坚持安全第一、预防为主，完善公共安全体系，提高防灾减灾救灾和急难险重突发公共事件处置保障能力，加强个人信息保护。电信运营商需要把握好这一重要的战略机遇。

（二）经济环境

2006 年以来，在国家一系列惠农经济政策的引导下，农村居民人均纯收入增速持续上涨，城乡居民收入差距将进一步缩小，农村居民消费能力将进一步提高。居民收入水平的稳步提升，必然会激发电信业务量的持续增长。随着近年我国经济的持续稳定增长，居民收入水平的稳步提升，我国电信消费需求仍存在较大的提升潜力。

近年来，城镇化导致农村人口大幅减少，国家在大力提倡乡村振兴战略，乡村振兴的总要求之一是产业兴旺，产业兴旺是实现乡村振兴的基石，发展现代农业是产业兴旺最重要的内容，重点在于通过产品、技术、制度、组织和管理的创新，提高良种化、机械化、科技化、信息化、标准化、制度化和组织化水平，从而推动农业、林业、牧业、渔业和农产品加工业的转型升级。乡村振兴要推动重大战略、重大行动和重大工程的落实，实施质量兴农和数字乡村战略。这些都给未来在乡村的互联网发展、网络应用带来新的机遇。

（三）社会环境

根据马斯洛需求层次理论，人们的需求主要包含以下五个层面：生理需求、安全需求、社交需求、尊重需求、自我实现需求。只有前一个需求得到满足后，人们才会去追求下一个更高的需求。把这个理念应用于目前人们对信息化需求的心理变化上，就不难发现电信行业发展的趋势和走向。随着跨产业融合的深入，电信发展对人类意识形态的影响将更直接、更广泛，由此带来的社会责任也将更深远、更重大。人们文化水平越来越高，对于新鲜事物的接受程度也不断提高，而随着个人客户需求多样化、家庭客户需求融合化、集团客户需求专业化，电信运营也必将面临客户需求全方位升级的挑战。

在个人客户方面，代际差异趋势愈发明显，即使处于同一出生阶段的同代人，其消费理念与消费行为也呈现出明显的差异性，这种日益分化的客户需求，必然会对电信运营商的个性化服务能力提出更高的要求。在家庭客户方面，随着家庭宽带的普及、宽带接入速率的不断提升，以及信息机等家庭信息终端的日益普及，家庭客户对于融合化信息服务的需求在未来几年将愈发强烈。在集团客户方面，随着经济的发展、工资水平的增加以及劳动力结构的变化，集团客户通过信息化管理提高生产效率的压力越来越大，政府部门也希望通过信息化实现更大范围的行政监管和办公效率提升。中国移动在 2011 年进行的一项调查显示，约有 70% 的大型企业和中型办公中心对融合信息化解决方案具有强烈的采用意愿。在传统市场上，专线接入、IDC（Internet Data Center，即互联网数据中心，是指在互联网上提供的各项增值服务，包括申请域名、租用虚拟主机空间、主机托管等业务的服务）、企业话音等集团客户传统业务仍保持旺盛的市场需求，专线接入增长迅猛。同时，企业话音通信市场保持较快增速，且 IDC 市场规模逐年大幅增长。在新兴市场上，移动互联网、物联网、云计算的崛起将为企业信息化的发展带来前所未有的机遇。

综上，就社会层面而言，电信业正面临客户需求全方位升级的挑战，传统的单一需求形态的通信消费时代已经一去不返，数字政府、智慧城市、数字乡村等个性化、融合化、专业化的需求已经成为大势所趋。

（四）技术环境

全球范围内，云计算的快速发展和广泛应用对整个信息与通信技术产业产生了深远影响，无论是软件即服务（SaaS）、平台即服务（PaaS）还是基础设施即服务（IaaS）都以云计算为后端基础服务保障。根据 Mimecast 公司对云计算使用情况的调查结果，无论是在教育、能源领域还是金融服务行业，或者政府、医疗、制造、零售等行业，云计算技术的广泛应用已是大势所趋。

随着移动互联网时代信息技术的不断发展，电信运营商在互联网增值业务上，正面临在互联网产业链上的角色“管道化”及利益“边缘化”的威胁，同时面临新的计算模式对网络组网结构与网络资源虚占的挑战。云计算及虚拟化技术为构建电信运营商的内容与应用执行环境（CAEE）提供了可行的技术基础，云计算是对传统 IT 的革命性变革，将成为未来移动互联网发展的基础和核心。作为中国云计算的积极倡导者和践行者，中国移动大力推动云计算的研发、建设和应用。在“云—管—端”模式下，中国移动将构建私有云和公有云在海量信息的存储和处理，其中私有云实现业务系统、支撑系统和网元设备的云化，提升大数据处理能力，助力实现集中化管理；公有云构建云服务开放平台，提供云端 IT 套件服务，打造云开放生态环境。基于云计算技术实现的内容与应用执行环境将有助于电信运营商摆脱终端瓶颈、“管道化”的宿命以及利益“边缘化”的困境。

在电信运营业，Vodafone、NTT DoCoMo、Verizon 等电信运营商纷纷通过联盟、收购等方式加强对云计算技术的应用，借助云技术打造集成和服务平台，为用户提供高品质的整合服务和客户体验。随着智能终端与云计算技术的发展，全 IP 技术在未来几年将得到快速普及。Skype、苹果、谷歌等互联网企业已经借助全 IP 技术为用户提供具有优质的语音、视频、短信功能的融合聊天服务。当前，互联网企业借助全 IP 技术为用户提供免费的语音、视频、短信等融合服务在近几年已快速侵蚀传统电信运营商的核心业务。

此外，物联网应用作为新一代信息技术的重要组成部分，蕴藏着极大的社会和经济效益。物联网拥有业界最完整的专业物联产品系列，覆盖从传感器、控制器到云计算的各种应用，产品服务中涉及智能家居、交通物流、环境保护、公共安全、智能消防、工业监测、个人健康等各种领域，构建了“质量好、技术优、专业性强、成本低、满足客户需求”的综合优势，持续为客户提供有竞争力的产品和服务。[①]可以说，物联网是继通信网之后的另一个万亿级市场，物联网将是下一个推动世界高速发展的“重要生产力”。

第二节　移动互联网基本概述

一、移动互联网概念界定

互联网是计算机和通信产业在时代大发展下的产物，不仅使得通信业产生变革，同时也改变了人们的日常生活。在信息时代，社会的发展离不开互联网，互联网产生了新的生活方式和新的商业模式，未来经济的发展必然是基于互联网的发展。

移动互联网是随着移动通信和互联网行业的发展衍生出的一个新行业，它具备互联网行业的一切特征，并且由于移动终端的便捷性，移动互联网比传统的互联网更具活力。业界对移动互联网比较一致的定义是：移动互联网是指互联网的技术、平台、商业模式、应用与移动通信技术结合并实践的活动的总称。近年来，第四代通信技术的广泛覆盖，使移动网络带宽大大提高，充分满足了用户对移动互联网服务的需求，在此基础上移动互联网发展迅猛。同时第三方内容提供商通过苹果、安卓等系统成长起来，大量的移动终端软件如雨后春笋般涌现，移动互联网行业呈现一片繁荣的气象。

移动互联网广泛发展与终端软件的发展关系密切。人们如今增加了使用手机软

---

① 叶美兰，朱卫未．新时代下物联网产业的发展困境与推进原则——工信部《物联网“十二五”发展规划》解读 [J]. 南京邮电大学学报（社会科学版），2012（1）：44-48.

件生活、工作、娱乐等。在即时通信方面，人们可以通过手机 QQ、微信与外界交流；各大新闻门户网站满足了人们对咨询的需求；移动的电子邮箱使得商务人士随时随地处理相关事务；各大电商平台向手机端扩张以及移动支付的发展，使人们购物越加方便；手机地图、外卖团购和专车等 O2O 软件的兴起更加方便了人们的线下生活；视频、直播、音乐、游戏等软件更是丰富了人们的娱乐生活。丰富的手机软件几乎涉及人们日常生活的各个方面，人们越来越依赖这些方便的服务。人们对移动互联网的需求越来越高。

在移动互联网时代下，4G 技术无疑促进了各行业的竞争，随后更是开发出了 5G 技术进一步推动通信行业的发展。电信运营商除了彼此之间竞争外，还要面对新进入者的挑战。虚拟运营商、OTT（Over the Top，是指通过互联网向用户提供各种应用服务）企业和移动终端企业等纷纷进入市场，对电信运营商形成威胁。

在移动互联网时代，电信运营商的核心业务发生了变化，重心由语音转向了数据流量。在以语音业务为主体的时代，运营商在整个产业链中占据主导地位；而在移动互联网时代，电信运营商在产业链中的作用主要是提供电信网络，而绝大部分的数据业务内容是由产业链中其他参与者提供，电信运营商逐步趋向管道化。语音服务尽管还是人们对通信的一大需求，然而在移动互联网时代人们有了更多的选择，只要手机联网，人们可以通过 QQ、微信等 OTT 软件完成语音通信。技术的进步使得互联网、物联网、电信网、广电网逐步融合，新的商业模式对电信运营商构成极大挑战。然而新的机遇也会出现，电信运营商需要积极创新业务和运营模式，进行内部改革，以谋求新的收入增长点。在 4G 充分竞争的市场下，移动互联网市场规模越来越大。如何争取更多的蛋糕对于电信运营商来说尤为重要。电信运营商应当充分认清自身在移动互联网中的定位，根据自身特点发挥优势，建立优于竞争对手的战略。

二、移动互联网的主要特征

移动互联网含义有广义及狭义之分：广义的移动互联网是包含 Wi-Fi、WLAN、近场通信技术等各种无线的方式接入到互联网中，而狭义的移动互联网是指通过电信运营商提供的通信网络连接到网络上。[①] 移动互联网有几个鲜明的特点，与传统的互联网相比具有很大的优势。[②]

---

① YangM，LiY，JinD，et al.Software-Defined and Virtualized Futur E-mobile and Wireless Networks：Asurvey[J].Mobile Networksand Applications，2015，20（1）：4-18.

② 吴吉义，李文娟，黄剑平，等.移动互联网研究综述 [J]. 中国科学：信息科学，2015（1）：45-69.

（一）便捷性

随着国内运营商的提速降费，Wi-Fi、WLAN、4G网络等已经做到了广泛覆盖，且5G技术也在逐渐投入使用，使得移动终端用户可以随时随地尽情享用无线网络，而随着电信运营商进一步降低流量费用，移动网络的使用会得到进一步推广，用户会更积极主动地使用移动互联网。

（二）便携性

目前移动互联网的主要智能终端是智能手机、平板电脑等，这些都具有便携的特点，而且随着无线技术的发展，可穿戴移动设备会越来越多地出现在我们生活中，智能眼镜、智能手表已经开始普及使用，未来也必将会出现智能服装等更多智能化的随身物品，移动互联网将会渗透到我们生活中的方方面面。

（三）即时性

基于移动互联网便捷和便携的特点，人们就可以充分利用工作和生活中的碎片时间处理邮件、阅读新闻、与友人联络，而无须再担心错过任何重要的信息。

（四）定向性

基于位置服务（Location Based Service，简称LBS），可以通过电信运营商的通信网络或者通过外部的定位工具（如GPS）获得终端用户的位置，并可以根据某地终端用户的情况进一步确认用户可能要去的地点，并基于此提供相关的产品和服务。

（五）精准性

无论何种移动终端设备，都有明显的个性特征。尤其是目前广泛使用的智能手机终端，每一个手机终端对应着一个唯一的IMEI（International Mobile Equipment Identity，移动设备国际识别码）信息，而每一个手机终端的使用者也被唯一地确定下来，再加上国家对手机实名制的进一步要求，手机使用者的信息与手机号码关联得更为紧密，几乎可以认为手机号码就是终端使用者在移动互联网的特定标签。通过对用户终端行为，如手机使用信息、经常出入地点等的分析，可以为终端用户提供更加私有的、特别的服务。

（六）感触性

移动互联网的感触性体现在移动终端设备的触屏化上，手机触屏、指纹解锁等都是移动互联网感触性的表现，而照片分享、二维码支付、重力感应、移动感应甚至是心跳、情绪等都可以通过移动终端表现出来，更是体现了移动互联网感触的特点。

上面所说的几个特征，是移动互联网与传统互联网完全不同的地方，会给终端用户带来完全不同的用户感受，这几个特点也表明移动互联网已经完全渗透到我们生活中的方方面面，并对我们的学习、生活、工作产生了深远的影响。

三、移动互联网发展现状

移动互联网是移动通信网技术与互联网技术发展融合的产物，是移动通信网互联网化和互联网移动化的必然结果。[①] 移动互联网改变了传统电信产业中电信运营商、内容服务提供商、终端厂商三方参与的模式，转变为终端厂商、内容服务提供商、芯片厂商、电信运营商、内容集成商等多方主体共同参与的格局。而且移动互联网产业的飞速发展也推动了移动互联网业务由原先的彩信、网页浏览等简单形式发展为手机电视、手机购物等更为复杂的形式。

（一）国外移动互联网发展现状

1. 日本

日本是最早发展移动互联网业务的国家之一，也是业务发展最快、商业模式最成熟的国家之一，日本移动互联网最具有代表性的商业模式便是 i–mode 模式。

1999 年 2 月，NTT DoCoMo 开创性地推出了 i–mode 手机服务，它成功创造了第一个移动互联网业务从服务到收费的商业模式，也是目前世界移动互联网业务中运作最成功的品牌。[②]i–mode 所提供的服务涉及用户生活的方方面面，包括新闻资讯、图片下载、视频服务、电子邮件、位置服务（LBS）、手机游戏、手机订票、移动银行等服务。

NTT DoCoMo 处于整个产业价值链的核心地位，所以 i–mode 模式选择了半封闭式的产业价值链模式，NTT DoCoMo 强有力地介入和掌控产业价值链中的各环节。有学者形象地将 NTT DoCoMo 的合作理念称为“让利不让权”，这也从侧面体现出 NTT DoCoMo 在产业价值链中的强势地位。[③] 虽然 NTT DoCoMo 牢牢占据了产业价值链的主导地位，但与内容服务提供商、终端厂商之间建立了合理的利益分成模式，激发了内容服务提供商进行业务研发的积极性，形成了良性互动，这也是

---

① 宋俊德 . 移动互联网的五大热点 [J]. 中国计算机用户，2005（6）：39.
② 李一明 . 移动互联网商业模式组成及典型案例分析 [J]. 电信科学，2011（7）：23–28.
③ 杨洪斌，关健 . 移动梦网商业模式探讨 [J]. 才智，2010（16）：43.

i-mode 最大的成功之处。

（1）与终端厂商的合作。由于 NTT DoCoMo 在产业价值链中占据强势地位，从终端的研发、制造、终端品牌再到销售等领域，NTT DoCoMo 始终占据主导权。在终端研发这块，NTT DoCoMo 大都采取提供一半费用的方式，向终端厂商投入了高额的研发资金，而作为回报 NTT DoCoMo 将与终端厂商共同拥有该终端的技术专利。虽然终端厂商在与 NTT DoCoMo 的合作中几乎毫无发挥的余地，但是 NTT DoCoMo 对终端厂商的掌控战略是成功的，只有控制了终端才能使电信运营商对整个产业价值链资源进行有效的整合，才能更好地将终端和业务进行捆绑，以引导整个产业价值链去满足用户需求。而电信运营商控制了终端，才能解决终端界面和业务的不兼容问题，提高业务市场推广效率。

（2）与内容服务提供商的合作。对于内容服务提供商，NTT DoCoMo 将其划分为官方和非官方两大类，官方合作伙伴的业务被内嵌至其定制的终端中，而非官方合作伙伴的业务则需要用户通过 WAP 方式进行登陆和使用。在用户使用业务后，由 NTT DoCoMo 代收信息服务费并与内容服务提供商以 9∶91 的比例进行利润分成。而 NTT DoCoMo 对内容服务供商提供的业务进行严格控制，不能出现非法或损害用户利益和 NTT DoCoMo 品牌形象的内容，一旦出现便会无条件予以封杀。在提升内容服务提供商的积极性方面，NTT DoCoMo 采取了多种鼓励创新的手段，不但从政策和资金上给予支持，而且还注重保护小型内容服务提供商的原创动力，如果新业务的内容是内容服务提供商原创的话，该内容服务提供商可以独占其带来的利润。这些举措大大激发了内容服务提供商的原创动力，为用户提供更好、更精彩的服务和应用，形成产业价值链的良性循环。其产业价值链如图 1-2 所示。

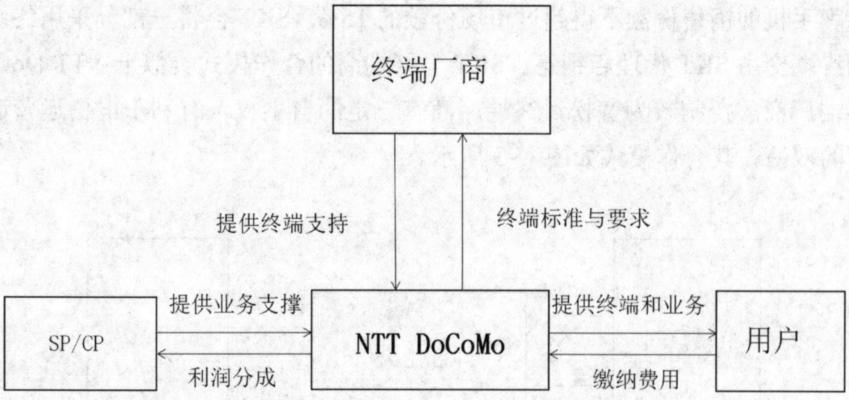

图 1-2　i-mode 的产业价值链

2. 韩国

韩国也是世界上移动互联网发展最为迅速的国家之一，自2002年韩国的CDMA网络全面升级后，其移动互联网的发展更是突飞猛进。当其他国家的电信运营商面对ARPU值（每用户平均收入）持续下跌这一难题束手无策时，韩国电信运营商的ARPU值却稳中有升。因此，韩国电信运营商的移动互联网发展模式受到了世界各大电信运营商的关注，其最成功的案例便是SKT在2001年推出的NATE模式。

NATE是SKT在满足用户需求的基础上，联合内容服务提供商推出的网络服务品牌，通过NATE，用户可以使用移动终端随时随地连接互联网，实现了互联网与移动通信网的无缝对接。NATE提供了NATE.com（门户网站）、NATE PDA（PDA无线业务）、Wireless NATE（移动互联网业务）等服务，包含了铃声、无线音乐、手机电视、手机视频、手机游戏、家庭服务、LBS等丰富多彩的业务，为用户带来了全方位的互联网体验。

（1）与终端厂商的合作。由于韩国实行机卡一体的政策，所以韩国电信运营商一直采取终端贴补和分期付款的方式来吸引新客户，SKT也是全球最早采取终端定制策略的电信运营商之一，和终端厂商之间的合作较深。且SKT拥有自己的终端公司——SKTeletech，专门负责生产SKY手机。SKT的终端定制流程如下：SKT首先进行市场调研，了解用户的使用习惯，挖掘需求，再根据数据业务的特点，对手机终端的标准提出建议，以引导终端厂商的生产。SKT的终端策略主要有三种方式：一是实行高额补贴，让用户可以用较少的钱购买到较高配置的终端，但用户必须保证几年内都在SKT的通信网络上使用；二是提前在定制的终端中内置一些SKT的新业务和新应用，确保新数据业务的推广；三是由于韩国政府的规定，电信运营商自身品牌手机的销售份额不得超过市场份额的15%，SKT会将一部分采用终端厂商品牌的终端交由SKT代理店销售。SKT与终端商的合作模式类似于NTT DoCoMo，但对终端厂商的控制较为宽松，终端厂商有一定的自主权，有利于电信运营商和终端厂商的双赢。其合作模式如图1–3所示。

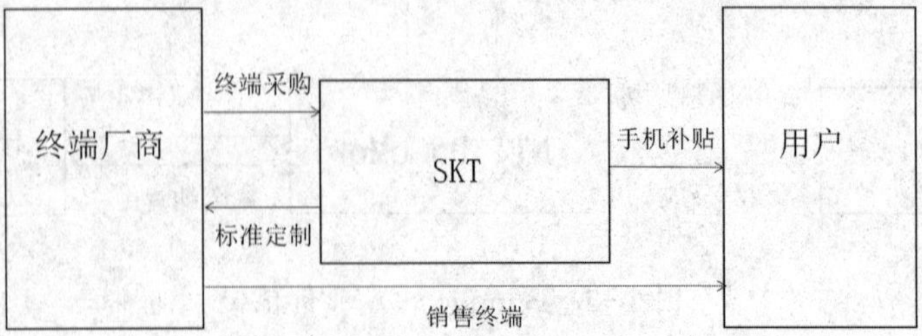

图1–3　SKT与终端厂商合作模式

（2）与内容服务提供商合作模式。SKT 与内容服务提供商的合作模式主要体现在以下几个方面：①在与内容服务提供商建立合作关系时，SKT 非常注重内容服务提供商的资质和能力，仅和规模较大的企业合作，如果其他内容服务提供商要通过 NATE 提供业务就必须与这些主流 SP（Service Provider，服务提供商）合作，这大大地提高了 SKT 的管理效率，节省了人力成本。② SKT 不参与业务价格和信息服务费的制定，而是交由内容服务提供商自己决定，由 SKT 代收信息服务费，并提取 10% 作为代理费，即与内容服务提供商以 1∶9 的比例进行利益分成。③对于一些用户访问量和使用量较高的业务，SKT 推出了一系列的奖励和培养措施。④对于一些有发展潜力的企业，SKT 在资金、人力、物力上予以支持，缩短新产品开发周期，不仅使得 SKT 和内容服务提供商的关系更为紧密，还可以从分红中得到收益，可谓是一举两得。其与内容服务提供商的合作模式如图 1-4 所示。

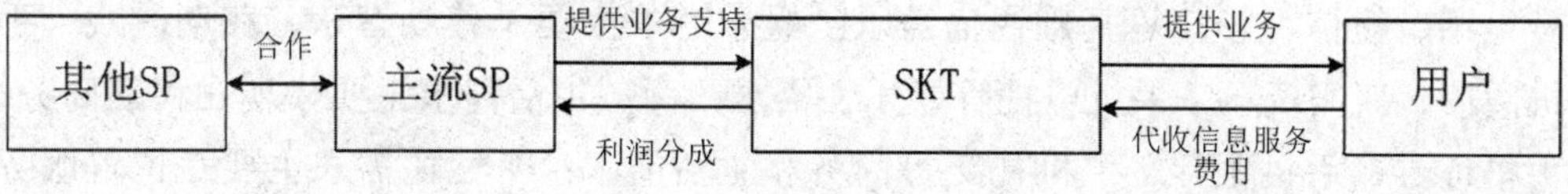

图 1-4　SKT 与内容服务商合作模式

3. 欧美

欧美地区是全球通信技术发展最快的地区，也是移动用户普及率最高的地区，有 Vodafone、Orange、Verizon 等全球知名的电信运营商。在数据增值业务方面，它们很早就与内容服务提供商、网络设备提供商和内容集成商合作，为用户提供了缤纷多彩的数据业务。在与内容服务提供商、终端厂商的合作中，欧美电信运营商都保持较为开放的姿态，这是与日韩电信运营商大相径庭的，其中比较具有代表性的便是 Vodafone 和和记黄埔旗下欧洲电信运营商“3 集团”。

Vodafone 与终端厂商的合作主要在终端销售和市场推广这个层面，并不像日韩电信运营商那样深度参与手机的标准制定、设计等环节，这可能是由于欧洲本身通信技术发展较快，终端更新速度也快，终端并不会成为新业务推广的阻碍。在与内容服务提供商的合作模式上，Vodafone 却经历了一次转变。Vodafone 早期进军移动互联网时，由于资金、技术实力雄厚，自身完全有实力包揽数据业务研发、互联网接入、数据业务推广的全过程，并不需要与内容服务提供商合作。于是 Vodafone 选择了独立经营，而不是采用与第三方内容服务提供商合作的模式。但在实际运营过程中，由于受数据业务数量与质量、成本压力、市场覆盖面和用户需求多样化等多方面因素的制约，这种“围墙”模式并没有给 Vodafone 带来可观的利润收入，反而导致其数据业务迟迟不见起色。在这种情况下，Vodafone 转而开始考虑与内容服务提供商合作共同推出数据业务的策略。Vodafone 对于内容业务的分成模式一般为：用户使用业务产生的流量费归 Vodafone 所有，而用户支付的信息服务费由内容服务提供商与 Vodafone 按五五分成。

作为欧洲的弱势电信运营商，和记黄埔旗下“3 集团”进军移动互联网产生完全采取开放策略，以“管道”姿态进入移动互联网产业价值链，用户可以自由选择手机终端和应用，“和黄 3”① 只从网络接入中获利，无法获得除流量费以外的其他收入，此时的电信运营商只扮演一个简单的“管道”提供商角色。

（二）国内移动互联网发展现状

随着移动互联网的发展，我国移动互联网用户规模不断扩大。同时，这一时期用户对于移动互联网的需求也不再局限于原先的上网冲浪、浏览信息等简单应用，而是更多集中在通信、娱乐、商务、生活、个性化五大方面。通信需求主要是电话、短信、彩信等基础通信需求；娱乐需求主要是移动音乐、移动游戏、手机阅读、新闻资讯、手机电视等娱乐性需求；商务生活需求主要体现在移动商务、手机证券、手机银行、手机社交等商务和生活需求；个性化需求主要是位置服务（LBS）、移动教育、移动医疗等个性化服务。

我国移动互联网业务最典型的代表便是中国移动的“移动梦网”模式。移动梦网模式在我国取得了空前的成功，打造了开放、融合、共赢的移动互联网产业价值链，开创了我国移动互联网业务盈利的新纪元。

移动梦网业务是由中国移动于 2000 年 12 月 1 日正式推出的移动互联网服务，可以说是 i-mode 模式的中国版本。和 NTT DoCoMo 相似，移动梦网的产业价值链也采取了半封闭的模式，以中国移动为核心，基本上形成了“中国移动搭台，内容服务提供商唱戏”的合作格局，中国移动主要负责平台门户运营、渠道推广和代计收费，而内容服务提供商主要负责业务内容的研发。事实证明，移动梦网是非常成功的，产业价值链上各方实现了共赢。

（1）与终端厂商的合作。中国移动在与终端厂商合作时，并不像 NTT DoCoMo 那样全程参与到终端的设计、研发和推广之中，而是仅从外观、菜单显示、开关机界面、业务捆绑等方面对终端标准进行规范，比如开关机界面出现中国移动 LOGO 和将移动梦网业务内置于终端之中等，对终端掌控比较宽松。这也是中国移动首次尝试终端定制。

（2）与内容服务提供商的合作。中国移动为内容服务提供商搭建业务平台，内容服务提供商负责研发业务和应用，并通过中国移动的平台推向用户。在移动梦网

---

① 和黄 3：是集团名字，欧洲移动运营商和记黄埔“3 集团”（简称“和黄 3”）。

中，中国移动与内容服务提供商的合作有三种模式：普通型合作、半紧密型合作及紧密型合作。在这三种合作模式中，中国移动和内容服务提供商之间有着不同的定位和结算模式。如表 1-1 所示。

表 1-1　中国移动与内容服务提供商的合作模式

合作模式	中国电信运营商职责	SP（服务提供商）职责	结算模式
普通型合作	提供网络通道业务管理平台、代计代收信息费服务，配合内容提供商有偿；提供客户服务	提供业务内容，进行自主营销宣传，并负责提供全程客户服务	中国移动与内容服务提供商以 15%:85% 结算信息服务费
半紧密型合作	提供网络通道业务管理平台、提供代计代收信息费服务，负责客户服务	提供业务内容，负责营销宣传，配合客户支撑	中国移动与内容服务服务提供商以 30%:70% 结算信息服务费
紧密型合作	提供网络通道、业务管理平台、代计代收信息费服务，自主进行业务营销宣传，提供全部的客户服务，并享有该业务的相应知识产权	负责提供业务内容	中国移动与内容提供商以 50%:50% 结算信息服务费

在移动梦网业务开展初期，中国移动对于内容服务提供商采取松散的管理体制，后随着客户投诉率的攀升，中国移动改变管理体制，对内容服务提供商从严管理，评估内容服务提供商的诚信程度，确定分级分层资格，并对内容服务提供商实行一定的奖惩措施。移动梦网的产业价值链如图 1-5 所示。

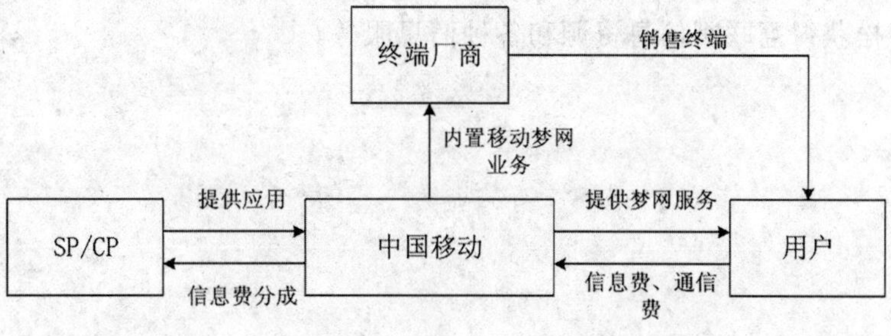

图 1-5　移动梦网产业价值链

四、移动互联网企业价值链主体职责与定位

设备提供商：传统的设备提供商主要是向电信运营商提供网络设备并负责设备的维护。对于很多电信运营商来说，保持网络设备的日常运营是确保最终用户服务质量的前提，但面对越来越复杂的网络，这并不是一件容易的事情，另外电信运营商也希望把更多的精力放在业务制定和挖掘用户需求上，这时就需要服务外包企业来分担电信运营商的网络运营维护职责。于是，很多设备商不再仅仅提供某个设备，而是提供涉及很多产品和平台的整套解决方案，如华为、中兴等，华为就提出要成为全球领先的信息与通信解决方案供应商。

电信运营商：主要负责向用户提供移动通信网络，并负责网络维护。在我国移动通信产业价值链上，电信运营商占据主导地位，牢牢掌控着用户，握有庞大的用户资源。2008 年我国通信业重组后，移动通信运营商由原先的两家变为三家：中国移动、中国联通和中国电信。三家电信运营商也纷纷将移动互联网业务作为发展和转型的重心。

SP：服务提供商，主要负责根据用户的需求研发适合于手机用户使用的业务和服务，是提高用户满意度和刺激市场需求的关键环节，是我国移动互联网发展的中坚力量。进入移动互联网时代，内容服务提供商对用户控制力逐渐增强，产业价值链地位凸显，在与电信运营商的合作中也越来越具有话语权。

终端厂商：主要负责向用户提供终端产品，终端是用户使用新业务的前提保障。移动互联网时代，数据业务从硬件、操作系统、应用软件等方面对终端提出新的要求。根据国外通信业发展经验，终端更新换代过慢往往会成为制约电信运营商推广新业务的瓶颈，因此终端厂商的发展在移动互联网中也异军突起，作用凸显。例如苹果公司凭借终端的强势地位，推出的“终端 + 应用”一体化模式极大地挑战了电信运营商的主导地位，开创了终端厂商与电信运营商之间分成的新模式。

综合而言，移动互联网是移动通信网与互联网通过无缝连接构成的一个无线、互联的系统，用户可以随时、随地使用移动终端，通过移动通信网络接入互联网，用户可以轻松获得互联网信息资源和各种信息服务。

第三节　移动互联网与电信运营商

一、电信运营商发展历程

1949 年 10 月 1 日，中华人民共和国成立。11 月 1 日，邮电部成立。

1951 年 9 月 25 日，人民邮政和电信统一纳入邮电部，邮政、电信实现了第一次合并。此时的电信是三大电信运营商的结合体。

1993 年 9 月 19 日，我国第一个数字移动电话通信网（GSM）在浙江省嘉兴市首先开通。我们迎来了 GSM 时代，也就是 2G 时代。

1994 年 10 月，我国第一个省级数字移动通信网（GSM）在广东省开通，容量为 5 万门。

1999 年 4 月，中国国际网络通信有限公司（小网通）成立。2000 年 4 月 20 日，中国移动通信集团公司正式成立。承担原电信的移动通信业务。

2001 年 12 月 19 日，中国卫星通信集团公司（简称“中国卫通”）正式挂牌成立，承担原电信的卫星业务。中国电信被拆分，形成了电信、移动、联通、卫通、小网通、吉通、铁通七家电信运营商竞争的格局。2G 时代，中国移动大量的基站建设，让中国移动的信号覆盖了全国，也让中国移动信号好这样的口碑广为传播。

2009 年，中国联通公司与中国网通公司重组合并，现中国联通成立。同时，中国移动获得了 TD-SCDMA 牌照，中国联通获得了 WCDMA 牌照，中国电信获得了 CDMA2000 牌照，标志着我国正式进入 3G 时代。TD-SCDMA 是中国改造的通信标准，在我看来也是 4G 时代 TD-LTE 的基础。WCDMA 技术产业链成熟，网络建设与运营成本相对较低，可并没有得到联通的重视。WCDMA 网络速度快，让联通增加了不少的客户，但却只将 WCDMA 用在了城市里想吸引高端用户，而没有向农村覆盖，信号差成了最大弊端，出现了高端用户不愿进入、低端用户又难以进入的局面。而电信拿到的 CDMA 和 CDMA2000，虽然有着良好的信号和低辐射优势，却因为需要专用的手机而丢掉了很多客户，专用手机的价格昂贵且种类少，很多的用户都转到了移动和联通。

2013 年 12 月 4 日，工信部正式向三大电信运营商发布 4G 牌照（TD-LTE）。我们正式进入了 4G 时代。

2017 年 9 月 1 日，三大电信运营商宣布取消国内手机长途和漫游费。本地市话、国内长途、国内漫游主叫通话执行标准资费的，统一执行本地市话主叫标准资费，国内被叫通话统一免费。

2018 年 7 月 1 日，国内三大电信运营商宣布取消国内手机流量“漫游”费。当时的省内流量和市内流量得到了“转正”的机会。4G 时代，不限量套餐的出现给三大电信运营商带来了很多的机遇，也产生了新老用户同权的监管问题。同时，电信也因为全网通手机，迎来了再次的发展。

2018 年 12 月 6 日，工信部向三大电信运营商发布了全国范围 5G 中低频段试验频率使用许可。中国电信获得 3 400 ～ 3 500 MHz 共 100 MHz 带宽的 5G 试频率资源；中国移动获得 2 515 ～ 2 675 MHz、4 800 ～ 4 900 MHz 频段的 5G 试验频率资源，其中 2 515 ～ 2 575 MHz、2 635 ～ 2 675 MHz 和 4 800 ～ 4 900 MHz 频段为新增频段，2 575 ～ 2 635 MHz 频段为重耕中国移动现有的 TD-LTE（4G）频段；中国联通获得 3 500 ～ 3 600 MHz 共 100 MHz 带宽的 5G 试验频率资源。

2019 年 6 月 6 日，工信部正式向中国电信、中国移动、中国联通、中国广电发放 5G 商用牌照。我国正式进入 5G 商用元年。

2019 年 9 月，三大电信运营商开始下架不限流量套餐，名字变为放心用，在套餐流量达到之后，只能花钱继续买流量。

2019 年 11 月 10 日，携号转网全国试行。这也算是携号转网政策的正式落地。

2019 年 12 月 24 日，工信部发布通告称，正式向中国电信、中国移动、中国联通、中国广电核发 190、197、196、192 号段公众移动通信网网号。其中，中国广电第一次有了自己的 192 号段。

2020 年 4 月 8 日，中国移动、中国电信和中国联通三大电信运营商联合召开发布会，共同发布《5G 消息白皮书》。

2020 年 7 月 1 日，中国移动、中国联通、中国电信三大电信运营商之间取消单向结算，实行对等互联、互不结算。

2020 年 10 月 12 日，中国广电网络股份有限公司正式成立，成为国内第四大电信运营商。

2021 年 1 月 26 日，中国移动与中国广电签署“5G 战略”合作协议，正式启动 700 MHz 5G 网络共建共享。

2021 年 11 月上旬，工信部要求支持 5G 接入网共建共享，推进 5G 异网漫游，加快 2G、3G 网络退网，统筹 4G 与 5G 网络协同发展。

二、电信运营商与移动互联网关系分析

（一）电信运营商基础概述

电信运营商是指从事固定电话、移动电话以及互联网接入的通信服务公司，我国最大的三家电信运营商分别是中国电信、中国移动、中国联通。在三家公司中，中国移动已成为全球最大的移动运营商，中国电信排名世界第九位。在我国，电信

运营商主要业务形式具体有以下几点：

（1）组建应用平台。组建应用平台、在 ASP 平台上提供可租赁的 ASP 软件应用为电信运营商的主要业务。联合上下游供应商搭建共享的软硬件平台，根据市场的需求设计制式化的产品和服务，并针对不同行业和高质量客户提供定制化的移动、固定网络服务。电信运营商为用户提供局域网、宽带网络、专线网络和定制的 CN2 网络、城市综合布线系统等。

（2）网络融合。IP 技术可以帮助各大电信运营商的业务与网络不断融合，向电信运营商的用户提供语音通话、数据传输、音频、视频高清等通信服务。

（3）网络扩展。对传统的网络业务进行拓展，为高端用户配置定制化产品与解决方案。当今社会，人与人需要通过网络沟通，设备、机器等也需要网络进行连接，通过网络连接的拓展，实现人与人、人与机器、机器与机器之间的通信，为智能化时代的到来做准备。

（4）ICT 服务，即 Information and Communications Technology，是信息通信技术的简称。电信公司将通信网络应用、信息内容应用、信息科技相结合，搭建出满足客户信息服务的系统工程。ICT 服务不仅仅是网络的构建，还包括网络系统的开发、运营、升级、维护、网络安全等全方位服务，通过完整的系统工程搭建，可提升企业信息化程度、提升企业的信息化水平。

（二）电信运营商在移动互联网产业链中的定位

在传统的电信产业价值链中，电信运营商处于核心地位。通信设备提供商和终端提供商按照电信运营商的标准生产产品，电信运营商负责搭建网络并为用户提供服务，电信运营商是这个链条中的中枢，是规则制定者，拥有强大的议价能力。随着内容提供商的出现，人们对于数据业务的需求增加，第三方提供商抢夺了一定利润，此时电信运营商仍旧占据主导，但明显没有之前强势。

在移动互联网时代下，网络技术多元化，移动产品服务越来越丰富，人们对移动内容的需求大大增加。移动互联网产业逐渐形成以用户需求为中心的价值产业链，行业参与者以用户需求为导向提供服务、参与竞争。移动互联网产业示意图见图 1–6。

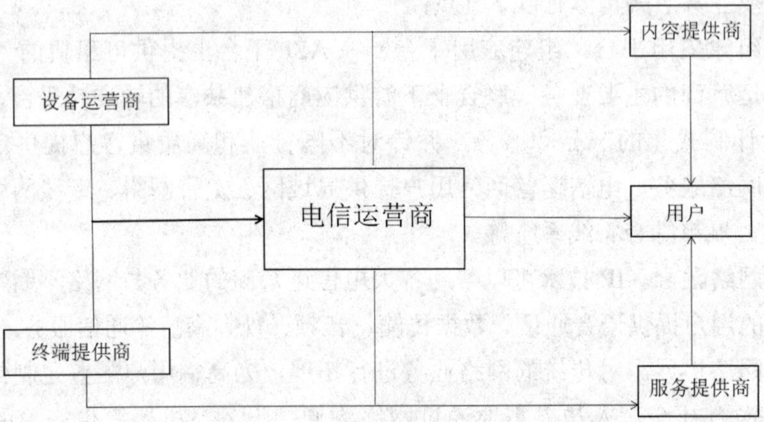

图 1-6　移动互联网产业示意图

当用户成为产业链的核心，行业参与者将积极寻求用户需要，为用户提供个性化产品和服务，以实现业务收入的增加。如电信运营商为用户提供合理的套餐以及及时的推送。内容提供商依据用户的喜好提供相应的产品。终端提供商可以根据用户的层次、偏好为用户提供定制化的产品。在移动互联网产业中，各个参与者之间是竞争与合作的关系，电信运营商不再占据主导地位，此时，电信运营商必须明确自身定位，分析用户需求，实施业务创新，以求获得用户的认可。

（三）电信运营商的优势

1. 快速、稳定的移动网络

在如今移动互联网时代下，4G 网络通信传输速率理论上可高达 100 Mbps，这不仅仅是传输速度的提升，而且对整个产业链产生了重大影响。速度快无疑使得用户有更好的体验。速度的提升使得一些曾经在低速网络下无法实现的服务成为可能，如移动网络游戏、高清视频电话、高清电影在线观看、高清网络直播、大文件传输等。快速和稳定的移动通信网络确保了移动互联网的发展，而提供网络的电信运营商也就具备了不可替代的优势。

2. 庞大的数据支撑

电信运营商所提供的网络是用户使用移动网络服务的必经之路，电信运营商很容易收集到用户各方面的信息，如用户身份、位置、偏好、行为等。电信运营商通过分析这些数据，进而针对不同用户提供差异化服务，以便更好地服务用户。让用户体验更好的目的是留住用户，并激励用户完成更多的消费。

3. 成熟的收费模式

企业最终的收入必然通过消费者对产品或服务付费完成。而电信运营商不同于一般线下产品生产销售企业，其在发展过程中形成了独有的收费模式。在移动互联网时代，内容服务的多样性为用户提供了更多的消费选择，用户依靠电信运营商的支付渠道完成各项支付（增值产品、服务定制等），这体现了电信运营商在收费服务上的优势。

4. 产业协调能力

在产业链的分析中，我们知道，电信运营商只是移动互联网产业中的一个参与者。但其长期发展形成的资源和积累仍旧是其一项优势，再加上庞大的用户基础，电信运营商在整个产业链中仍然具有较强的话语权，其他参与者在处理与电信运营商的关系时，合作还是优于竞争，这也从侧面反映了电信运营商的优势所在。

三、电信运营商在互联网安全方面的发展与应用

(一) 基础架构

传统的网络安全架构是基于各种安全设备串行堆叠的思想构建的，是一种被动防御模式。它通过匹配各数据包的主要特征，逐层设置规则对每个数据包进行检测处理，不仅在一定程度上影响用户的访问体验，而且对新威胁也没有有效的抵御作用，缺乏主动、快速的发现手段。另外，有些漏洞具有很强的隐蔽性，潜藏且难以找出。云计算、VPN 等远程接入办公网络边界模糊，传统基于边界的网络防御日益不足，像 Oday、APT 等新型攻击层出不穷，可以轻松突破传统防御。

基于以上传统网络的缺点，本文在网络建设中采用主动防御的安全建设思路，构建一个立体、主动防御的安全解决方案：一是园区网网络架构划分为接入层、汇聚层及核心层，各个工作层运行于 OSI 模型（开放系统互连参考模型）的不同层次上，分别使用对应安全技术保障运行协议安全接入层采用 VLAN（虚拟局域网），对接入层设备进行逻辑划分，减小广播域，有利于快速定位故障位置，增强接入层网络安全，有效抑制广播风暴、防止病毒的大范围扩散，使用 BPDU（用于网络交换机的功能）过滤、DAI（Dynamic ARP Inspection，即动态 ARP 检测功能）等安全技术，保护不安全的二层网络协议免受攻击威胁。在汇聚层和核心层之间架设两层防火墙，是保护内网的安全；二是架设一个更加安全的 DMZ（隔离区），区域园区网络存在一些 Web 服务器（网站服务器）和其他用途的服务器，但是不能保证这些服务器是绝对安全的，攻击者很有可能通过攻破 Web 服务器进入园区网络内网，进而漫游内网造成更大的网络威胁。在两层防火墙之间设置 DMZ 区域，对来自外网的攻击者多设置一道关卡，即使网站服务器被攻破，内网防火墙上的连接规则也可以防止攻击者内网漫游；还可以在核心层网关路由器连接处也设置防火墙用于审计和控制非法连接等。

（二）基本原理

网络通常是指因特网（Internet），其兴起于20世纪五六十年代，最早应用于美国军方，后来逐渐发展到了全世界的各个领域，现在它已经是人们日常生活中不可或缺的重要组成部分。网络安全是指网络系统的硬件、软件及其系统中的数据受到保护，不因偶然的或者恶意的原因而遭受到破坏、更改、泄露，系统连续、可靠、正常地运行，网络服务不中断。随着技术的不断发展，“万物互联”已经不再是天方夜谭了。任何事物的发展都有其利弊，网络亦然，最能引起我们共鸣的除了“便捷”之外，就是“安全”的问题了，网络安全已经发展成为小到个人大至国家都不能忽视的重大课题。人们对网络的了解越来越深入，对其依赖性也越来越大，在应用过程中或多或少都会遇到过这样的问题：账号密码被恶意盗取、家里的Wi-Fi被“蹭”、电脑文件被窃取或损坏等，这些都是网络安全的范畴。而大到国家层面也面临着同样的问题，而且更加严峻，远的不说，“棱镜门”事件相信刷新了大家对网络安全的认知，这里就不再赘述，因此“网络安全”已经成为一个各行各业都避不开的话题。

（三）主要设备

常见的网络设备有计算机（无论其为个人电脑还是服务器）、集线器、交换机、网桥、路由器、网关、网络接口卡（NIC）、无线接入点（WAP）、打印机和调制解调器、光纤收发器、光缆、服务器等。其中最为广泛运用的有以下几个。

1. 无线接入点

（1）概念。无线AP（无线接入点）是使用无线设备（手机等移动设备及笔记本电脑等无线设备）用户进入有线网络的接入点，主要用于宽带家庭、大楼内部、校园内部、园区内部以及仓库、工厂等需要无线监控的地方，典型距离覆盖几十米至上百米，也有可以用于远距离传送，最远的可以达到30千米，主要技术为IEEE802.11系列。大多数无线AP还带有接入点客户端模式（AP client），可以和其他AP进行无线连接，延展网络的覆盖范围。

（2）作用。一般的无线AP，其作用有两个：

第一，作为无线局域网的中心点，供其他装有无线网卡的计算机通过它接入该无线局域网。

第二，通过对有线局域网络提供长距离无线连接，或对小型无线局域网络提供长距离有线连接，从而达到延伸网络范围的目的。无线AP也可用于小型无线局域网进行连接从而达到拓展的目的。当无线网络用户足够多时，应当在有线网络中接入一个无线AP，从而将无线网络连接至有线网络主干。AP在无线工作站和有线主干之间起网桥的作用，实现了无线与有线的无缝集成。AP既允许无线工作站访问网络资源，同时又为有线网络增加了可用资源。

2. 交换机

（1）概念。交换机一般用于局域网中，主要功能是根据 MAC 地址（局域网地址）来进行数据的交换和转发。

（2）特点。一是交换机的每一个端口所连接的网络都是独立的，也就是独享带宽；二是交换机所连接的设备仍然在同一个广播域内，也就是说，交换机不隔绝广播；三是交换机根据 MAC 地址进行数据转发，因此说交换机是工作在数据链路层的网络设备。

3. 路由器

（1）概念。路由器是一类网络互联设备，它基于 OSI（开放系统互连参考模型）第 3 层地址在网络间传递数据分组。路由器能做出决定，为网络上的数据分组选择最佳传递路径，因此路由器根据网络地址转发数据，路由器的作用是检查每一个进来的分组（第 3 层数据），为它们选择穿过网络的最佳路径，然后将它们交换到适当的出口。在大型网络中，路由器是最重要的通信调节设备。实际上，路由器可以使任何种类的计算机与世界上任何地方的其他计算机进行通信。

（2）特点。一是适用于大规模的网络；二是为数据提供最佳的传输路径；三是安全性高；四是隔离不需要的通信量；五是节省局域网的频宽；六是安装和设置复杂；七是价格较高。

4. 服务器

（1）概念。服务器是计算机的一种，它比普通计算机运行更快、负载更高、价格更贵。服务器在网络中为其他客户机 [如 PC（个人计算机）机、智能手机、ATM（自动提款机）等终端甚至是火车系统等大型设备] 提供计算或者应用服务。服务器具有高速的 CPU 运算能力、强大的 I/O 外部数据吞吐能力以及更好的扩展性，能长时间可靠运行。

（2）特点。可以从这几个方面来衡量服务器是否达到了其设计目的：一是可靠性；二是可用性；三是可扩展性；四是易用性；五是可管理性。

（四）厂家应用情况

2020 年，我国交换机、路由器及无线网络设备规模分别为 41 亿美元、38 亿美元与 9 亿美元，分别占比 47%、43% 与 10%，其中，无线网络的增速整体高于交换机和路由器的增速，如图 1–7 所示。

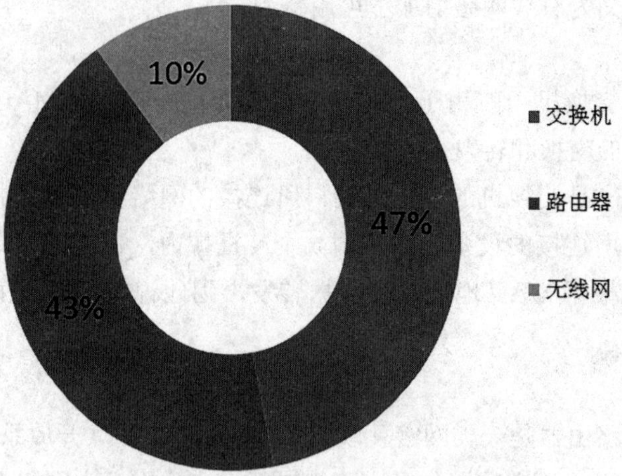

图 1-7　2020 年我国网络设备市场结构图

从我国企业级网络设备总规模占比来看，2020 年我国企业级网络设备总规模中网络设备所占比例为 51%。其中交换机、路由器、无线网络设备占比分别为 76%、13%、11%。

2017—2020 年我国企业级网络设备总规模占比，如图 1-8 所示。

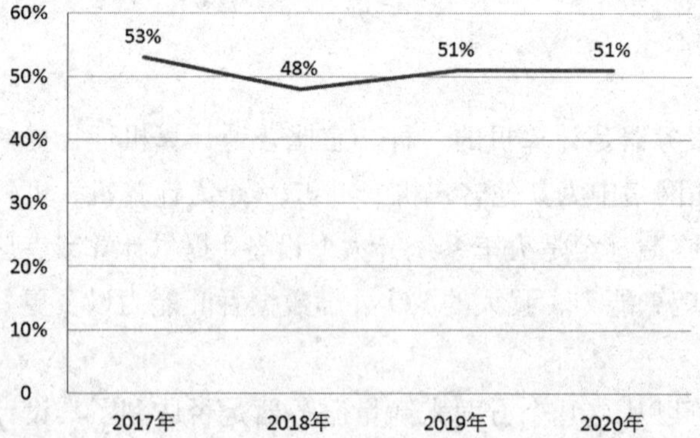

图 1-8　2017—2020 年我国企业级网络设备总规模占比

（五）优劣势比较

从结构上看，企业及网络设备中，交换机及无线网络占比较高，路由器仍主要以电信级为主导。

2017—2021 年企业网络设备产品规模结构如图 1-9 所示。

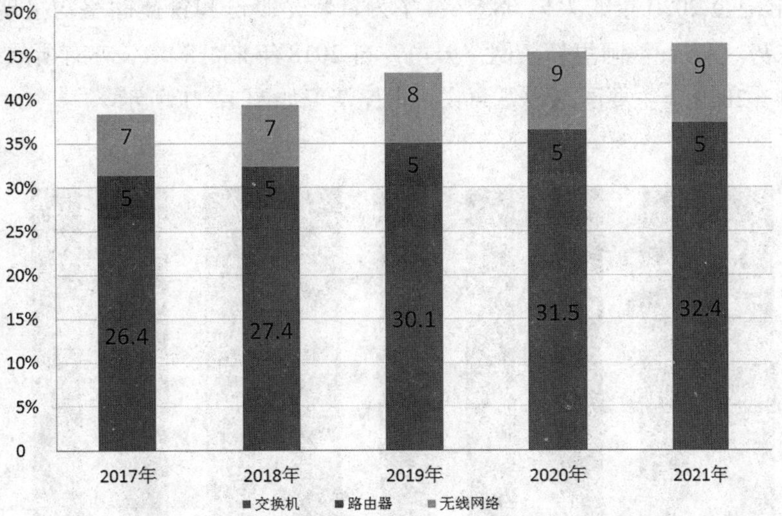

图 1-9　2017—2021 年企业网络设备产品规模结构图

目前全球网络运营商主要有中兴通讯、爱立信、诺基亚、阿朗、华为等，从电信运营商网络业务来看，2020 年除诺基亚略有下降外，华为、中兴通讯、爱立信相比 2019 年均有所增长，其中中兴通讯 2020 年网络业务收入为 740 亿元，同比增长 11.11%，增幅较大。

2009—2020 年电信运营商网络业务收入情况如图 1-10 所示。

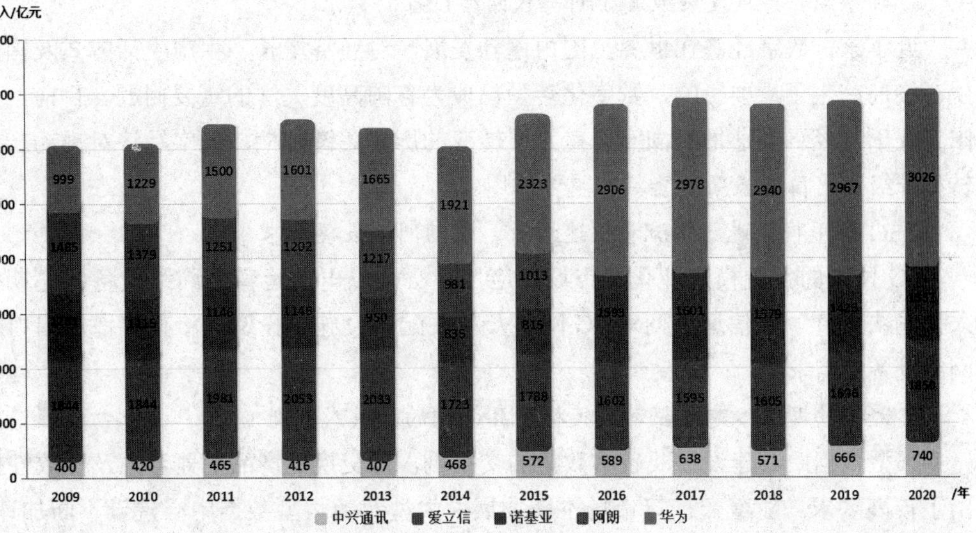

图 1-10　2009—2020 年电信运营商网络业务收入情况

从主要的企业网络设备商来看，思科近年来整体的份额不断下降，从 2017 年的 79% 下降至 2020 年的大概 68.6%；华为、紫光股份和锐捷网络均呈现出份额稳步提升态势。Arista（阿里斯塔网络公司）自 2018 年来份额增长亦有所放缓。

2011—2020 年主要网络设备商收入占比情况如图 1-11 所示。

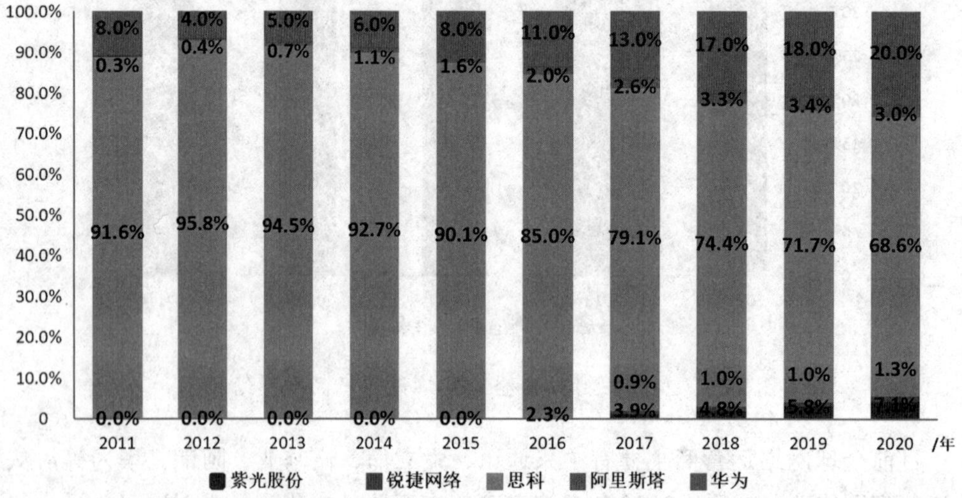

图 1-11　2011—2020 年主要网络设备商收入占比情况

（六）未来发展趋势

1. 数字经济持续发展激发了新一代网络设备的需求

近年来，数字经济在世界范围内蓬勃发展，对经济增长、生产生活方式及国际生产格局产生了重要影响，数字化转型已成为各国高度关注的重要问题。目前，我国正处于从经济高速增长向高质量发展转变的历史关键时期，数字经济对推动产业转型升级和培育增长新动能具有重要作用。

2.5G 商用将促进网络流量快速增长，带动网络设备需求

5G 技术的大规模产业化、市场化应用，必须以电信运营商网络设备的先期投入为先决条件，电信运营商对 5G 网络及相关配套设施的投资，将直接增加国内对网络设备的需求。

3. 大型数据中心建设驱动交换机产品架构的开放式创新

大型数据中心建设需要较多数量的交换机，对交换机产品的兼容性及开放性提出了较高要求。随着云计算市场不断发展，大型及超大型数据中心建设不断加速，在此背景下，软硬件解耦的白盒交换机市场得到迅猛发展。白盒交换机将硬件与软件分离，下游数据中心客户可选择为交换机安装外部操作系统或在交换机厂商已提供开放式操作系统基础上开发上层应用软件，并实现对交换机的统一部署与维护，

这极大地提高了数据中心运维效率。

四、移动互联网时代电信运营商的 SWOT 分析

SWOT 的分析方法是管理学中比较常用的一种企业战略分析方法，这种分析方法强调企业本身的既有条件分析，找出企业的优势、劣势及机会、挑战，分析企业的核心竞争力之所在。SWOT 中，S 代表 strength（优势），W 代表 weakness（弱势），O 代表 opportunity（机会），T 代表 threat（威胁）。其中，S、W 是内部因素，O、T 是外部因素。分析电信运营商在移动互联网时代的优势、劣势以及机会和威胁，容易寻找到电信运营商的蓝海战略。

（一）优势分析

1. 强大的管道资源

这是电信运营商基础而垄断的资源，是任何移动互联网业务都必须赖以承载的网络基础。目前主要电信运营商都具备 3G、4G、5G、Wi-Fi 无线网络，部分电信运营商还搭建了 LTE 网络，这为电信运营商流量经营提供了物理基础。

2. 庞大的用户资源和用户数据

电信运营商固定的契约用户在 13 亿以上，覆盖全国，具有较高的客户忠诚度，电信运营商掌握用户的数据，理论上也掌握用户的信息偏好、信息轨迹、消费习惯。这为电信运营商开展业务推送提供了基础。

3. 信赖的品牌

三大电信运营商作为国家基础通信电信运营商，是垄断性中央企业，提供基础通信业务，它们同时也积极开展市场拓展，在移动互联网产业形态中具有鲜明的品牌优势和市场号召力，这为电信运营商提供平台类业务提供了基础。

4. 深刻的技术理解和技术能力

通信产业是技术产业，移动互联网是技术创新产业，很多应用依靠技术实现，很多 ICT 业务依靠技术集成，电信运营商先天的技术优势为业务实现提供了技术能力。

（二）劣势分析

1. 传统业务的惯性思维

长期以来，电信运营商依托传统的业务模式，习惯于对标准化的话音产品的经营、服务，习惯以时长收费、标准的电话卡销售，习惯于“设备商—电信运营商—用户”的简单的产业价值链走向。在移动互联网时代，以鲜明的惯性思维去思考移

动互联网业务的商业行为和审视移动互联网免费模式的商业形态，表现出明显的不适应性。如价值网理论所言，企业更多依赖过去它对市场的选择来决定它对新技术的经济价值的理解。这些理解，必然表现出不适应。

2. 相对僵化的体制和机制

电信运营商都是具有限制性质的特大型国有中央企业，这种企业的性质要求它有极其规范甚至烦琐的管理、流程，企业等级森严、规则秩序感强烈，如果没有体制和机制的重大创新，庞大的国有电信运营商很难与那些创业型的移动互联网企业在内容业务上展开竞争。目前中国电信在移动互联网业务上尝试的创新孵化公司所进行的业务培育，在体制和机制上有所突破，但能否成功未知。从全球而言，即使已经私有化的国家大电信运营商，也未见到在移动互联网业务上的重大收获。

3. 对个性化的用户体验不敏感

移动互联网已经走过内容为王的阶段，正在进入用户体验的时代，在新的产业环境下，用户体验的好坏决定了业务的生死存亡。只有深刻感知用户的需求，从用户需求角度设置产品经理，从用户体验的角度开发产品，才可能形成用户认可的业务和应用。电信行业或者信息经济实际上是体验经济，用户体验决定一切。长期以来，电信运营商以规模经济为主，由于前述体制和机制原因，电信运营商所形成的组织和文化，很难就个体的用户体验深刻感知或快速响应。

（三）机会分析

1. 对带宽的依赖

任何一个移动互联网企业都需要管道接入，业务内容越丰富、适时性越好、在线时长越长，对带宽的依赖就越强，这种依赖体现在移动互联网业务的两端：业务提供者和用户。随着业务种类的日益丰富和业务量的继续扩大，宽带将始终是移动互联网业务发展中的突出矛盾。每个电信运营商的频率资源都是有限的，由于受无线频谱资源限制，如何有效移动互联网业务所赖以承载的无线宽带网络的带宽，将始终是一个挑战。移动互联网的进一步发展，将继续加剧对宽带的需求。整个移动互联网的发展，对管道资源和宽带经营是一个持续扩大的机会。

2. 对好业务的需求

随着 4G 的普及和移动互联网业务近年来的发展，用户移动互联网信息消费的习惯与意识正在慢慢培养，用户已经习惯移动互联网创新应用所带来的体验，用户期待更丰富、更实用、更方便的移动互联网应用。

3. 广泛的业务开发者群体

基于移动互联网的巨大市场潜力和商业价值，目前有数以百万计的移动互联网的业务开发者活跃在安卓平台、苹果平台、微软操作平台，这些开发者具有一定的技术实力，有创业梦想并渴望成功，但这些开发者需要资金投入、需要开发工具与平台、需要应用聚合平台或软件商店的推送、需要用户认可下载使用。目前应用开发者竞争激烈，最终能获得商业成功者凤毛麟角。

（四）威胁分析

1. 带宽消耗与增量不增收

互联网业务对固网带宽的消耗在移动互联网上继续上演。一方面，移动互联网业务承载的服务器继续对电信运营商带宽资源进行消耗，并且随着访问量增长，对带宽的消耗也持续增长。另一方面，移动互联网用户在无线带宽方面，由于呈现大集中、潮汐现象等，业务资源利用不平均，在盲区容易引起业务阻塞。总体而言，电信运营商在数据业务量方面成本增长，单业务收入却增长缓慢。

2. 管道被旁路

目前很多移动互联网巨头，在利用电信运营商管道资源的同时，还自建骨干网，特别是链接其数据中心的骨干链路。国外谷歌已经建立了一定规模、技术先进的光纤连接网，在其大的数据中心连接中一定程度上对电信运营商的管道进行旁路或管道被边缘化。[①] 国内一些主要的互联网企业也在陆续建立自己的骨干网。

3. 部分基本业务被替代

移动互联网的业务丰富多样，涉及社交、定位、游戏、生活、娱乐等各个方面，并且呈现出融合趋势，每一个业务都在试图加载语音、短信、数据和视频的通信功能，这对电信运营商现有话音业务、彩铃彩信业务是明显的替代。如腾讯的微信、小米的米聊、陌陌等社交类业务，以其丰富的短信功能、语音通信、视频通话功能，实际上对现有电信运营商的语音通信、短信业务具有一定程度的替代性，对这类业务带来巨大挑战。

4. 传统业务接近饱和

目前中国三大基础电信运营商的用户超过 13 亿，用户发展接近饱和。近年来固网用户一直在缓慢减少，固网的话音业务量（通话时长）在持续减少，移动用户的通话时长增长进一步放缓，三大电信运营商 APRU（每月每个用户平均收益）持续减少。总体而言，电信运营商传统业务接近饱和，在移动互联网的冲击下，传统业务的发展和增长十分乏力。

比较全面地分析电信运营商在移动互联网时代自身所具备的优势、劣势，结合产业环境面临的机会和威胁，可以分析电信运营商在移动互联网这个大背景下的

---

① Fung PoTso，L.Cui，L.Zhang,et al.Building A Platform to Bridge Low End Mobile Phones and Cloud Computing Services[J].ZTECommunications，2011（1）：22–26.

发展战略方向，在这个大的战略方向下去实现商业模式的创新，如电信运营商通过 PCC（计费策略及控制）实现不同业务、用户、时间、环境、终端、累计使用量及互联网类型下的网络智能选择，提供不同接入策略、资源疏导、策略控制和差异化的网络服务。通过 ANDSF（接入网发现及选择功能）接入质量控制和连接管理，为用户选网提供机制，并通过策略控制保障网络质量；实现终端可便捷地选择合适的网络，接入质量可保障，实现高效的、高质量的分流，让用户在使用网络时能更加方便地设置、选择和切换。

五、移动互联网对通信产业链各利益主体的影响

移动互联网使得信息的传递变得更加快捷、方便，用户在消费前可以随时随地查询自己需求方面的资讯，在消费过程中可以随时随地分享自己的经历以及表达自己对某些商品或服务的体会，这些会随着网络以极限速度在一定范围内传播开来，从而对商家造成一定的影响。这一现象充分说明移动互联网使得买方的力量在逐渐加大，市场在向买方过渡，意味着卖方想要在竞争中获胜就必须真正做到以顾客为导向。因此移动通信市场上服务方即电信运营商必须逐渐改变以往的经营模式，发现并满足各个顾客的碎片化需求。

（一）对电信消费者的影响

刘锋在《互联网进化论》中指出，互联网的发展方向和人脑的结构是一致的，互联网能够很大地扩展人们的视觉、听觉等感觉，满足人们各种各样的需求。[①] 移动互联网作为移动网络和互联网的结合体，具有移动特性，那么其就必然极大地凸显互联网的特征——充分满足和服务人们各方面的需求。

移动互联网使得消费者可以随时随地享受网上冲浪等各种服务，满足消费者阅读、娱乐、沟通等需求，并能快速地展示自己的经历、分享自己的感受。移动互联网一方面使得消费者参与市场的程度进一步加深，使得买方的力量在逐渐增大；另一方面消费者获得的信息也越来越多、掌握的经验技能也越来越全面，使得消费者在行为决策时更加科学、更加理性。

移动互联网对电信消费者的影响主要有以下三个方面：其一，电信消费者与社会沟通更加通畅、便利。移动互联网解放了人们的双脚，人们不用坐在电脑面前就能够看到互联网上的信息。同时人们也可以通过腾讯 QQ、微信等新兴的方式扩展自己的社交范围，加快了人们信息传递的速度。其二，电信消费者的习惯逐渐发生

① 刘锋. 互联网进化论 [M]. 北京：清华大学出版社，2012.

变化。移动互联网随时、随地、随心分享的特性赋予手机等移动终端越来越多的功能，如人们可以通过手机购物、缴纳水电费等。这些便利的方式正在逐渐被人们所接受，在接受过程中传统的生活习惯在慢慢发生变化。其三，电信消费者的力量在逐渐加大，使得电信消费者在买卖双方谈判中的地位发生变化。移动互联网把每一个移动的个体编织在一起，就像一张渔网，每一个人都是渔网的交汇点。因此消费者能够通过这张网获得其他用户的使用感知以及其他客户的类似经验或经历，当然消费者也能通过这张网将其消费过程中遇到的问题或不愉快经历很快地传递给其他消费者。这种传递是即时的、海量的，在传递过程中消费者的力量变得越来越大。

（二）对内容 / 服务提供商的影响

移动互联网使得虚拟运营商业务运营载体更加广泛，从传统的单一 PC 终端到现在的 PC、手机、平板电脑等多元终端。虚拟运营商开始逐渐参与到电信通信市场，随着手机等移动终端的技术不断发展，它们的参与方式也逐渐从间接参与转变为直接参与。参与方式的转变也直接加剧了通信市场卖方市场的竞争，这对于改变我国电信市场长期的垄断局面有很大的积极作用。

移动互联网是移动网络和互联网结合体，客户能够利用手机等终端通过移动通信网络或 Wi-Fi 网络接入互联网。“移动”的特性使得客户对信息的要求或服务增加，例如客户在等公交过程中就希望存在一种服务能够提供各个公交车到站的时间信息。这就是说移动互联网使得消费客户从生活到工作的方方面面的需求在日益增大。这些需求给内容 / 服务提供商提供了机遇，但是内容 / 服务提供商的发展一定程度上受到移动网络和移动终端技术的限制。一方面，内容 / 服务商提供服务的通道是移动通信网络，不断增加的互联网接入流量使得电信运营商的网络压力不断增大。不断增加的流量可能就成为服务提供商的一个限制。虽然 Wi-Fi 网络一定程度上缓冲了这种限制，但是由于区域性的存在导致这种缓冲也是有限的。另一方面，内容 / 服务提供商也依赖于手机移动终端技术。移动终端技术越成熟，接入网络的速度越快，用户体验感受越好，那么内容 / 服务提供商提供的 APP 发展空间就相对更好。

内容 / 服务提供商的直接参与可能加剧我国移动通信市场的竞争。如腾讯 QQ、微信、微博等服务占用用户的时间，增加了用户表达内心想法以及与其他人联系的渠道，用户选择的增加必定冲击电信运营商的传统业务。如有一些软件提供网络电话服务，这类服务可能颠覆电信运营商传统的通信业务。有些软件提供的内容或服务也在冲击电信运营商的增值业务。内容 / 服务提供商借助于移动互联网直接服务于电信客户，虽然这些服务依赖于电信网络和移动终端技术，但是这并不能阻止内容 / 服务提供商的发展。其飞速发展使得用户的选择增加，用户对功能的体验要求不断上升，这就对电信运营商产生竞争压力。

（三）对电信运营商的影响

移动互联网使得电信运营商逐渐改变其经营理念——真正以用户为中心，扩大市场份额。移动通信行业具有天然的垄断性，例如高额的基础设施费用以及国家政策的限制等使得整个行业的进入壁垒高筑，自由竞争的力量难以进入。电信运营商作为这一行业市场的主要参与者，垄断地位使得其在供销谈判中占据优势地位，那么电信运营商在经营过程中就难以真正做到以客户的利益为导向，真正做到为客户服务。互联网的飞速发展，尤其是当互联网和电信网络联结后，其发展速度惊人。移动互联网企业开始逐渐进入电信服务市场，其进驻的速度呈飞速发展，在市场中形成有别于电信运营商并且不可忽视的一种服务提供方力量。这就意味着电信运营商传统的垄断优势开始受到挑战，如腾讯推出的微信等即时通信应用就对电信运营商的传统通话业务产生冲击。环境的变化使得电信运营商必须做出变革，从根本上转变经营理念，真正做到为客户着想和服务。移动推出按照客户当月使用的流量给客户提供一个更优惠的套餐等级，这个举措就体现出电信运营商开始真正关注客户的利益、认真对待客户的诉求、妥善处理客户关系。

移动互联网使得电信运营商对电信消费者需求的掌握更加全面、更加细化，使得电信运营商和电信消费者近乎零距离接触。我国电信运营商通过移动互联网延伸其接触电信消费者的触角，积极地采取大数据策略，分析不同电信客户的碎片化需求，形成一种信息资源。如分析出某些客户偏爱旅游并且获得其一些出游记录等信息，详细分析后可以向该客户旅游目的地的相关企业在合规的前提下出售用户信息。电信运营商也可以利用客户的定位以及活动区域，在分析出这些信息后，可以帮助一些企业做更精准的推广。为了让那些在大街上闲逛的人们不无聊，沃达丰在德国推出了关于 AR（Augmented Reality，增强现实）的软件。通过该软件，用户可以捕捉分布在城市各个角落的虚拟怪物，这些虚拟的怪物只有该软件能够看到，捕捉到的怪物对应相应的积分，用户可以利用这些积分到各个实体店参与优惠打折活动。电信运营商沃达丰收取一些商家的推广费用，而商家的推广目的也达到了。

移动互联网使得电信运营商关注并区分客户的价值，随着移动网络和电信网络联合得越来越紧密，电信消费者的价值也越来越呈现不同的特点。面对行业内部和互联网公司的激烈竞争，特别是争夺以电信客户为对象的市场份额，电信运营商开始越来越关注客户的价值差异。同时对客户价值的内容认识也在发生变化，从最开始客户给电信运营商带来的通信收入到现在移动互联网时代客户网络的外部效应，我国三大电信运营商都有庞大的客户群体，因此它们也掌握着大量的客户信息，通过数学工具以及计算机等将这些信息进行整合形成有价值的商机。这些商机不仅使得电信运营商在客户中的地位不断提高，同时也使得客户的内心需求得到真正个性化的满足，创造真正互利共赢的和谐电信市场环境。

综上所述，移动互联网使得电信运营商的盈利模式发生变化。电信运营商传统的语音服务对其总收入的贡献度下降，而流量收入随着用户浏览量增加而迅猛增长。随着通信技术的改革以及无线网络建设，电信运营商的流量收入必然会下降，那么未来电信运营商就必须凭借其庞大的客户群体进行创新性的盈利。不管是流量收入还是凭借客户信息参与价值创造过程从而获得收益，都是电信运营商参与移动互联的方式。

如图 1–12 所示，在移动互联网到来之前整个产业链是以电信运营商为中心，内容 / 服务提供商与电信用户之间的联系是以电信运营商 WAP 平台为中介。随着移动互联网的到来，内容 / 服务提供商与用户建立了直接联系，并且这种联系随着应用的增多变得更加稳固。内容 / 服务提供商提供丰富多彩的应用和内容逐渐改变了人们对于移动通信的认识。丰富的应用开始颠覆电信运营商的传统语音业务，那么就意味着电信运营商的语音资费会不断降低，但是其给电信运营商带来了巨大的流量收入。移动互联给电信运营商带来了巨大的流量收入，此时电信运营商是以一种被动的形式参与移动互联，也就是说这部分收入不可控。无线网络建设以及智慧城市的建设，对电信运营商流量管道功能产生很大的冲击，电信运营商这种被动的参与方式就变得很脆弱。也就是说电信运营商与电信用户之间的联系在逐渐减弱。电信运营商收入结构变化图如图 1–13 所示。

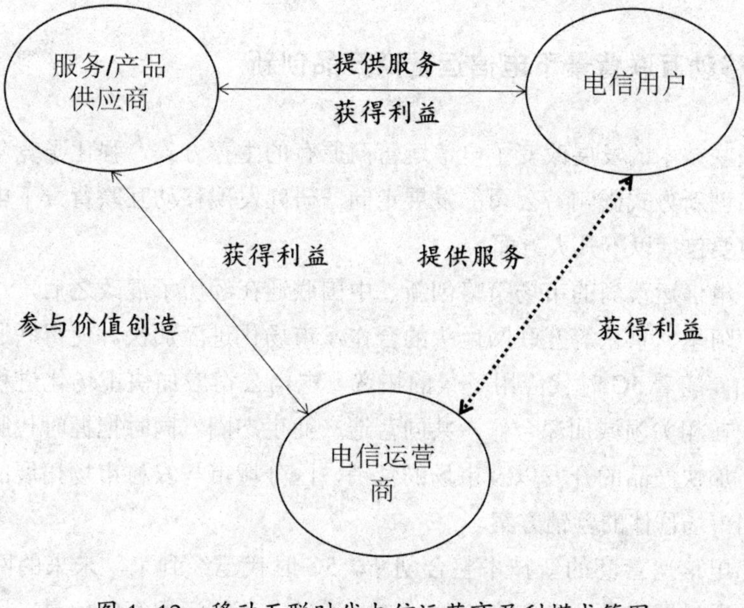

图 1–12　移动互联时代电信运营商盈利模式简图

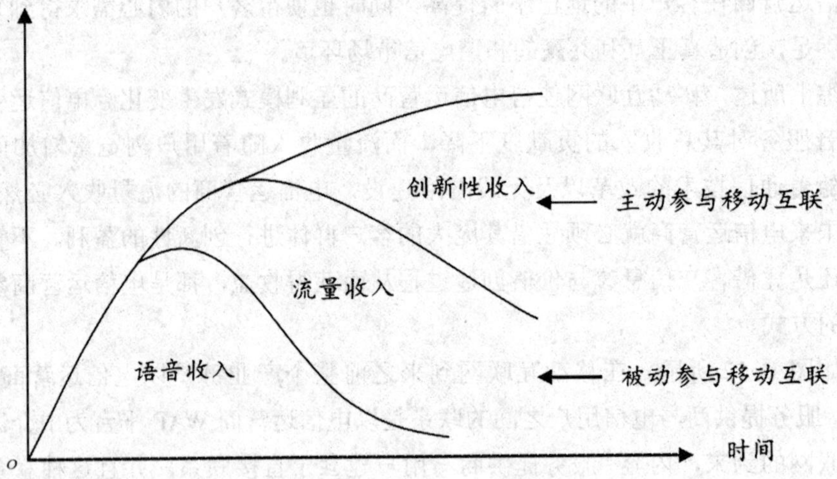

图 1-13　电信运营商收入结构变化图

麦肯锡咨询公司认为，产品（服务）的设计、生产和传播是价值创造过程的三个方面，电信运营商在移动互联环境下必须积极参与移动互联的价值创造过程。实际上，国外的电信运营商通过大数据对其用户进行分析，提炼有价值的用户信息并将这些用户的信息出售给内容 / 服务提供商，从而有利于内容 / 服务提供商提供更加精确的服务从而产生价值。或者电信运营商利用其庞大的客户群体，为一些企业等做精准推广而获得收益。电信运营商凭借其庞大的客户群体积极主动参与价值创造过程获得移动互联带来的巨大利润。

六、移动互联背景下电信运营商产品创新

移动互联技术的发展改变了电信运营商原有的生存方式，强化了竞争的深度和广度。产品创新方式影响着公司的发展走向，研究发现移动互联背景下电信运营商产品创新主要包括以下几大方面。

第一，电信运营商的市场策略创新。中国联通在经历了混改之后，加强了与百度、腾讯、阿里、京东等互联网巨头的合作，市场化进度加快，使得联通公司的营收大幅增加。随着 5G 时代应用场景的拓宽，电信公司应加快市场化进程，与大型互联网企业在相关领域加深合作，共同营造产业生态圈。同时把握时代脉搏、明确创新策略、加快产品的开发以及市场的营销，区分城市与农村市场拓展的方向，制定符合不同市场群体的营销方案。

第二，电信运营商的新技术整合创新。5G 时代已经到来，未来的网络是智能化的网络，通过网络及时获取客户的轨迹、通过云计算远程存储信息、通过物联网

实时跟踪数据、通过大数据分析客户的潜在需求。充分利用移动互联与新技术的结合，判断市场的发展趋势。移动互联时代，市场复杂多变，电信运营商拥有较多的资源，应以此为契机，加快互联网转型步伐，将智慧网络和移动通信相融合。由传统“管道提供商”向“综合业务提供商”转变。

第三，电信运营商的客户营销创新。电信的产品创新是以核心技术为驱动力、以客户需求至上的创新。互联网是一种开放式多元化的市场，用户的体验是判断产品能否在市场上取得成功的关键，因此要让用户引导电信运营的创新，让用户需求成为电信运营的研发的动力。电信运营应通过大数据、云计算等信息技术，精确分析用户的市场需求、用户需要的服务，以市场为导向，不断创新，为用户提供专门的定制化服务。

第四，电信运营商的服务模式创新。传统的电信运营商为用户带来的服务主要为电话座席客服、线下营业厅门店服务以及固定网络上门安装服务等。而这些服务基本上以业务咨询、业务办理、售后服务为主。在移动互联网背景下，电信运营商的传统收入来源被挤压，如果服务只能够满足客户的基本需求是远远不够的，电信运营商需对其传统服务进行重新设计，创造个性化的生活方式体验。

总的来说，信息经济时代的到来推动着移动互联网的飞速发展，如今 4G 网络的全面覆盖和 5G 网络的崛起，使电信产业凭借其规模经济性、网络外部性等特征，不断推进着自身产业链的转型，也促使产业链中各主体积极寻找适应信息革命浪潮的升级模式。

第二章

我国电信运营商行业现状

第一节　电信运营商行业发展现状及困境

一、全球电信运营商现状及发展趋势

（一）全球电信运营商现状

1. 收入步入中低速增长阶段

受到全球电信市场用户规模趋于饱和及市场竞争趋势不断加剧的双重影响，全球电信运营商的收入均步入了中低速增长阶段。在此背景下，国际电信运营商普遍开始布局新通信技术研发、融合视频、终端销售、客户服务、企业市场、互联网应用以及国际化市场，依托网络端的通道优势，部分国际电信运营商已经靠内容运营实现了对收入的拉动，整体营收上更加多元化。相比于国际电信运营商，本土电信公司在电信行业位置上处于劣势，因此更应借鉴国外电信运营商在新时代下的发展策略，加大对新技术研发、融合视频、企业市场以及国际化市场的拓展力度。

2.4G 大规模投入商用

基于长期演进（LTE）技术标准的 4G 网络在 2013 年正式投入商业使用，但在其问世的相当长一段时间内，经济效益十分有限。对于网络基础建设来说，4G 基站建设是一件投入周期长、投入规模大、涉及相关利益方较多的一项大工程。同时，由于 5G 技术起步时间较短，国际上有很多电信运营商仍然处于一种相对观望的状态，急需树立起一个 5G 商用化的标杆案例。

对于国际上部分信息技术发达、网络传输速度较高，同时国内环境相对简单的发达国家来说，4G 的商用部署相对比较容易，亚洲已经有部分发达国家和地区迅速实现了 4G 的部署，比如韩国。我国的中国移动同样投入了极大的人力、物力大规模开展了基于 TD-LTE 技术的 4G 网络部署，在获得 4G 牌照不到一年的时间内，就建立 4G 基站超过了 50 万个。

但 4G 网络的商用涉及上下游多个产业链条，网络仅仅属于基础部署阶段，市场上还需要终端厂商的加入，研发、生产可以支持相应技术标准的 4G 移动终端设备。

3. 竞争日趋复杂

旧有的电信运营商模式以同行业竞争为主，由于电信行业属于基础性行业，前期投入巨大，涉及的流程以及政策复杂度很高，特别是我国，国土面积广大，人口

分布不均匀现象十分严重，地形也十分复杂。因此在没有国家政策的扶持下，很难有行业新进入者分散市场份额。而电信运营商之间的同业竞争也并不像完全竞争市场中的情况复杂，在各种政策等的影响下，电信运营商也只是在按部就班地处理自己相关的业务模块。但随着高速移动网络的迅速普及，电信运营商的对手，已经从同业者发展到了电信行业的上下游乃至整个互联网行业。

随着互联网的飞速发展，基于高速网络的内容应用越来越多，大量的即时聊天软件比如微信、易信等，迅速拉拢了大批量的用户，用户将曾经的“连接”行为逐步转移，释放到了移动社交软件上，导致了电信运营商越来越“管道化”。在消息服务市场中，电信运营商与互联网厂商发生了激烈的碰撞，电信运营商显然是被动的一方。

随着网络速度的不断提升，内容越来越成为用户的真正关注点，而网络本身成为一种“理所当然”的附属品。虽然内容的丰富无疑会拉动网络的使用和流程使用的增长，但电信运营商仍然难以摆脱被边缘化的趋势。所以在新的高速互联网时代，电信运营商的竞争对手，已经由同业的几家对手增加到了包括各大互联网厂商在内的十几、几百甚至更多家，电信运营商在传统业务的市场形势从来没有如此严峻。

4. 智能手机市场增速放缓

随着移动网络速度的提升，在苹果公司的iPhone大获成功之时，智能手机相关市场迅速被激活，曾经的功能型终端在几年的时间里被迅速更新换代，功能型手机时代最大的手机制造商诺基亚也以将自己的品牌出售给微软而结束了自己的手机业务。

全球市场上，移动终端的出货量节节攀高，每年都有较大幅度的增幅，但相比于前几年的超高速增长，最近几年，特别是从2013年至今的十年里，移动手机出货量的增速开始大幅度下滑。

5. 多移动设备用户及相关服务增多

在过去几年的信息技术软硬件及网络的大发展中，智能手机市场和平板电脑市场得到了充分的发展，手机、平板等网络接入设备处于一个长期的价格下降趋势，同时细分市场也更加明确，部分设备厂商推出了针对普通用户日常需求的中低端产品，价格上十分亲民。

在智能手机领域，无论是在硬件上、在内容服务上，还是在功能演进集成上，更是出现了爆发性的增长，智能手机更加贴近“智能一侧”的功能，而通信功能成了一种虽然必备但较为附属性的功能。随着智能手机功能集成性的不断增强，其在日常生活中扮演的角色也越来越多，通信功能、娱乐功能、社交功能、阅读功能等，都可以通过智能终端得到一定程度的满足。

在用户层面，出现了越来越多的用户拥有多个手机终端的情况，有为了工作和生活进行区分，有为了内容丰富和功能可靠。特别是在智能终端更新换代极快的情况下，购置新的手机终端，功能性升级占据了很大一部分，这样一个用户多个终端的局面就越来越明显。在LTE标准的网络中，这样的趋势更为明显。LTE网络下，网络的上传和下载速度都比4G时代有大幅提升，为多样化的应用提供了实现的可靠基础。

(二)电信行业的业务现状分析

通信网络设备具有广泛的覆盖范围和基本功能，是信息社会的基础设施，影响着社会的各个层面。通过信息和通信技术的整合，把工业化和信息化融合起来，形成新的工业化道路。新信息技术产业的发展促进很多投资和消费领域的形成，进而优化产业结构。

近20多年以来，信息产业以惊人的速度增长，已成为当今最重要的战略产业之一。随着世界经济联系的日益紧密，各个领域的交流进一步加强，“地球村”概念的提出，预示着区域和国家之间的相互依存程度绝对空前。国民经济和社会信息浪潮不断增加，意味着信息通信的需求规模空前。随着移动互联网、大数据、AI等新技术的涌现，跨平台、跨终端、跨网络运行模式的产生，信息通信产业进入了以融合与创新为特征的新时代。通信网络的IP交换，宽带化和移动通信网络的技术发展促进了通信网络的集成。与传统的电信网络相比，这大大扩展了可在电信网络上运行的应用程序，改变了公共电信网络的网络体系结构，并显著提高了网络应用程序集成服务的功能。随着网络向移动性和融合性发展，对通信的需求已转向对更智能的通信和信息集成服务的需求。世界上许多国家将信息资源共享作为促进和发展信息技术产业及相关信息消费的突破点，重点放在整体信息化和全球信息化浪潮上，在信息技术产业布局上制定与信息产业相关的政策。使用信息和通信技术促进工业的成熟发展以及经济社会发展模式的创新，构成了国家和可持续经济社会发展的综合竞争优势。激烈的竞争和产业结构的复杂化，使信息产业发展迅速。

信息和通信网络发展的总体趋势是固网宽带和移动网络的融合。当前正在经历信息和通信技术过渡的重要时期，在数据交换、无线传输等领域中产生了重大的技术进步，并且业务也正在逐步推动技术的发展。在网络应用中，各种新技术结合在一起，共同推动业务发展和网络发展。传输网络也正在朝着智能光网络发展。智能光网络在各方面拥有明显的优势。以自动交换光网络（ASON）和智能光网络为代表的传输技术正在构建新型智能的传输网络。承载网络正在转向IPV6互联网协议。这极大地扩展了地址空间，提高了网络的整体吞吐量，显著增加了安全性。核心网络中的主要技术是软交换和IMS（即IP Multimedia Subsystem，中文意义为IP多媒体子系统）。它具有开放的体系结构和标准接口，可提供呼叫控制以及媒体和业务层的分离。因此，其集成的网络体系结构可以降低业务与网络之间的连接程度。我们可以灵活地开发各种各样的服务，吸引和邀请更多的服务提供商进行产品的功能创新，满足人们不断增长的对信息社会的需求。接入网正在向宽带、多样化和无缝发展方向发展。Internet 带宽瓶颈已被突破，可满足访问各种技术 [例如 DSL（数字用户线），5G（第五代通信技术），PON（无源光网络）] 以及业务应用程序要求，例如 IPTV（交互式网络电视）和远程医疗等各种宽带需求。服务提供商可以开发服务和应用程序用于集成度较高的移动设备，丰富的移动应用吸引了移动访问设备制造商的参与。平板电脑和智能手机等因创新应用正在引领终端技术的不断发展，卫星和无线宽带技术迅速商业化。电信网络各个级别的全面发展，电信网络体系结构的转变和网络带宽的扩大，使得集成电信网络、有线电视网络和计算机电信网络成为可能。下一代宽带集成信息网络集成了通信和计算机网络和有线电视网络。

信息网络结构越来越倾向于开放，向着万物互联的方向发展。随着 Internet 的发展，IP 技术越来越普及、越来越完善，已经成为当前网络互联的主流技术。IP 技术本身是通过 IP 地址进行信息访问的技术，是互联网精神的重要体现，也是一种平等开放的互联技术。通信载体已完成向 IPV4 网络的演进，使得通信网络变得更加面向开放架构。下一代互联网 IPV6 等技术的引入将进一步推动、提升开放网络结构的发展。电信网络已经从单一的信息传输功能演变为智能功能化。软件技术和终端智能的发展使得将各种各样的信息集成到通信网络中成为可能。通信网络不仅可以发送信息，还可以选择和控制信息，尤其是 IoT 传感器（物联网传感器）、智能家电、控制设备和通信终端。集成的信息服务可以提高通信网络应用程序中的智能水平。

信息技术已经渗透到各个领域。随着信息技术的发展，电信服务已经从封闭的电信网络提供的传统电话服务转变为以因特网和终端为中心的创新多媒体服务。这些新的多媒体服务已经融合了电信和互联网服务，并实现了跨境服务集成。届时，电信行业将为消费者和客户提供更多样化的服务。这种多样化的服务范围包括具有媒体内容和娱乐功能的产品，以及有助于制造和服务的电信开发信息产品。电信还将进入新领域，例如新媒体、新娱乐和信息技术。产业融合的趋势比较明显，例如汽车、家用电器、交通运输、机械制造和建筑以及信息技术等技术的融合，形成了新的技术领域和更广泛的产品类别。

融合电信业务需求。在个人领域，电信业务的需求已从语音呼叫和固定电话扩展到各种服务，并且我们还看到了集成和替换的趋势。对虚拟数字化的新个性化需求正变得越来越丰富。我国的电信应用和服务市场普遍采用融合服务和开放统一的智能平台技术。当受到 OTT（视频及数据服务业务）应用程序的严重影响时，用户的长途使用量、本地电话和 MMS 业务（多媒体消息服务）量都将大大减少。移动网络的业务转型正在加速，移动互联网访问流量正在迅速增加。丰富的电信服务增加了用户对电信服务的选择，逐渐将业务单一需求从共同发展转变为个性化发展，并且电信业务需求变得越来越复杂，正在从通信需求变为信息和通信需求。①

对于不同类型的信息有不同的需求。有时需要特定方面的原始数据，有时需要在数据处理后形成的信息，有时需要特定方面的分析或预测报告。人们因开展的业务需求千差万别，对信息的需求水平也不同。政府公共信息资源的开放性更需要大数据和融合应用技术发挥重要的优势。在智慧城市和工业互联网等主要领域的复杂需求推动下，将进一步推动信息通信需求的增长，信息化、数字化的趋势将不可阻挡，与人们生活相关的在线教育、远程医疗和智慧交通运输等产业将得到极大发展。②

根据产业周期理论，产业发展必须遵循这一客观规律。电信行业自身特点有规模经济和广告效应，该行业的持续发展需要平衡整个行业的供求关系。在行业快速增长期间，高需求和高利润将驱使更多的制造商进行投资。根据投入与产出的实际时间差，市场机制无法发挥有效作用，导致供需失衡，行业发展需要政府宏观调控，以保持电信行业的健康。同时，国际电信市场已进入相对成熟阶段，不同国家正在展开利用先进信息技术的竞争，并在全球竞争中加速国内电信业向信息通信业的转型。③

在日本，随着业务的重组，业务提供商已转变成提供全方位服务的提供商，移动通信技术的不断发展使移动网络和固定网络融合成为必然趋势，但同时又将信息通信业务与传统网络分离开来。通信行业由通信领域扩展到信息通信领域，增加了信息服务的内容，拓展了通信行业的经营范围，在工信部成立后，从管理体制上保障了电信领域延伸到信息通信领域，同时发力工业互联网领域，为工业的信息化发展奠定了良好的基础。④

三大基本运营商继续主导电信市场。从业务角度看，语音服务已与互联网服务相互集成，软件服务和移动增值服务相互集成，固定宽带通信服务也因电子商务和电子政务应用的开发而得以发展。快速发展高带宽视频电话和互联网电视等新兴服务的开发已经开始，许多新的业务和运营方法已经进入并影响了中国的电信业运营的各种传统业务和新兴业务市场。同时，互联网产业链也在逐渐成熟，电信运营

---

① 朱海波，陈树萍．三网融合产业规制分析 [J]. 广播电视信息，2019（2）：61–65.
② 王宗．电信运营商大数据的跨界融合应用 [J]. 江苏通信，2019，35（6）：62–65.
③ 赵国强．基于产业生命周期的黑龙江移动通信公司发展战略研究 [D]. 哈尔滨：哈尔滨工业大学，2007.
④ 臧煜．美、日、法电信业发展研究 [D]. 长春：吉林大学，2013.

商与广播电视的商业合作将开始加快网络融合的步伐。外资给中国电信市场注入了新鲜血液，多元化的合作形式逐步形成。基础电信运营商已开始试水国际电信业务市场。与此同时，快速增长的市场需求加速了我国电信业的自然垄断。然而，巨大的需求打破了规模经济的界限，又逐步打乱电信行业的自然垄断，为经济规模最小的新公司的进入提供了空间，电信业务市场不断涌现出经济规模较小的新公司。从这些可以说，电信行业中自然垄断的性质趋于减弱，其竞争力逐渐显现。电信运营商、移动互联网制造商和手机制造商都在争夺它们在整个电信行业中的地位，并且电信行业的产业链正在进行重新洗牌。①

移动互联网集互联网功能、游戏功能、电信功能等于一体，使用移动通信的互联网技术以及各种技术系统都被应用于移动互联网服务。移动互联网继承了互联网的基因，是一个全面、开放的网络，移动互联网的技术多样化是不可避免的。当前，可以支持移动 Internet 的无线访问技术大致分为四类：无线个人局域网（WPAN）访问，无线局域网（WLAN）访问，无线城域网（WMAN）访问和无线广域网（WWAN）访问。其中无线局域网访问和无线广域网访问是使用最为广泛的两种方式。根据现在的互联网发展趋势，移动互联网将来将继续使用此方法。两种访问模式是主模式，而 WAN 是这两种模式的主模式。WLAN 主要用于的网络环境包括商务休闲和公司园区等，它基于 IEE 802.11 标准，也称为 Wi–Fi 网络，支持静态和慢速移动。WWAN 是指使用现有的移动通信网络（例如 4G）来提供 Internet 访问，具有网络覆盖范围广、移动性快和用户访问方便的优点。

终端是促进业务发展的平台。随着移动互联网服务的迅速发展，移动终端的种类也在增加。最熟悉的移动设备是手机，并且移动设备操作系统还具有多样性的特征。除了 Android 和 IOS 两大操作系统，小米还基于 Android 深度定制自己的 MIUI 系统，华为发布了 EMUI 系统，其他还有一加、OPPO、VIVO 等也基于 Android 进行深度定制。除了手机，平板电脑和便携式计算机的数量还将增加。②

移动 Internet 和传统固定 Internet 之间的应用程序交互迅速增加，产生了对网关技术的需求。网关技术可快速有效地连接 Internet 和移动网络。移动 Internet 网关提供的功能主要是使 Internet 上的应用程序内容快速、准确地适应移动设备，并使移动设备能够方便地访问 Internet 上的所有开放内容。许多新的移动 Internet 服务的发展正在推动移动网络上的流量。深度数据包检查技术用于移动 Internet 网关。在调整和转换格式时，它还可以基于电信运营商计费规则和业务分配，进行有效的数据转换管理策略。移动网关的发展助推了移动互联网内容的来源和生产途径。用户可

---

① 梁超．我国电信行业竞争性业务的政府管制研究 [D]. 郑州：华北水利水电大学，2018.

② 卢奕鸣．关于 iOS、安卓两大手机系统的横向对比 [J]. 通讯世界，2020，27（5）：113+115.

以从移动设备访问专门为移动 Internet 创建的内容，也可以访问常规传统 Internet 上的内容。①

在传统的业务模型中，公司在开始业务之前首先考虑利润模型，然后考虑利用利润模型进行商业运作。但是，在发展 Internet 业务时，公司必须首先考虑用户模型，如何发展用户以形成更大的用户平台。用户达到一定规模并具有一定忠诚度后，请考虑如何基于这些用户构建合适的用户模型。在移动互联网业务模型中，用户模型和利润模型同等重要，而用户模型则更为重要。

移动互联网时代是融合时代，促使设备和服务相互集成，促进行业之间相互渗透。在这个时代，移动互联网服务参与者的多样性是一个重要特征。技术的发展使该行业与产业链中各个环节之间的技术和资金门槛变得极低，并且大规模整合各行业成为一个新的趋势。在新形势下原有的产业运行模式和竞争结构已变得较为落后。在产业整合和演进的过程中，其他各行业的原有运作机制和资源配置方法正在发生改变，通过市场的更替，产生了更多、更大的市场空间，相关的公司正在积极转型抢占市场。各大电信运营商正在努力利用原有领域的传统优势拓展新的业务领域，成为新的产业链的整合者，并利用未来的市场结构优势。

在移动互联网时代，信息产业的传统运营形式已经逐步瓦解，新的运营形式正在形成。在不久的将来，竞争将更加残酷。终端制造商、互联网公司、消费电子公司和网络运营商都积极踊跃地参与市场竞争。各种新应用不断涌现。在过去几年中，某些游戏应用程序可能仅仅是一个社区和移动即时消息传递应用程序，但是在未来它可能拥有更多的功能。未来将出现更多的创新产品。此外，移动互联网的竞争日趋白热化，各种参与者都希望在市场中有一席之地。

（三）电信行业网络服务发展趋势

1. 发展过程

从第一代移动通信网络到第五代移动通信网络，全球移动通信网络技术不断迭代升级，性能不断提升，而人们对于传输速率更高、更稳定、服务质量更好的移动通信服务的追求也从不停歇。2G 网络到 3G 网络的升级，实现了从通信业务到个人应用的跨越式发展；3G 网络到 4G 网络的升级，促进了个人应用的爆发式发展；而现在，5G 网络已开展大规模商用，将推动行业应用场景的井喷式发展，海量用户的通信服务、机器类通信、关键人物通信等需求都要求通信网络的传输速率更快、稳定性更高、时延更低，诸如自动驾驶、AR（增强现实技术）、MR（混合现实技术）、VR（虚拟现实技术）、大流量视频等新兴应用均对 5G 通信网络具有迫切需

① 吴俊滔 . 电信拓展移动互联网市场中的难度及其策略 [J]. 信息通信，2018（6）：245-246.

求。如近年来比较受市场追捧的VR技术，其想要实现完美级的虚拟现实体验，只有控制20 ms甚至更低的网络延迟才能对解决眩晕感产生积极作用，这对网络的性能提出了非常高的要求，而5G所天生具有的毫秒级低延迟特性可以为此提供非常合适的解决方案。再比如，目前市场上已开始推广的超高清视频应用，其所涉及的4K、6K乃至8K技术已基本成熟，相关的硬件支撑也逐渐成熟，但与之匹配的网络传输要求却是目前4G网络所无法企及的，现行的4G网络已经不能满足4K超高清视频50Mbit/s带宽的需求，更无法满足8K超高清视频1Gbps带宽的需求，但这样的高带宽网络却是5G的基本特性之一，这也使得发展5G网络成了满足这些需求的重要方案。基于巨大的通信市场需求，2019年6月6日，国家工信部正式向电信、移动、联通三大传统电信运营商以及中国广电发放了5G商用牌照，至此，标志着中国5G商用元年的到来。同年10月，三大传统电信运营商宣布正式启动5G商用服务，公布了相应的5G服务套餐，由此，5G时代正式来到中国百姓身边。

我国对5G产业发展早有谋篇布局，国家非常重视5G的发展，在研究制定我国国民经济和社会发展第十三个五年规划纲要时，5G就已经列入之内，工信部等国家部委深入研究积极推进5G技术发展、标准制定、发展并壮大产业链。各省市区先后出台了5G相关政策文件，精准开发5G发展潜力，布局5G发展。三大电信运营商和华为、中兴等设备厂家加快5G网络规划部署及技术和产品研发，终端厂家陆续推出5G芯片手机并持续提升市场供给。而消费者一侧更是传递积极信号迎接5G时代的到来。根据全球专业服务机构毕马威在2018年发布的全球消费者洞察报告显示，中国消费者在使用新科技的态度方面在全球排名前列，超过五成的中国消费者在受访时反馈了对新发展科技的浓厚兴趣。我国消费者的积极态度为我国5G市场铺就了广阔的前景。5G也将通过对工业、医疗、物联网、娱乐等行业的持续赋能，改善并提升通信服务市场的供给与服务质量。根据相关研究，在未来5年内，中国的5G市场用户规模将达到全球首位。

2.5G发展概况

随着人们对通信服务流量需求的不断增加，人们越来越意识到3G乃至4G网络的性能都无法满足这些快速增长的需求，正是因为这样的通信网络供给与需求间的缺口才强力推动着通信网络技术的不断迭代升级，而现在，人们迎来了5G时代。全球很多国家都在加快5G的商用以及相关探索。韩国最大的电信运营商韩国电信公司（KT）在2019年就对5G网络服务进行了商业部署。与韩国电信运营商相比，美国电信运营商Verizon的战略稍有不同，其选择在初期将5G网络定位于替代光纤的固定宽带服务，并于2017年就已在美国11个市场进行了测试。美国电话电报公司（AT&T）已经正式公布在亚特兰大、达拉斯和韦科商用5G网络。在欧洲，德国已明确2020年正式商用5G网络。

我国也较早地启动了5G相关概念和技术的研究。在2013年即完成了5G的概念界定，规划出了5G的技术发展路线，研究并明确了5G未来的市场需求。2016年至2017年间，先后完成了5G网络技术三个阶段的验证，通过在此期间的技术验证，全面测试了5G网络正式商用前的产品研发、验证和产业协同能力。2019年6月，我国5G商用牌照正式发放，我国5G正式拉开商用大幕。随之而来的是我国5G产业基金目标规模很快达到了近千亿元规模，如表2-1所示，为5G产业发展提供了雄厚的资本补充，并为智慧城市、智慧交通、物联网等领域的创新应用提供了良好的基础。

表2-1　部分5G产业基金设立的情况

基金名称	基金目标规模（亿元）	参与方
国家集成电路产业投资基金Ⅱ期	100	中国联通
中电信智慧互联产业基金	100	中国电信、中网投、前海方舟
5G联合创新产业基金	300	中国移动
北京市5G产业基金	50	亦庄国投、科创基金、中国建设
中国信科5G产业投资基金	50	中国信科集团、长江产业基金

注：资料来源为CVSource投中数据库、中国信通院，截至2019年9月6日。

二、虚拟运营商的崛起

提起国内的电信市场格局，大多都了解中国移动、中国电信、中国联通这三大主要的基础运营商，却对虚拟运营商这个概念了解较少。所谓虚拟运营商（VNO-Virtual Network Operator），是指拥有部分电信运营能力与基础运营商在某些业务上构成合作关系的运营经营者。如今虚拟运营商放号早已突破百万，标志着虚拟运营商在国内已经进入了实质性运营。

（一）虚拟运营商的产生

移动虚拟运营商在国外出现得比较早，发展得也比较好。例如斯堪的纳维亚地区是世界上最早进行移动虚拟运营商服务的地区之一，当地监管部门为了提高通信业竞争，主导并推行了这一行为。

移动虚拟运营商在各国电信市场出现的原因不尽相同。有些是出于电信监管机构希望保持电信市场的有效竞争的考虑，有些是出于移动网络运营商希望以批发价格向其他运营者提供多余的网络容量，从而增加自身收入的考虑。我国随着民营资本与外资企业引入到移动网络运营后，最可能出现的就是以租借网络的形式开展虚拟运营，工信部也明确了要扶持内地民营资本进入基础电信领域，着力推出一些示范虚拟运营公司，增添电信市场活力。

随着电信技术更新和发展以及用户对电信业务需求提升，虚拟运营商的出现改变了原有产业链的运行机制。由于移动虚拟运营商并不拥有网络资源，基础运营商则更加关注核心网络的建设与维护，大量增值业务和功能内容等交由更为专业的OTT 服务公司开展。同时，电信运营商与虚拟运营商之间不仅是一种竞争，更是合作，双方可以协议共同分担购买无线频谱和建设网络的高额成本，同时借助基础运营商的网络资源优势以及虚拟运营商的创新品牌效应，为消费者提供更多元的内容与增值服务，双方可以形成相互督促的双赢局面。

（二）国内虚拟运营商的发展情况

国内电信政策规定，进入移动电信市场的虚拟运营商，是只允许租用三大主导运营商的网络资源，并只能在原有套餐基础上进行业务的重组销售。这就导致虚拟运营商失去对网络运营和基础设施建设的自主权，其发展是受限的。

我国学者对当前虚拟运营商的发展进行了相关研究。覃涛[①]指出，面对当前市场环境所发出的挑战，虚拟运营商在经营策略和发展方向上应该注意业务与资源协同，以及互联网化经营，坚持以战略合作为基础，通过创新开展全新业务格局。王雄伟[②]在分析比较了国内外虚拟运营商的发展环境和管制模式后，指出国内虚拟运营商面临的瓶颈问题并给出解决策略。周代卫等[③]介绍了虚拟运营商的业务特点，阐明了其网络构架分为移动分销商、简单虚拟数据库、完整虚拟运营这三类模式，明确指出当前虚拟运营商采取的合作的网络构架模式，具体是三类，即“互补性”模式、“资源池”模式、“套餐转售”模式。张天骁等[④]根据三种合作型网络构架模式分别比较了电信运营商与虚拟运营商的运营模式，指出重点发展电信转售业务，并提出优化合作的建议，且给出可行方案。刘相龙等[⑤]采用演化博弈研究虚拟运营商与基础运营商共同发展的最优策略是双方合作，并进一步提出双方合作的路径。

---

① 覃涛.国内虚拟运营商的发展策略 [J]. 电信快报，2014（10）：17–21+25.

② 王雄伟.前景广阔　道路艰难——虚拟运营商（MVNO）中国发展前景浅析 [J]. 中国新通信，2014（8）：49–51.

③ 周代卫，高瑞，周宇，等.国内外移动虚拟运营商业务模式与经验探讨 [J]. 移动通信，2015（1）：28–32.

④ 张天骁，董昭.传统运营商与虚拟运营商合作模式选择及系统实现方案研究 [J]. 电信工程技术与标准化，2015（3）：66–71.

⑤ 刘相龙，林孔团.虚拟运营商与基础运营商竞合博弈——基于演化博弈理论 [J]. 山东工商学院学报，2015（6）：14–18.

戴刚[①]提到虚拟运营商与电信基础运营商之间不仅仅是竞争的关系，更是合作的关系，并为我国的移动通信市场的可持续发展提供了有效的参考依据。

综上，通过学者们的研究可以得出，为适应国内电信市场的发展态势，虚拟运营商采取与电信基础运营商的合作模式是最佳选择，而合作模式可以分为三种：一是全面合作模式，业内将该种模式的虚拟运营商称为 thin MVNO，即共同使用网络基础资源提供内容和增值服务；二是半合作模式，业内将其称为 intermediate MVNO，这类虚拟运营商从基础网络中购买交换服务，后独立与客户签约；三是非合作模式，业内称为 full MVNO，即虚拟运营商全部采用自身的网络资源，不需要借用基础运营商的设备与网络。

（三）移动通信转售业务

移动通信转售业务，其实就是指移动通信转售企业，即虚拟运营商从基础电信运营商处购买移动网络通信服务，再经过包装后通过自有销售渠道为消费者提供服务。从世界范围内看，电信行业自身运营规则明显，准入门槛较高，缺少电信产业“DNA”的虚拟运营商很难长期发展，因此虚拟运营商有必要利用移动通信转售业务开放的这一契机，扩展自身销售渠道和业务产品。

2016 年 5 月，工信部发布了移动通信转售业务试点工作相关通告，其中明确规定移动通信转售企业须建立客户服务系统，业务管理平台及财务支撑系统。该方案发布后，获得试点批文的许多转售企业在电信运营业务经营者处购买网络资源，重新包装了自己的服务内容，充分发挥资本灵活和创新优势，采用自由品牌进行多方面、全方位地拓展移动通信服务业务，为提升市场竞争层次、满足用户差异化需求奠定商用基础。

我国学者王仁强等[②]就指出，从全球范围和长期发展政策来说，开放移动通信转售是大势所趋，运营商应积极利用这一政策开启合作新模式。许立东[③]也明确提出，移动通信转售业务在创新能力、生态环境、业务资源和满足政府监管要求等方面面临挑战，应坚定不移走商业模式创新与差异化发展道路，建立疲乏结算价格动态调整机制，以及号码资源提前规划和动态分配模式，加强市场监管。

---

① 戴刚．虚拟运营商与基础电信业务经营者的竞合策略研究 [J]. 移动通信，2016（9）：13-17.

② 王仁强，刘明霞．移动通信转售业务开启运营商合作新模式 [J]. 通信世界，2013（15）：16-17.

③ 许立东．我国移动通信转售业务发展回顾和总结 [J]. 通信管理与技术，2016（2）：12-15.

三、我国电信运营商面临的国家政策和环境情况

(一)电信运营商全面实行“营改增”

2014年中旬，我国电信行业率先被纳入了财政部和国家税务总局的“营改增”试点范围之中，这一举措短时间内对电信行业有较大影响。“营改增”改革，简单说就是把以前只要存在收入就要按相应比率进行缴税的方式，改为了按照收入和成本抵扣之后的真正盈利额度缴税，虽说税率有所提高，但是由于上税基数大为减少，长期来看对于企业是减轻了负担。我国整个税务体系“营改增”的初衷，也正是为降低企业负担，并且让各种税务交得更合理，“因为‘营改增’的真正含义是依照你真正赚到的钱进行缴税！”

(二)铁塔公司成立

2014年中国通信设施服务股份有限公司正式成立，也称“铁塔公司”。铁塔公司将三大电信运营商现有的基站、网络等资源进行了整合，未来主要进行网络基础建设工作。曾经三大电信运营商的基站建设策略，都是各自为政，资源存在一定的浪费，同时网络布局上优化程度也不够，铁塔公司成立后这一现象将会慢慢得到改变。

此前认为无论OTT化对它们的影响如何巨大，但至少网络基础通道资源始终掌控在自己的手上，各大运营商仍然保留了反制的最后手段。相关机构曾经在分析这个撒手锏是否可行的时候认为，这将取决于网络通道是否是由传统电信运营商一直掌控的。而铁塔公司的快速成立给了大家一个明确答案——传统三大电信运营商正在逐步丧失这个撒手锏。按照当前的发展趋势来看，三大电信运营商在未来很有可能和虚拟运营商处于同样的位置上，而构建在基础网络之上的优化能力、差异化服务能力、服务创新能力和市场化水平方面，甚至可能不如虚拟运营商。这也是传统电信运营商面临的一大隐忧。

此前有人认为改革力度过大，我国三大电信运营商面临生死考验，如今看来，改革促进了电信行业不断发展变化，传统电信运营商只能积极配合政策执行，并谋求自己在业务、产品和服务上的转型和创新。

(三)“降价提速”政策

随着信息产业在国民经济发展中扮演的角色越来越重要，国家在2013年实施了《“宽带中国”战略及实施方案》，几大运营商作为主要战略实施方，在这几年中大力推动高速网络的覆盖，使我国宽带的发展水平有了十分显著的提升。

2015年，时任总理李克强在一次会议上确定了加快我国宽带高速网络的建设战

略，并提出了“降价提速”这一要求，工信部也适时公布了《关于推进网络提速降费相关政策简要情况》，就未来一段时间我国的“网络提速降价”规划提出了明确的目标。工信部曾先后两次明确提出要求电信运营商提速降价，时任工信部副部长的尚冰也在讲话中提出了在2015年到2017年的分阶段目标。

在此背景之下，电信行业内出现了多种声音，其中有两种比较有代表性。一种是认为高速高质量的网络基础建设加速了电信运营商的管道化趋势，高速网络带来的红利大部分被互联网内容供应方拿走，还侵蚀了自己的传统语音、信息市场；另一种是认为，在多元化经营领域里依然期望能够像在电信传统业务领域中一样，在价值链上始终占据主导地位。造成第一种认识的一个重要原因就在于电信运营商对互联网应用中的流量价值认识可能存在一定误区；而第二个认识存在的误区，在于没能看到基于高速网络的内容服务对于电信行业的未来价值所在。

四、移动互联网时代电信运营商面临的问题

（一）相对僵化的体制和机制

一方面，电信业由于其承载的特殊角色，在我们国家长期以来被国家所控制。另一方面，由于铺就大规模基站技术的复杂性和密集性（国家已经考虑整合所有基站，新建中国铁塔公司）以及庞大的资金需求，国家成立国有控股的公司未促成建设，十几年来，我国电信建成了极端鲜明的电信国企特色的管理架构和制度。然而，这种体制下创业的创新意识不浓，规模十分庞大的企业难以施行现代管理方法。

（二）传统业务的固定思维

由全国通信业运行情况统计可知，传统业务在移动互联网时代大大缩水，短信通信需求被互联社交应用的即时消息所逐渐取代，从统计结果得出依靠新型业务增加的流量收入与业务收入的大大不平衡，这凸显出一个更深刻的问题，也就是说单纯寄希望于借助外来大受欢迎的跑流量产品是远远不够的。

如何快速具备新的业务提供能力并快速切入市场，是我国三大电信运营商亟须解决的问题。移动互联网发展的最终目标是将所有的服务融合到移动终端上，电信运营商成为重要的服务出口。这就要求电信运营商具备强大的融合能力，将各种信息化产品进行整合，形成自身的品牌并推向市场，为消费者提供全方位服务。以视频会议为例，电信运营商可以将市场上已有的硬件、软件进行整合，配合自身高品质的移动通信网络，打造出极具竞争力的4G视频业务系统，而不是简单向视频会议服务公司出售流量。

（三）沉没为管道的威胁

管道化会导致电信运营商越来越远离消费者，管道饱和了，宽带容量支持再提高，价格也涨不了多少，再加上高度的竞争，最终利润率将会非常低。而与此同时管道一头的内容提供商却借助电信运营商的管道赚得一笔又一笔，利润率远高于三大电信运营商，这在正常市场竞争环境下需要盈利的企业的思维里是绝不能允许发生的，只有在自身的优势下积极贴近消费者才是最正确的选择。

有观点认为，电信运营商变成纯管道也蛮不错，就像电力公司只管给用户输电，不用管用户是用来看电视还是烤面包，就像石油公司只管炼油卖油，不用管用户是用来开车还是开船。这种观点忽视了电信运营商与资源型企业的巨大差异。对电信运营商来说，尽管电信运营商作为国企能力有限，但至少还是希望能够在新改制重组后有所作为，而不仅仅只是贪婪地蚕食管道供应带来的不菲收益；电信运营商们在品牌业务丰富化、多元化上也动了一些脑筋，进行了更多更新的尝试，即使在很多人看来这些举措并不足够成熟，其实也比把所有脑筋花在如何利用市场准垄断地位谋取利益上强。

因此，从企业可持续发展以及企业的历史使命看，移动互联网时代的电信运营商绝不能沉沦在产业链的底层安心充当管道，而是要谋求突破，再造一个全新的电信运营商。

（四）对个性化用户需求不敏感

即使是完全相同的商品市场（理论上存在，现实中几乎不可能实现，好比完全竞争市场）存在，依然会因为用户群个体上的迥异而产生完全不一致的用户购买行为，哪怕是一点点消费心理和地理分割上市场细分错误，都有可能导致产品市场反应的巨大反差。当前形势下，我国移动通信企业明显在细分客户方面运作得还不到位，粗放的原始方法会加深客户对电信运营商能力的质疑，无法掌控用户的需求将使得电信运营商在模糊的道路上越走越远，偏离正确的航道。因此，如果没有清晰的客户定位，电信运营商在营销上就会缺乏足够的针对性，也将必然造成自身产品无法真正满足不同客户的个性需求的后果。

（五）信用管理存在问题

1. 信用管理的观念有待加强

目前大多数电信运营商对信用管理认识不足，将主要精力放在市场营销、用户发展上。对电信运营商移动用户的信用度管理而言，主要将其作为用户维系和服务项目的补充，提供给少量的高 ARPU 值（每用户平均收入）用户，其覆盖面非常少，大多数用户完全无法享受信用服务带来的良好体验。电信运营商未将信用管理提升到公司经营发展的高度，未给予足够重视，其信用管理水平有待提高。

2. 信用管理体系尚需健全

电信运营商的信用管理体系总体比较分散，首先是领导层面并未将信用上升到战略层面，各部门对简单信用制度的认识并不统一甚至无长远规划。其次，在欠费风险管控为主的思想指导下，电信运营商并未真正去考虑利用信用度，提升用户服务品质。客户服务部门希望利用信用度提升其服务质量，并不承担欠费考核指标，而业务部门则受欠费考核指标左右，并不希望将信用度扩大化。电信运营商缺少对信用度价值的认知，缺乏精确测算，缺乏利用信用度进行增收的意识。而 IT 部门则主要考虑需求完成和运营任务问题，很难深入对信用度模型进行优化。电信运营商任何一个部门单方面的想法都可能受到一定的掣肘，在没有强有力的信用管理体系推动下，难以形成创新合力。

3. 信用度模型设计及 IT 支撑问题较多

首先，模型单一，策略粗放是现有电信运营商在信用管理方面存在的最大问题。以一个省电信公司为例，原有信用度模型仅分为无限信用和有限信用，对有限信用来说只有高等级客户才能被授信，而 VIP 高等级客户只被分为钻卡、金卡、银卡三类，其授信额度和这个用户的消费、缴费、历史停机等信息均无太大关系，比如其授信金额统一分为钻卡 400 元、金卡 200 元、银卡 100 元三个档次，非常简单粗放。

其次，参考维度少。现有大多数电信运营商对授信的参考维度相当少，比如只有消费额、在网年限等有限的几种对象，导致用户群无法细分，风险评估不健全，授信无法做到用户需求与欠费风险的平衡。而电信运营商能够掌握用户诸多数据，除正常的用户姓名、身份证信息、地址、月度消费、缴费记录、历史提醒及停复机等数据之外，还可以汇总用户的位置信息、部分支付信息、网站访问记录、朋友圈范围、部分增值用户等数据，其中相当一部分都可以纳入信用计算模型，对移动用户进行全方位的风险和授信评估。

再次，原有信用度计算成本大。原有的信用度计算基本是基于小型机 +oracle+EMC 存储架构，整体采购架构及后期维护投入相当高。如果要全量、多维度数据，投资门槛相当高，可扩展性非常差。

4. 渠道及推广不力

第一，和客户渠道接触能力有限。电信运营商和客户的传统接触，主要依靠各级营业厅、客户服务中心、客户经理这类以人为基本服务单位的渠道，对个人服务态度、服务能力的依赖性非常大，经常出现服务范围覆盖不全、服务水平参差不齐、用户诉求得不到满足、用户意见反馈不到决策层、服务质量难以管控等问题。

近年来，各大电信运营商已经开始意识到这个问题，开始逐渐拓展互联网渠道，并形成了网厅、掌厅以及各种服务，兼顾销售、订购、充值缴费等各种服务功能，一定程度上弥补了渠道能力的不足。但传统渠道的影响力基本占据大部分，新兴互联网渠道受推广力度、用户接受程度、地域限制等各方面问题的影响，其作用并未得到大力发挥。

第二，支付服务缺陷较多。电信运营商的用户交付业务使用费主要依赖营业厅、卡类充值以及个别的银行托收，近年来发展的社会渠道、网络渠道支付正在逐渐扩大其占比，这些模式只能基本满足用户的缴费需求。同时，这些充值缴费方式总是需要用户在每个月、每个季度或者定期进行缴费行为，占用用户的宝贵时间，一旦忘记反而会造成欠费停机，影响通信使用，影响服务体验。而根据 4Cs 理论，分销渠道（Place）应向方便（Convenience）进行转变，让用户感受到最大限度的方便，是紧紧抓住用户忠诚度的有力武器。目前的缴费支付方式并非真正的快捷支付，无法抓住用户的真正诉求：缴费成本最低，信息沟通及时方便，支付过程安全可靠。

信用是刺激经济增长、扩大消费水平的一剂良方。在电信运营商白热化的竞争环境下，有效的信用管理是扩大用户消费、控制欠费风险、增加企业收入的必要手段。长久以来，电信运营商信用管理面临战略意图不够明显、信用评级模型不够科学、评级数据不够丰富、技术支撑性价比不够高、传统支付缺陷、传统渠道沟通障碍较多等问题，导致信用管理无法体现其应有的价值。在移动互联网进入大规模快速发展的形势下，充分利用好信用机制，对有信用的用户进行合理授信，可以让用户在欠费情况下也可以正常进行适度消费，每一个用户的信用消费时带来的使用量扩大，将会给电信运营商带来相当可观的增量收入。

综上，电信行业在互联网背景下发展迅速，但也存在一些问题亟须解决，电信运营商应对这些问题引起重视，这样才能促进电信行业的健康发展。

第二节　移动互联网下电信运营商盈利模式现状分析

移动互联网的发展为传统移动通信产业带来了翻天覆地的变化，电信运营商传统的业务体系、业务模式、盈利模式和资源发展模式等都受到了巨大冲击。为适应移动互联网的发展，全球电信运营商纷纷根据本国电信市场发展状况，不断革新业务体系与经营模式，纷纷探索一套适应自身发展的盈利模式。

一、我国电信运营商的盈利模式

（一）以传输为核心的盈利模式

电信运营商基于其网络为用户提供业务服务，在移动互联网时代，网络流量是其利润的命脉，因此以传输为核心的经典收入来源模式一直受到电信运营商的青睐。尽管移动互联网业务和传统语音业务有着本质的区别，但移动互联网业务的收入还是在很大程度上沿袭了传统语音和数据业务的收入模式，电信运营商采用的移动互联网业务收入模式为：

移动互联网业务收入 = 月租费（功能费）+ 流量费

月租费和流量费是用户因使用电信运营商的网络和业务而付出的费用，其完全归电信运营商所有。

上面两个部分收入比例并不固定，具体收费比例由电信运营商根据其具体业务及其发展策略而灵活规定。

1. 月租费（功能费）

月租费又称功能费，是用户为获取使用某种电信业务的权利，每月固定支付给电信运营商的费用。需要说明的是，在移动互联网背景下，电信业务的月租费通常和语音的收费分开计算，并且收取月租费的业务是电信运营商众多移动互联网业务的集合，这些业务统一在同一个品牌之下。此外，为鼓励消费者更多地使用其移动互联网业务，很多电信运营商对用户通常采取不收取月租费的策略。月租费的概念在我国多在手机上网等业务的流量费套餐中出现，月租费与赠送免费流量以及超出的流量单价形成不同的计费组合。

2. 流量费

流量费指的是对用户在使用移动互联网业务时，根据业务内容产生的数据流量进行收费。通常情况下，流量费通过数据流量多少进行衡量，国内电信运营商通常以 KB 作为衡量单位。

流量经营是电信运营商为适应产业升级与市场演变所经历的必由之路。3G 向 4G 乃至刚刚到来的 5G 网络的升级阶段，标志着我国移动互联网的发展正跨入一个崭新的时代，在此发展过程中，用户的消费需求和消费习惯也随着网络的不断升级发生巨大的改变，伴随而来的则是新兴移动互联网业务逐渐替代传统的短信和语音业务，移动数据流量更会呈现爆发式的增长趋势。

目前，中国三大电信运营商普遍采取了最简单直接的流量运营做法，例如赠送流量、降低 5G 进入门槛等。另外，除了套餐包含的流量外，电信运营商对流量收费也采用了灵活多样的流量数据包业务。诸如此类的流量促销营销措施，一方面在某种程度上反映出各大电信运营商在流量运营初期，将“跑马圈地”与流量经营捆绑营销的新型发展思路；另一方面也反映出规模仍是电信运营商更多注重的发展目标，而基于移动互联网探索适应网络发展的流量运营模式仍不是电信运营商布局未来的发展远景。因此，一套创新且可持续的流量运营模式需要电信运营商以长远的眼光和全新的运营思维来构建。

（二）电信运营商主导的共生合作盈利模式

移动互联网时代，电信产业链参与环节除了占主导地位的电信运营商外，用户、内容服务提供商、终端厂商、硬件提供商等也都与电信运营商在产业链中的收益有直接关系。尤其是内容服务提供商，在移动互联网时代严重蚕食电信运营商在产业链上的收益，对电信运营商的盈利造成了巨大的损失。以微信为代表的 OTT 业务提供商以及时、高效而又低资费的业务优点一步步威胁电信运营商传统的语音和短信业务。

移动互联网市场繁荣的充分条件是电信产业链上各个参与主体之间的充分合作，任何意图以一家之力吞食整条产业链的举措都会为移动互联网的发展带来巨大的阻碍。因此，国内移动互联网市场目前也呈现以电信运营商为主导的共生合作盈利模式，包括电信运营商与内容服务提供商之间的合作，如中国联通和微信合作推出的微信沃卡；电信运营商和终端厂商之间的合作，如中国移动和苹果合作推出的定制手机等。

2000 年 12 月 1 日，中国移动推出的移动数据应用服务全国统一品牌——“移动梦网”正式上市，移动梦网业务成功开创了国内移动数据业务与互联网产业的新型发展局面。移动梦网主要业务的收费主要分对基本通信收费和对内容信息收费两种。其中信息费是指客户使用内容服务提供商提供的内容和服务而支付给内容服务提供商的费用，这部分费用由中国移动代收。中国移动采取与内容 / 服务提供商合作分成的形式分配收入，获得通信费和信息费的相应部分。

2009 年 8 月，作为移动梦网优化版和升级版的中国移动 Mobile Market（MM）的开通，标志着电信运营商自主推出的线上软件商店正式进入市场。MM 除了对 SP 和 CP（内容提供商）开放外，也对个人开发者开放。在收入分成比例上，中国移动在《移动应用商场（Mobile Market）开发者管理办法（试行）》中明确规定中国移动与企业或个人应用提供商就应用商品销售内容收入按 3∶7 的比例进行收入分配，并按月结算。

中国电信表示，其旗下的天翼空间应用商城收入与开发者分成比例不低于 7∶3，应用提供商获取的收入分成可以超过七成。中国联通的“沃商店”收入与开发者的分成比例是与中国移动相同的3∶7，即平台所得中，应用开发者得70%。

二、我国电信运营商现有盈利模式的不足

电信运营生态系统在移动互联网时代发生巨大改变，伴随而来的是用户特征的巨大变化以及电信运营商传统电信业务正遭受移动互联网业务的全面冲击，在应对产业链其他环节带来的竞争压力的背景下，其盈利模式在移动互联网时代已逐渐失去强劲的盈利能力，其存在的不足主要体现在三个方面。

（一）盈利模式单一

尽管三大电信运营商都根据自身内部资源及市场状况建立了一套可行的盈利模式，但其收入来源仍集中在终端用户业务服务收入方面，包括语音、短信、接入等。以中国移动为例，其某年上半年通信服务收入结构如图2–1所示，语音业务仍占据其业务收入的主要部分，收入结构仍显单一。

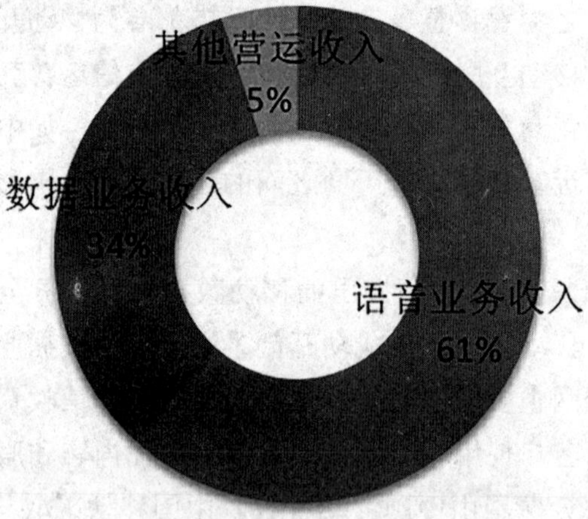

图2–1　中国移动某上半年收入结构

大量免费的OTT应用，如腾讯的微信、阿里巴巴的来往等，使得越来越多的内容服务提供商借助电信运营商的管道直接向用户提供同质化服务，电信运营商的重要收入来源（短信、语音）被大量的OTT应用所冲击，盈利能力不断下降。电信运营商用户使用OTT过程中仅仅充当流量与传输服务提供商的角色，逐渐沦为哑管道。

以微信为例，腾讯通过搭建微信平台为用户提供语音、文字等沟通服务，而且其成本比电信运营商提供的语音、短信要低得多。另外，用户可在微信平台与好友

进行游戏互动，平台通过游戏道具的形式向用户收取费用。此外，微信搭建的微信支付等移动互联网应用更为用户提供了方便快捷的支付方式。微信借助电信运营商的管道搭建的平台逐步构造了自身移动互联网生态系统，以庞大的用户数量资源为基础实现对移动互联网产业链的牢牢把控。而在腾讯逐步打造移动互联网生态系统的同时，运营商却只能向微信平台和用户提供网络支持，从中赚取微薄的流量费用。

（二）盈利模式创新不足

欧美发达国家以及亚洲的日韩等国家的电信运营商在移动互联网时代的盈利模式为我国电信运营商提供了宝贵的发展借鉴。在传统电信产业链生态系统发生巨变的时代，电信运营商纷纷效仿国外电信运营商的成功案例，试图实现对产业链主导权的再次掌控。

国内三大电信运营商在不断降低套餐资费的同时，最为典型的盈利模式创新为基于自身资源的应用商店的建立。用户在应用商店下载免费和付费应用，电信运营商与内容服务提供商对所得收益进行比例分成。这种基于应用商店的收入分成模式在国外，尤其是日韩两国的电信运营商中已经得到广泛而成熟的运用，为我国电信运营商实现了一定的盈利。

对国外电信运营商盈利模式的借鉴并不是单纯的拿来主义，而是要深入分析自身资源与外部市场状况，实现对盈利模式的再创新。从目前我国三大电信运营商盈利模式发展现状来看，电信运营商利润来源仍集中在传统的话音、短信与流量上，内容与服务的收入仍不见高增长态势。最主要的原因仍是电信运营商没有对移动互联网时代下的盈利模式进行创新，盈利思维仍停留在对用户资源和内容提供商的控制中，没能开放自身资源实现与产业链其他环节进行合作共赢。

（三）利润源不足

利润源就是购买和使用企业商品的消费者群体，是企业盈利的唯一来源。

移动互联网时代，电信运营商的盈利方式已不是来源于传统的语音和短信等业务，更多的收入来自内容服务的收入，如移动广告收入等。因此，在构建新形势下的盈利模式背景下，电信运营商往往会以城市用户为目标对象，通过提升覆盖面积、提高网速等形式吸引更多的城市用户接入自己的网络，实现盈利。而对农村地区的用户，由于农村用户对资费价格有着比城市用户更强烈的敏感，因此，电信运营商在农村地区的盈利重点仍集中在优惠的资费上，比如电信运营商经常举办的充话费送大米等优惠活动。

随着农民收入的增加以及受教育农民数量的增多，农村用户已不再满足电信运营商提供的优惠资费，而移动互联网内容对农村用户的吸引逐渐增强。对移动互联网需求的增加与农村地区 4G 网络的低覆盖两者之间的反差为电信运营商带来了数量庞大的盈利用户来源。电信运营商在城市地区的用户数量趋向饱和，而农村地区对 4G 甚至是未来的 5G 网络的需求潜力逐渐显现，加大开发农村市场已是电信运营商加快盈利模式创新后的又一大战略切入点。

三、新兴移动互联网企业的盈利模式借鉴

网络技术的发展与社会分工的细化催生了这样一种市场：该市场以某种平台作为交易基础，平台提供商以一定的价格形式为产品或服务的交易双方提供服务，促使交易的完成；平台买卖双方中的任何一方数量都会随着另一方数量的增加而增多，比如电子商务平台等。于是，这种基于面向买卖双方的市场形态即为双边市场。

借助于互联网平台，新兴的移动互联网企业广泛采用了这一经营模式，如谷歌推出的集几个平台于一体的 Google Play 开放平台、腾讯的开放平台等。在所有类型的平台中，以社交网络和终端 + 应用为基础的双边平台是两种最典型的平台运营策略。

（一）以社交网络为基础的双边平台盈利模式

到目前为止，Facebook 月活跃用户超 30 亿，对于一个于 2004 年 2 月创办的社交网站来说，这是一个近乎不可想象的记录，其中最关键的一个原因就是平台的应用。

Facebook 在创办之初，和其他社交网站一样，用户的行为只能限制在建立用户档案、加入兴趣小组、上传视频和照片等这些小范围的功能里。自 2007 年开始，Facebook 推出了平台策略，它允许用户在平台里安装自己的软件并在社交网站中运行。平台开发之初便吸引了大量的第三方内容服务提供商，同时用户数量也呈爆炸性的增长。Facebook 不仅满足了用户基本的社交通信、评论、分享、转发等传统社交网站提供的功能，也为用户提供了基于社交网站的诸如游戏、购物等网络服务。巨大的数字代表了 Facebook 平台策略的巨大胜利。

大量广告媒体被基数庞大的用户形成的真实社交网络以及精确的用户互联网行为轨迹所吸引，纷纷进驻 Facebook 平台。目前 Facebook 的广告运营模式主要有 7 种形式，如网页广告、推荐广告、移动应用广告等，基于用户的真实行为轨迹催生了精确广告业务形态，使得广告商能够低成本地将信息推送到有某方面需求的用户页面。广告运营为 Facebook 带来的巨额业务收入，目前已经超越其他业务收入

成为其最主要的收入来源，并且还使其成为美国市场上仅次于谷歌的第二大在线广告商。

Facebook 通过技术与经营模式的创新，由传统的社交网站成功转变成新型互联网平台商，双边市场平台的成功为其盈利模式奠定了坚实的基础。

（二）以终端 + 应用为基础的双边平台盈利模式

苹果公司于 2008 年 7 月推出的 Apple Store 模式是一种基于 iPhone 终端的内容服务产品的平台，平台模式的成功不仅增加了 iPhone 以及 iPad 终端的销售附加值，更极大地推动了苹果公司总收入和利润的增长。苹果的成功为全球软件市场的运营模式提供了全新的发展视角，即终端 + 应用的双边市场平台模式。

苹果的 App Store 平台是一种典型的双边市场平台，其平台结构如图 2-2 所示。

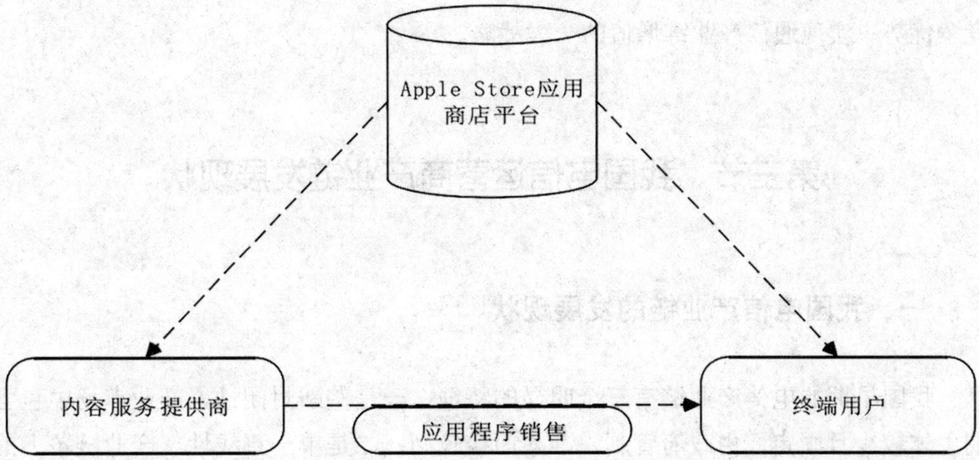

图 2-2　苹果 Apple Store 双边平台结构图

在双边平台上，苹果公司是平台的掌控方，控制着平台的开发与管理。一方面为终端开发应用开发包，即 SDK，供内容服务提供商免费下载，以便其开发针对苹果终端的应用软件；另一方面为用户尽可能提供丰富的应用程序以及良好的用户体验。通过为内容服务提供商和用户提供良好的服务环境，尽可能把更多的双边用户吸引到这个平台中来，促进交易，获取更大的利润。内容服务提供商借助 SDK 不断开发出大量优秀的符合苹果终端用户实际需求的软件应用。终端用户则通过 Apple Store 这个唯一的下载渠道免费或支付一定费用下载自己需要的应用到自己的苹果终端上。

Apple Store 模式的成功其核心因素在于独特的利益分配机制的设置。利润的有效分配有利于充分调动开发者的积极性，不断创造产业价值链的价值并持续增值。

这条产业链以Apple Store平台为中心，其上游的程序开发商创造了上游价值，他们能开发出满足市场多元化需求的优秀程序应用，通过将程序上传到Apple Store平台吸引众多的苹果终端用户到平台下载个性应用，而平台通过用户下载的收入与开发者以3∶7的比例进行利益分成，又激励开发者不断进行技术与服务创新，以此形成良性循环。

无论是以Facebook为代表的社交网络平台运营模式还是以Apple Store平台为代表的终端+应用为代表的平台运营模式，都在移动互联网时代为国内外终端企业竞相模仿。“平台经济”开创了移动互联网时代新一轮的商业模式创新浪潮，平台战略已然成了国内外众多企业欲倾心打造的核心战略之一。

综上所述，区别于传统移动通信业产业价值链，在移动互联网时代，内容与业务提供商对产业链的价值贡献日益扩大，网络运营商带给用户的价值将快速萎缩。因此，构建移动互联网时代的新型盈利模式——平台盈利模式，将成为运营商构建竞争优势、实现通信产业链增值的一大战略。

第三节　我国电信运营商产业链发展现状

一、我国电信产业链的发展现状

我国早期的电信产业链有三个明显的特征：一是垄断封闭性，产业市场中包含的主体较少且固定，由政府管制，准入门槛较高；二是单一直线性，产业链条上的各个环节连接简单，上下游呈现垂直的线性关系；三是技术导向性，在早些时期产业链传递的载体仅依靠技术，技术比市场对电信产业的发展要重要很多。这一阶段，电信运营商处于绝对的主导地位，其主要任务就是提供语音及数据业务，追求规模经济效用。

随着信息化时代的到来，电信技术不断进步、市场竞争逐渐加速，机制和体制改革与电信产业重组使得电信消费市场逐步由卖方市场转到买方市场，电信产业链发生了重要的改变，消费者的需要影响力逐渐取代电信运营商的主导地位，电信企业与电信用户的关系发生了颠覆性的改变，用户的消费需求成为电信产业链变迁的重要推力。未来社会是经济信息化社会，电信运营企业掌握着用户消费信息资源，对信息流的控制就是对产业链资金流的控制。因此电信市场需要重视消费的新需求，及时提供多样化的消费方式。

我国的电信产业链发展，根据不同时期的历史背景，大致可以分为四种产业链形式。

（一）垄断经营时期的传统产业链

在垄断经营时期，我国电信产业由国家邮电部控制，其既是电信网络资源的拥有者，又是服务的提供者。此时的产业链主体较少，有电信运营商和用户两个端点，主体之间的资金与资源流向单一，如图 2-3 所示。

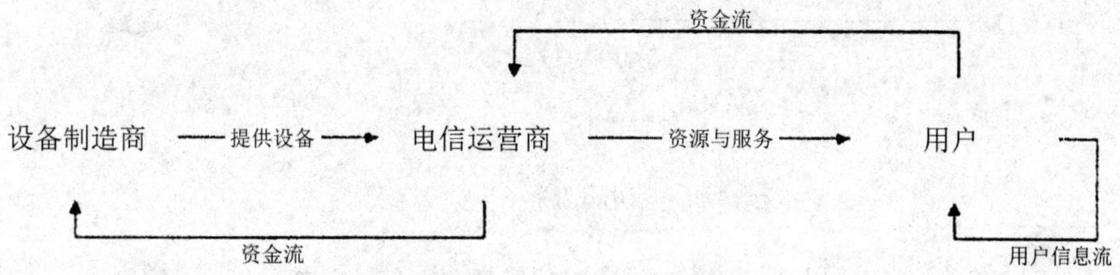

图 2-3　垄断经营时期的电信产业链

其中电信运营商就是电信产业中提供移动通信业务服务的部门，提供固定电话、移动电话和互联网接入的通信服务公司，处于产业链的核心环节。设备制造商负责网络设备的生产、制造以及通信技术的支撑工作，是移动互联网产业链的源头环节。用户是产业链的终端环节，占比最大，也是一切服务的导向。

（二）基础语音通信时期的基础产业链

该阶段的产业链主体明显增多，内容服务的提供商以及应用开发商的加入，丰富了电信市场消费的产品与服务。在基础通信服务阶段，电信产品主要有两部分主要内容：一部分是语音业务，一部分是宽带网数据业务。对于语音、短信等基础内容的服务，电信运营商除提供自有的基础服务外，已经逐渐引入内容提供商为电信运营商设计的产品；对于宽带网络数据业务，主要还是依赖电信运营商的基础网络资源，为其他主体提供网络平台、为用户提供上网业务，资金链与信息链如图 2-4 所示。

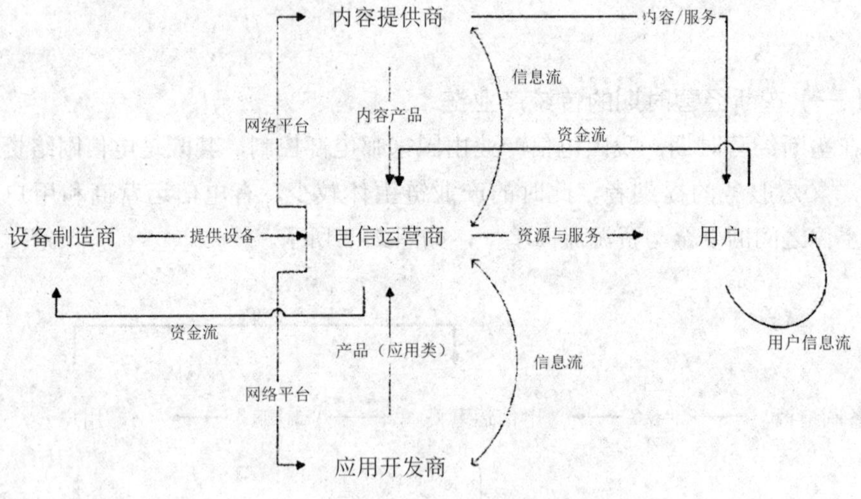

图 2-4　基础语音通信时期的电信产业链

（三）增值服务时期的升级产业链

随着电信技术不断进步，政府对电信产业的管理放松，将资源配置的主导权交由市场后，电信产业的竞争不断升级，用户的需求也越来越个性化、差异化、多样化，电信产业的主要业务领域由基础话音业务逐步向数据增值业务转变，如图 2-5 所示。

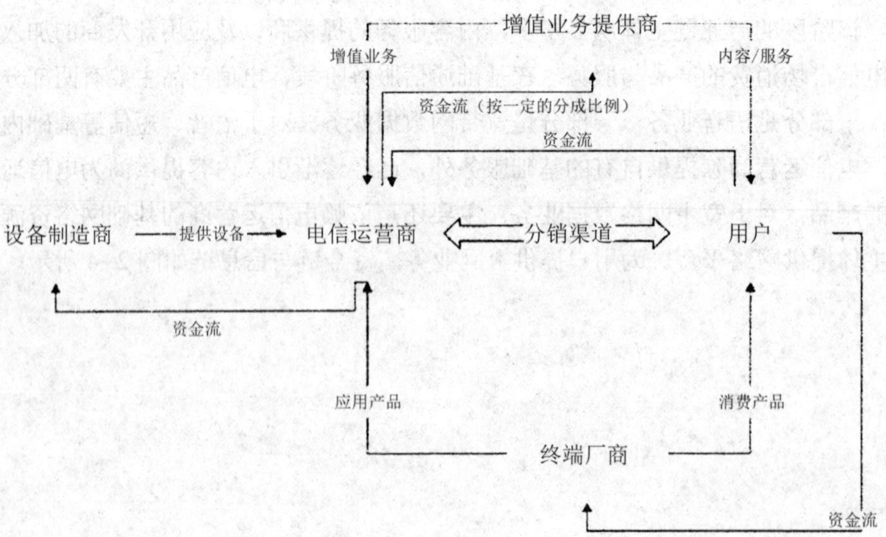

图 2-5　增值服务时期的电信产业链

增值服务提供商是移动互联网服务内容、应用服务的直接提供者，常指电信增值提供，其方式是利用短信、彩信、WAP 等，通过网络运营商的资源平台向用户提供信息服务，然后再由基础运营商向用户收取服务费按一定比例分成。内容服务提供商，现在多是指提供 OTT 服务的第三方网络公司，如腾讯、新浪、搜狐等，在互联网应用服务产业链条中扮演着内容收集和生产以及业务设计和提供的角色。终端厂商通常是指移动互联网终端设备制造与提供商。移动终端主要是指通过网络技术接入互联网的终端设备，其功能就是移动上网，载体是手机、平板等，在产业链中扮演的是连接用户消费与电信运营商及 OTT 服务提供产品和服务的桥梁。

（四）移动互联网时期的多元产业链

随着互联网的发展，电信产业链从主体、模式等都发生了质的变化，移动互联网时期的电信产业链如图 2-6 所示。除了包含传统的主体以外，即电信运营商、设备提供商和用户，OTT 服务型公司如雨后春笋，而且市场中又增加了虚拟运营商的份额，所以此时的产业链的运营模式已经变成了复杂多元产业网，产业链出现竞争与合作的交错关系，在以用户为核心的链条上，电信运营商要逐步改变语音业务链、数据业务链，开放对虚拟运营商的准入，积极寻找机遇，争取控制产业链的主导地位。

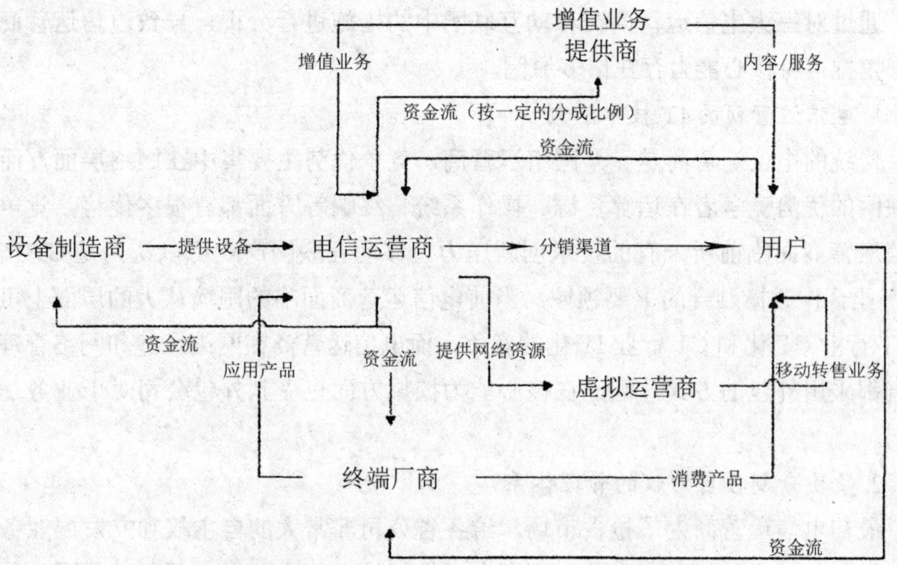

图 2-6　移动互联网时期的电信产业链

移动互联网和电信技术的进步，一方面带来了网络升级、网络速度提升，不仅能满足用户语音业务的需求，还能满足用户随时随地享受音乐、游戏、多媒体等需求；另一方面，也为内容与服务提供商、互联网终端厂商以及虚拟运营商提供了发展平台与机会。

二、电信运营商在移动互联网产业链上存在的核心问题及原因

（一）问题分析

通过对电信运营商在移动互联网市场中存在的问题进行分析，可以发现电信运营商的核心问题是：没有充分挖掘并整合电信运营商的核心能力形成竞争优势。

GSMA 报告认为，SIM 卡认证与安全、计费能力、移动基础网络、客户数据、用户关系与积分、互操作性这六种能力是电信运营商的核心能力。电信运营商用自己不擅长的应用研发、内容运营和互联网企业最擅长的事情进行竞争，却没有将自己的核心能力做到可控、可管、可模块化、可封装、可输出，没有精益求精地打造自己的核心竞争优势，导致这些能力在产业链上的价值没有得到体现，所以电信运营商目前在产业链的竞争中处于不利地位。

（二）原因分析

通过对三大电信运营商在移动互联网中的措施进行分析，导致电信运营商没有充分挖掘自身核心能力存在诸多原因。

1. 电信运营商的 IT 技术限制

传统的电信运营商是一个网络运营商，竞争优势主要集中在网络层面，而移动互联网的优势竞争者在运算资源、操作系统、终端等方面都有很多优势，竞争迫使电信运营商面临前所未有的技术创新压力。移动互联网产业可以认为是 CT 产业与 IT 产业合作碰撞融合的重要领域，当前电信运营商面临的困境从大的层面上可以说是 IT 行业 CT 化和 CT 行业 IT 化的竞争。而电信运营商在网络承建和网络管理方面一直都采用外包的方式，因此在核心能力挖掘方面也受到外包公司对于业务理解的限制。

2. 条块分割各自为政的管理体系

最初电信运营商为了抢占市场，给各省公司非常大的自主权独立发展业务，这样的管理与技术架构针对电信。而现在要做好核心能力的平台服务，需要将条块分割、各自为政的管理体系向扁平化的统一、简约管理进行演变，需要在组织架构上进行创新，注重业务、技术部门的顶层设计。否则就会出现如下的情况：2012 年中国移动提出的智能管道战略，但其数据业务套餐由市场部来设计，WLAN 热点建设

由数据部负责，而TD上网卡的营销策略则由集客部门制定，各个部门都会涉及智能管道，而它们之间缺乏统一协调。

3. 固化的思维模式

电信运营商固化的思维模式是导致没有挖掘核心能力的根本原因。电信运营商对于自身的优势挖掘不够，却一直紧盯着互联网企业口中的蛋糕。一贯处于产业支配地位的电信运营商被互联网公司超越后，对于自身的定位不清晰，沿着互联网公司划定的竞争范围来考虑，自然就会落入狭义竞争的不利地位。

第四节　我国电信产品开发现状——以中国移动为例

一、中国移动电信产品开发现状

追溯中国移动的业务（产品）发展史，和其他电信运营商的发展历程几乎一致：技术驱动和市场驱动贯穿始终。从技术层面上看，中国移动经历了电报、固话、移动电话、窄带、宽带、2G、3G、4G以及5G等几个阶段，每个阶段都会有产生新的产品，淘汰旧的产品；从市场层面看，中国移动经历了资源紧缺、高速发展和激烈竞争三个阶段，产品也从原来的固定单一变成如今的丰富灵活，未来还将以更加多样的模式融入互联网时代的激烈竞争中去。

（一）中国移动产品化背景

电信产品的概念是随着互联网业务产品化的潮流而兴起的。人们通常将电信行业提供的服务叫作电信业务。电信业务具有一定的特点：首先，电信业务是电信运营商提供服务的主要表现形式，通常不可或缺；其次，电信业务可以向用户直接销售，也可进行组合打包销售；再次，电信业务是有价的，具有资费属性，过去很长一段时间，资费都是基于主管部门的指导价而制定的；最后，电信业务是可以分解的，它可以分解成更小的基础电信业务，例如将语音业务分为本地市话和本地长途业务两部分，而且每个基础电信业务都具有电信业务的所有特征。过去单一的业务模式足以满足电信运营商市场竞争的需求，但随着电信行业产业链的变化以及内容经营、流量经营的理念在电信行业内部越来越受到重视，传统的业务模式越来越成为电信运营商发展的瓶颈。为此，电信行业模仿制造业，引入了电信产品化的概念。

中国移动所理解的电信产品是电信运营商提供的能够满足客户各种通信需求的

各种服务的总和，是可以向用户最终交付的、具有价格的业务或业务组合实例。由于电信产品具有产品和服务的双重属性，因此其有时既可以看作是“产品”，有时又可以看作是“服务”。

进入互联网时代，电信行业的产品又发生了新的变化：互联网的三个“更”——“更多的应用服务、更好的用户体验、更快的需求响应”——深刻地影响了国内电信行业的产品模式，以应用驱动为代表的产品互联网化将成为未来电信行业发展的主要驱动力，电信行业进入产品互联网化的新阶段。中国移动为适应移动互联网时代的新需求，开始了产品化转型之路。[①] 转型的重点就是进行电信产品开发方法和过程的创新。

（二）中国移动产品开发战略

中国移动开发产品的目的是获取利润，因此其开发战略也是以提高企业经济效益为导向，主要包括实现规模经济性、范围经济性、生产约束性和效果经验性四个方面。

规模经济性是指产品的开发具有很高的固定成本和较低的可变成本，只有规模化才能产生较大的收益。在中国移动的产品成本中，网络建设就是固定成本，一次性投入巨大且需要日常固定维护；而网络数据配置是可变成本，用户开通使用产品时只需要对用户网络数据做配置，成本较低。因此当中国移动的产品投入市场后，生产产品的平均成本会随着生产的产品数量的增加而不断地降低。中国移动的语音产品就是规模经济性的一个例子：线路的铺设不以用户的多少为限制，即使用户量很少，线路的投资也是固定的，当用户使用增多时，线路的固定维护费用并未因此发生较大变化，因此语音产品的用户越多，单位产品的平均成本也就越低。因此中国移动所开发出的产品必须能够满足更多的用户需求，以实现其规模经济效益。

范围经济性是指产品的使用范围的扩大会降低产品的使用成本。中国移动的产品从本质上看是电信服务和信息产品的混合体，当信息产品的固定成本变化波动不是很大的情况下，电信服务的提供范围越大，固定成本就会下降，从而导致整个电信产品固定成本的下降。例如中国移动提供互联网接入服务，同时提供 IDC 服务、域名等服务，为企业赚取了大量的利润，但其开发成本却很低，从而摊薄了整个产品的固定成本，提高了产品的利润率。因此中国移动所开发出的产品必须能够覆盖足够大的市场，以实现其范围经济性。

生产约束性是指产品的生产数量是有一定的限制的。中国移动的电信产品也不例外，产品的生产数量受到网络承载能力的限制。在网络承载允许的情况下，产品

---

① 张凯书，龚继梅．电信产品创新体系的建立与细化研究 [J]. 信息通信，2021（1）：212-214.

的生产可以不受约束；当网络承载达到极限的时候，产品则具有了生产约束性；当对网络进行扩容后，又可继续生产，周而复始。因此中国移动在进行电信产品的开发时要充分考虑网络资源的分配，达到网络资源效益的最大化。

效果经验性是指产品的使用效果和反馈必须在产品经过用户使用后才能得知。中国移动的产品由于具有服务的特性，而所有的服务都具有经验性产品的特征，因此该类产品自然也具有此特性。产品的使用效果只有在用户使用之后才能确定和反馈，即产品是一种具有经验性的产品。因此中国移动所开发出的产品必须在运营过程中不断进行改进优化，以实现其效果经验效益。

由此可见，中国移动的产品开发战略一直围绕着占领更多市场份额、获取更大的经济效益展开，因此要求其开发出的产品必须要能够满足市场需求，具有强大的市场竞争力。

（三）中国移动基于大数据的产品开发流程

目前中国移动的产品开发流程也开始了移动互联网化转型，其中最主要的特征就是引入了大数据的概念，通过大数据实现细分客户和精准营销。其核心思路是借助大数据挖掘技术，将客户分成不同的类别；通过对不同类别用户的仔细分析，细分用户消费行为的差异，从而由这些差异开发出适合不同类别客户的产品。其具体的流程如图 2-7 所示。

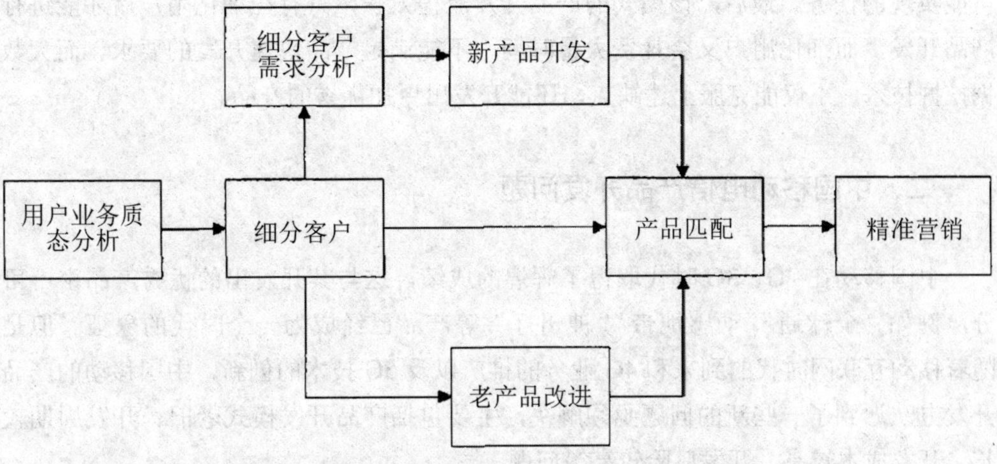

图 2-7　中国移动基于大数据的产品开发流程

用户业务质态分析是对中国移动网内用户在使用移动业务中所表现的状态进行分析，包括月消费金额、套餐类型、各业务使用量等。这些数据可以直接在用户的话单中获取，这也是中国移动经营分析工作所做的事情；细分客户是根据用户业务质态将用户进行分类，打上各种标签，例如按照月消费额将用户分成金牌VIP客户、银牌VIP客户和普通客户，按照客户类别将用户分为集团用户、个人用户、家庭网用户、学生用户等，按照终端的功能和系统将用户分为安卓手机用户、苹果手机用户和功能机用户等。在完成细分客户的工作后，产品开发流程发生了分流，一类是直接根据客户的标签，进行类型匹配，从而匹配出合适的移动产品，进行精确化营销；另一类根据用户的分类，对老的移动产品进行改进，然后再匹配出适合的电信产品，进行精确营销；最后一类根据用户的分类，细化同类用户，然后再根据用户的需求进行产品的开发，根据开发出的产品进行客户类型的匹配，最后还是进行精确营销。

中国移动基于大数据的产品开发流程已经是一个比较优秀的产品开发过程，它同时兼顾了新产品开发、老产品改进和现有产品营销三个产品开发线，充分利用了中国移动数据分析的优势，细化客户和需求，进行精细化开发，实现了基于用户业务使用情况分析的产品开发模式。但该流程的应用依然存在一些局限性：首先，根据用户的网内业务使用情况并不能完整地展现用户的业务需求，特别是在智能机普及的时代，越来越多的人拥有多部手机，单部手机所体现出的质态的需求过于局限，降低了数据分析的准确性。其次，该模式采用的是给细分客户打标签的方式，易受用户行为习惯变化的影响，特别在互联网时代，用户的使用习惯变化快，客户需要不断地重新细分打标签，耗时耗力，这在中国移动海量的用户量面前几乎是不可能实现的任务。最后，该模式的产品开发流程太长，只有在细化用户后才能进行产品开发，而细化用户又会耗费大量时间，不能满足产品快速开发的要求。而大数据挖掘技术，不仅能克服上述缺点，还能开发出更加优秀的产品。

二、中国移动电信产品开发问题

中国移动在2G、3G时代取得了辉煌的成绩，这与其开发出的优秀产品密不可分，例如“全球通”“动感地带”“神州行”等产品已经成为一个时代的象征。但是随着移动互联网时代的到来和4G业务的推广以及5G技术的创新，中国移动的产品开发方法遇到了一些新的问题亟须解决，主要包括产品开发模式老旧、开发周期较长、开发成本较高、开发风险较高等问题。[①]

① 胡世良.电信产品开发创新面临的机遇、挑战和对策[J].通信管理与技术，2007（4）：10-13.

（一）产品开发模式老旧

虽然中国移动已经开始尝试利用大数据挖掘技术进行电信产品开发，但目前主流的开发模式还是以“调查研究—产品设计—生产销售”为主线的传统产品开发模式。这种开发模式针对的是原有的电信单产品，但现今的电信产品已普遍发展为多个单产品组合起来的融合产品。传统的电信产品开发方法在新的电信产品面前已显老旧，难于应对快速变化的形势。即便套用此方法开发融合产品，也只是将各子产品进行拆分，根据每个子产品的特性进行单独开发，然后再进行组装。这种方法很难考虑到各子产品之间的联系（包括依赖和互斥关系），容易造成开发出的最终产品效果与预期相差较远。

（二）产品开发周期较长

中国移动传统的产品开发方法一般是以季度甚至是年为周期。造成其周期较长的原因主要有两个方面：一方面中国移动会花费大量的时间在调查研究阶段，由于中国移动的产品的客户面非常广，在进行市场调查的时候，抽样调查的人数会较多，调查的手段也比较多样，整个步骤所耗费的时间就会大幅增加；而根据市场调查进行研究获得用户需求时，各专家的意见也不会完全一致，涉及相互之间的沟通，这也需要花费大量的时间。另一方面，在产品设计阶段特别是在选择产品特性上面，产品开发人员之间的意见也很难达成一致，产品设计人员常常分属不同部门，在沟通和协调方面耗时耗力。

（三）产品开发成本较高

电信产品是中国移动赖以生存和发展的基础，中国移动只有不断开发出具有竞争力的产品才能保持企业自身的活力。为了实现这一目标，必须要有足够的资金保证。尽管近几年来中国移动在开发资金的投入上有了较大的增长，也开发出了许多受大众欢迎的新产品，但在激烈的市场竞争下，更多的资金依然会向市场营销方面倾斜。但是传统的电信产品开发过程中的主要成本是产品开发人员的薪资，这些产品开发人员多是经验丰富的专家，其薪资水平在中国移动内部属于中等偏上，导致这部分开支较高。同时在产品开发的调查研究阶段常采用以人工方式为主的调研手段，由于样本规模很大，需要大量人力，造成人力成本也较高。

（四）产品开发风险较高

电信产品具有的服务特性和受整个行业内外部环境的影响，中国移动在产品开发过程中会遇到许多风险。首先，中国移动产品的服务属性使得产品的质量和使用效果无法实现预先获取或准确评估。电信产品通常只有在投入市场后，才能获得市场的反馈并据此对产品进行调整和改进。但产品在生命周期的后半部分变动成本巨大，就很可能导致产品在不断的变动过程中收益剧减或者出现销售亏损的情况，因此存在着较大的经济风险。其次，由于中国移动的产品具有技术变化快、产品生命周期短、产品同质化严重、易受国家政策限制等特性，产品一直处于快速的更新和迭代过程中。而现在电信运营商使用的产品开发方法还是以过去的瀑布式开发方式为主，无法准确了解市场和客户的需求，同时无法进行产品的快速开发和快速更新，对迅速变化的市场响应不及时，产品可能刚生产出来就已经过时，因此存在着较大的技术风险。再次，中国移动的产品开发模式以人工方式为主、数据支撑方式为辅。这种开发模式过于依赖产品设计者的个人能力，因此设计经验无法得到有效沉淀，并且很难规避人为的失误；并且产品的效果也无法得到预先评估，必须要在产品推向市场后才能得到市场的反馈意见；同时后期的变动成本巨大。因此原有的产品开发模式存在着较大的人力风险。最后，由于近些年来移动互联网的快速崛起，互联网企业开始涉足传统的通信行业，这些企业大力挖掘电信运营商的产品开发人才，导致电信运营商产品开发人才出现流失，进一步降低了产品开发团队的能力，导致产品开发失败的风险大增，因此存在着较大的管理风险。

三、应用大数据挖掘开发电信产品的必要性和可行性

中国移动产品开发中存在的问题也是所有电信运营商们遇到的共性问题。为了解决电信产品开发中存在的种种问题，中国移动想到了大数据。因为相对于互联网企业而言，以中国移动为代表的电信运营商在大数据挖掘方面具有得天独厚的优势。首先，中国移动拥有海量的数据。经过多年的固网、宽带和移动手机的运营，中国移动积累了大量的用户群，并拥有着这些用户的真实姓名、身份证号码、家庭住址等个人信息；同时随着科技的快速发展，作为互联网接入点的电信运营商能够看到用户全部的访问记录、访问时间，甚至停驻时间以及用户的实时位置信息、通话信息、终端使用信息。这些信息汇集起来，即构成了电信运营商可以经营的大数据资产，从这部分数据资产中，电信运营商可以挖掘出巨大的商机。其次，电信运营商拥有雄厚的大数据挖掘能力。通过数十年在 IT 领域的苦心经营，电信运营商终于拥有了顶尖的 IT 支撑团队，拥有了雄厚的 IT 运营体系。随着当前电信运营商开始关注大数据领域，电信运营商的 IT 支撑团队也在向大数据方向转型，基于大数据的本质和特点，数据挖掘分析专家很容易经过系统的培训成为大数据运营专家，其他 IT 公司的大数据运营的方法和经验也能为电信运营商的大数据运营提供借鉴和支持。因此，相对于互联网企业的独立运营大数据，电信运营商可以调用多得多的外部人才和资源，在技术实力方面处于优势地位。最后，市场的激烈竞争也使得电

信运营商必须通过大数据挖掘技术进行产品开发。在当前的环境下，传统电信运营商面临着传统业务增长乏力、新型业务处在被互联网企业步步蚕食的窘境。特别是在移动互联网和 4G 业务普及的大背景下，中国移动面临着前所未有的挑战。为此中国移动不得不考虑挖掘新的增长点，而大数据的提出使得中国移动发现了新的金矿，可以充分利用所拥有的数据资产，开发出有竞争力的产品，从而让数据产生新的商业价值。

目前大数据在中国移动内部的应用主要还是在客户维系和精确化营销两个方面。在客户维系方面，中国移动主要通过数据挖掘技术，依托客户价值分层模型，针对客户新增、存量保有、离网预警三个关键点，提供精确、实时、有效的数据支撑服务。为了实现客户的维系，目前主要还是在现有客户分类市场管理的框架下，通过大数据挖掘技术来实现更精细的客户价值分层营销服务。其主要工作就是通过建立各种客户数据模型，为客户的维系提供数据支撑。这些数据模型包括建立高值客户模型：通过用户的基础属性和日常使用、消费情况，识别高收入、高利润、高影响力的核心客户。建立社交活跃度模型：通过对用户使用的流量分析，获取用户的社交频度、社交指数、社交稳定交往圈和社交匹配度 4 个指标，还原用户真实的社交关系网络。建立异常识别模型：获取异常用户的特征标状和参数，查找正常用户与异常用户之间的差别，对可能涉嫌欺诈的用户进行预警。建立重复入网模型：获取多次退网后又入网的用户信息，从信息中分析客户二次入网的行为驱动因素，限制和减少为了完成业务指标而引导用户进行反复入网行为。建立信用评估模型：根据用户品牌、月均消费、网龄、停机次数、缴费方式等多个维度对客户信用进行评分，依据信用得分分层，将客户划分为普通、银牌、金牌、VIP 四个级别。建立价值评估模型：获取用户的收入、成本、影响力及忠诚度、信用度五个特征综合考虑，引入层次分析法，采用对历史打分和套用其他电信运营商模型进行对比的方法，通过加权运算得到客户的综合价值指数。建立商机识别模型：通过综合评估客户通信特征、消费能力、满意度及终端类型等要素，识别定制终端潜在客户，为定制终端精准营销提供目标客户名单，提升定制终端营销的成功率。在精细化营销方面，中国移动主要通过数据挖掘技术，获取用户的潜在需求，针对性地制定相应的产品或者维系方案，增强客户的使用黏性，提升用户的使用价值。主要手段是将用户进行分类，通过用户的产品订购情况、业务使用情况、终端机型、消费情况等信息，将用户分为若干个小类，每个用户可以重复在不同的小类中，这些小类组成了用户特征库。当中国移动新增一个产品或者优化一个产品时，只需要根据产品的特点选择若干个小类，然后再将这些若干小类中都存在的用户作为目标用户进行精准营销。过去中国移动在精准营销时，还是采用传统的一对一营销模式，对于需要营销的产品，首先根据一定条件初步筛选用户群后，再发送营销信息，属于批量静态主动营销。随着4G业务的推广，电信运营商步入了流量经营的康庄大道，之前静态的批量营销策略已不能满足业务发展需求，主要表现为用户群的选择主要基于用户登记的信息，缺少用户消费分析数据，精确度需进一步提升；通过短信或外呼等方式营销，用户当时在网的状态需要考虑，还需要减少干扰用户的情况发生；其他系统的营销推荐，在一定意义上还存在过度营销的问题，影响用户使用满意度。为此，中国移动引入了大数据挖掘技术，结合当前的业务特点，将互联网推荐算法引入到大数据挖掘中，期望大幅度提升营销成功率。采用基于产品的协同过滤算法和基于用户的协同过滤算法实现了产品相似关联和用户相似关联关系的分析。通过建立多维度的用户属性值，比如年龄等，通过对既有用户的属性分析，建立决策树模型，找出有效的属性及ARPU值分布，最后将未订购用户的属性信息与模型匹配，获取用户是否存在订购的概率，超过订购概率的用户作为目标用户。同时建立实时决策引擎，将原来基于客户群的营销提升为基于客户划小的依赖于客户规则的用户实时营销。通过实时决策引擎，根据用户事件，实时确定适合当前用户的营销方案，避免原来客户群提取的时效性问题，有效解决了原来提取客户群不准确、营销时机不恰当等问题。

通过借鉴大数据在中国移动内部的应用，将大数据挖掘技术应用到电信产品开发中，也开始成为中国移动大数据运营的一种应用，并且借助大数据挖掘技术和质量功能展开QFD的优势，能够有效解决目前中国移动在产品开发中面临的问题。首先，方法非常新颖，符合当今非常流行的互联网思维；开发的目标产品也是由多个子产品组成的融合产品，是针对融合产品而定制的产品开发方法，有极强的合理性和适应性。其次，在方法过程中大量应用了计算机进行运算处理，处理速度较人工方式有了很大提升，能够大量节约信息收集、处理以及开发人员相互沟通的时间，大幅压缩了产品开发的周期。再次，产品开发的成本大都为计算机硬件和软件成本，这些成本属于一次投资、多次使用，因此经过多次产品开发，平均到每次产品开发过程的成本非常低；并且由于开发时间的减少，人力成本也会大幅降低，最终导致整个产品的开发成本较低。最后由于此方法的全过程都是对有相关模型和算法进行控制，人为干预部分较少，使得产品的开发全流程比较稳定，产品开发质量能够得到保证，产品的开发风险也就较低。

对于中国移动而言，核心竞争力就在于利用好手中的大数据资源。利用大数据进行产品的开发，不仅可行，而且是必需的。

第三章

电信运营商产业价值链竞合关系和转型分析

第一节 我国电信产业价值链演进分析

随着通信技术的不断突破创新，国家政策的不断调整，产业链上下游企业之间的竞争博弈以及消费者需求的不断变化，我国电信产业得到了快速发展，电信产业价值链不断演进，其构成主体不断丰富，电信运营商在产业价值链的地位在不同阶段呈现不同的特点，下面将进行具体分析。

一、我国电信产业价值链构成与演进

(一)"三段式"电信产业价值链

20 世纪 80 年代到 90 年代末，由于当时电信产业实际发展水平不高、管制政策的限制和技术水平的制约等多种因素的影响，语音通话业务成为消费者仅有的需求。如图 3-1 所示，在这一阶段中，我国电信产业价值链仅由设备提供商、电信运营商和最终用户三个环节构成，因此我们把这一时期的电信产业价值链称之为"三段式"产业价值链。在此电信产业价值链中，电信运营商负责网络建设，并唯一与最终用户接触提供服务，掌握了垄断的资源，致使设备提供商和最终用户不得不依附于电信运营商，因此，电信运营商在此产业价值链模型中占据了绝对的控制地位。

图 3-1 "三段式"电信产业价值链结构图

(二)"多段式"电信产业价值链

随着通信技术的不断进步，管制政策的放松，电信市场竞争的加剧，用户需求出现个性化和多元化的特点，电信的主要业务发生转变，由基础语音业务向增值数据业务过渡。与传统的"三段式"电信产业价值链相比，此时期的电信产业价值链环节不断地增加，提供信息服务的服务商不断增加，体现在产业价值链的形态上就是产业价值链不断细化延长。并且电信产业价值链中信息增值不断提升，价值增值不断增加。此时期的电信业务单凭电信运营商独自提供已无法满足市场需求，电信运营商必须与更多的服务提供商进行合作，才能更好地在产业价值链中发挥作用。以普通电信数据增值业务为例，此时期的电信产业价值链如图 3–2 所示。

图 3–2 “多段式”电信产业价值链结构图

在此时期的电信产业价值链中，由于增值电信业务的出现和产业价值链环节的增多，电信运营商最初的占据主导的强势地位发生了改变，但依然凭借自身众多的客户资源、独特的品牌优势和强大的网络实力占据整个电信产业价值链的核心地位，通过与产业价值链上下游企业合作，来获得更大的利润。整条电信产业价值链的价值来源于最终用户，电信运营商掌握着众多的客户资源，也就拥有最终用户的连接权和价值分配权，内容服务提供商、终端厂商等其他环节只有通过电信运营商才能在此时期的电信产业价值链中获取自己相应的价值。

（三）“网状式”电信产业价值链

伴随着移动互联网技术的进一步突破发展，消费者更多的需求被明确及细化，电信产业政策进一步明朗，市场更趋开放，竞争范围日渐扩大，竞争日益激烈。除原有的价值环节外，政府、银行、医疗机构、学校、购物、旅游、餐饮、娱乐等传统实体也加入电信产业价值链中，形成异业联盟，促使电信产业涉及的领域覆盖到生活的方方面面。

具体而言，在移动互联网背景下，我国电信产业价值链由设备提供商、系统应用集成商、电信运营商、虚拟运营商、内容服务提供商（CP/SP）、终端厂商、终端软件及业务平台提供商、异业联盟企业（如政府、银行等传统实体）及最终用户等众多实体构成。此时的电信产业价值链已不再是一个不断延长的单链，而是一个向四面八方覆盖，不断扩张的“网状式”的电信产业价值链，如图 3–3 所示。电信运营商依然凭借最终客户、网络支撑系统等强大资源占据整个电信产业价值链的核心地位。

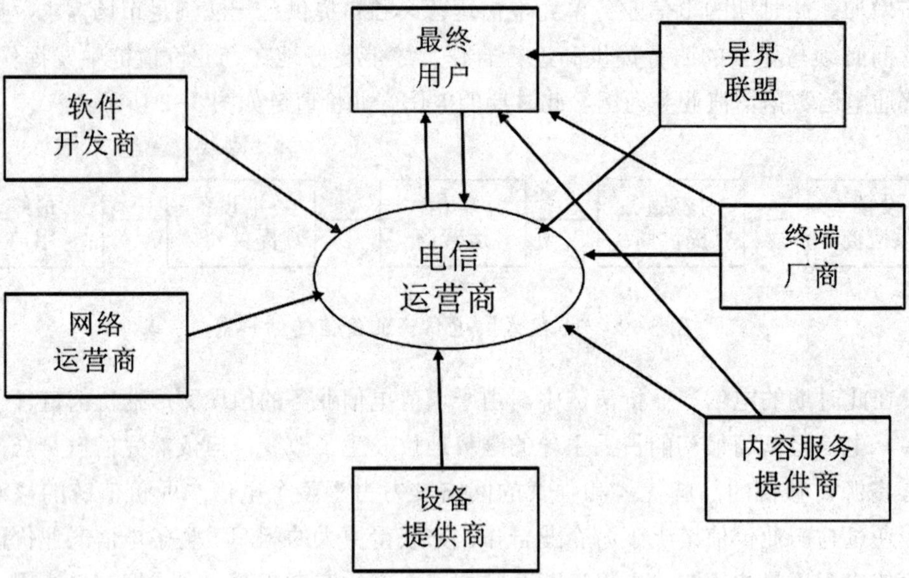

图 3-3 “网状式”电信产业价值链结构图

电信运营商拥有网络，并直接面向最终用户，是整个电信产业价值链最主要的驱动力量，整个产业价值链的其他环节围绕电信运营商，通过密切的分工配合，将服务传递到最终用户手中，满足多方共赢的要求。与此同时，内容服务提供商和终端厂商拥有直接面对最终用户的机会，对电信产业价值链的发展越来越重要，其地位也越来越高，电信运营商的核心地位较之前两阶段被削弱。

随着价值链中其他环节，比如内容服务提供商和终端厂商越过电信运营商提供的增值业务或应用越来越多，并不断与最终用户保持直接接触，新的利润增值空间不断被开辟，例如苹果公司以“i Phone+APP Store”的模式大获成功，腾讯公司凭借微信这款移动 IM 软件布局移动互联网产业等。此时，电信产业价值链开始向以最终用户为中心的新型“网状式”产业价值链转变，如图 3-4 所示，谁能在与用户互动环节上占据主动，谁就在电信产业价值链中占据优势。在内容服务提供商和终端厂商的夹击下，电信运营商语音、短信等传统业务日益萎缩，其核心地位在不断下降，有沦为“管道”的危险。

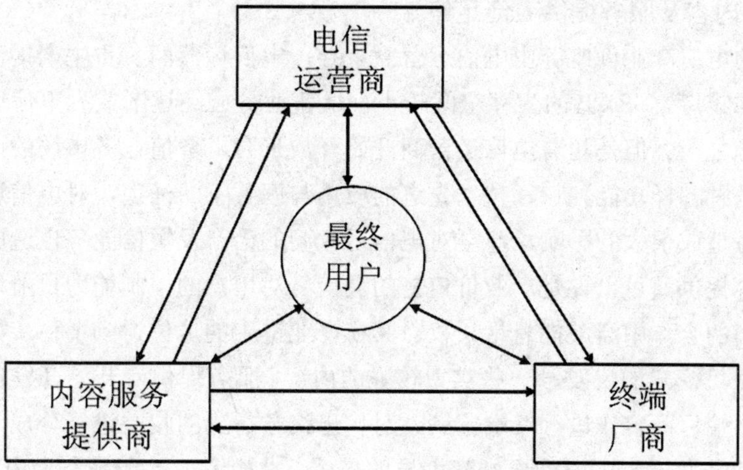

图 3-4　新型“网状式”电信产业价值链结构图

随着移动转售业务的兴起，上海自贸区电信改革试水引入外资，新因素不断涌现，新成员不断加入，将使电信产业价值链进一步延长，结构更加复杂，各成员协同模式或将深度变化，相关实体企业在产业价值链中的地位又将面临重新洗牌的挑战和机遇。

纵观整个电信产业价值链，目前电信运营商、内容服务提供商和终端厂商三大主体与用户接触最为密切，也最有可能成为产业价值链的主导。为竞逐产业价值链的核心地位，三大主体之间以及各主体阵营内部不同企业，在不同细分市场之间纷纷展开竞争与合作。

二、各主体在电信运营商产业价值链中的地位变迁

在传统语音业务时代，电信运营商与产业链中其他成员的合作往往是采用封闭模式，电信运营商不开放自己的平台，提供的服务差异性低，整条产业链由电信运营商来主导，电信运营商所建立的这种商业模式之所以能够取得丰厚的利润，根本原因在于其运用了电信产业早期的封闭特性。移动运营商提供业务服务平台及计费平台，代内容 / 服务提供商向用户收取费用，并且在利益分成问题上具有绝对的话语权，这十分不利于两者之间合作的稳定性。移动互联网时代的到来为内容 / 服务提供商、终端商、设备制造商及系统集成商带来了发展的曙光，具体有以下几方面的改变。

（一）内容及服务提供商涉足终端

早期的电信产业价值链由电信运营商主导，电信运营商负责生产提供应用与服务和销售与推广，SP/CP 的生存空间较小，增值业务已经逐渐成为电信运营商的主要收入来源之一。但是随着电信运营商开始开放平台，增值业务市场的内容开始不断丰富，各种各样功能独特、技术先进的应用与服务不断涌现，对电信运营商自有的增值业务造成很大的影响，甚至对电信运营商的语音及短信业务也造成了巨大的冲击。内容提供商可以说是产业价值链的灵魂，对用户的控制能力日益增强，在与电信运营商的合作中渐渐拥有话语权，其在产业链中的地位得到了稳步提升。同时受到苹果手机模式的启发，一些实力较强的内容 / 服务提供商开始开发自己的操作平台，与终端厂商合作进行终端定制，对售出终端得到的收益进行分成，欲将移动互联网产业链发展为由内容提供商主导的模式。[①] 如图 3–5 所示，为内容 / 服务提供商主导的产业价值链。

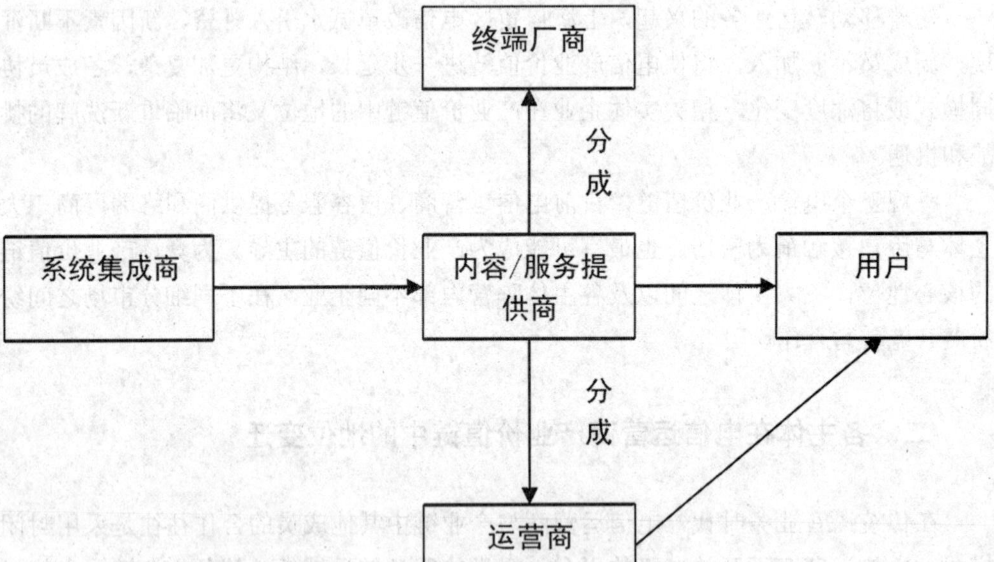

图 3–5　内容 / 服务提供商占主导地位的产业价值链

（二）终端厂商由附属地位到主导地位

当电信运营商的主要业务（语音业务及基本数据业务）增加率不断下跌，客户

① 刘姝男 . 移动互联网时代以运营商为主导的价值产业链合作竞争研究 [D]. 北京：北京邮电大学，2012.

总数量增长持续缓慢，每用户平均收入值也在不断下降，经营状况低迷的时候，终端厂商尤其是智能手机的营业收入和市场规模却在不断上升。这说明在电信运营商称王的 2G 语音时代，往往是由业务来带动手机终端的发展，而在移动互联网时代，电信运营商则需要由终端设备的快速发展来带动电信运营商移动业务的推动与增长，明星智能终端已经成为移动互联网和电信运营商能够快速发展的催化剂。移动互联网产业链上产生的价值全部都体验在用户上，产业链中各每一个成员都希望能够直接面对用户，以获得地位的提升。用户对于电信运营商推出的增值服务、内容商提供的多种多样应用的体验感受都集中表现在移动终端上，终端厂商大力投入研发成本，追求终端产品的差异化、便捷性、兼容性、功能性及美观性，从终端的硬件、软件以及外形等角度进行创新，力求在用户的掌控方面拥有更大的主动权，从而一步步实现主导移动互联网产业价值链的愿望。以中国联通与苹果公司的合作为例，电信运营商在同终端厂商对话的时候沦为弱势地位，近三成利润被其抽走，中国联通更是默默接受了苹果公司提出的“移动互联网 = 智能终端 + 应用服务”的模式，终端厂商开始逐步分享电信业务的收入，迫使电信运营商沦为“管道工”，俨然有成为产业价值链主导者的实力。

（三）电信运营商的主导地位受到挑战

传统语音业务时代，电信运营商拥有大量的客户资源，深入掌握用户的喜好，有着成熟的移动业务经营模式和计费平台系统，其是产业价值链中绝对的主导者。网络的不断升级使得电信产业价值链的主体结构不断发生变化，产业链中上下游之间的关系变得复杂微妙，内容提供商、终端厂商、设备制造商等开始向产业链纵向延伸，力求提升自己在产业价值链中的地位，这个时期的电信运营商依靠其丰富的客户资源和强大的网络实力依然处于产业价值链的核心地位，但是其主导地位受到了来自各方面的威胁与挑战。上文中我们提到，整条移动互联网产业价值链的价值全部来源于最终用户，以往产业链上的各个主体都需要通过电信运营商才能够面对客户，获取自己相应的价值，但随着产业链的拉长、裂变，电信运营商的利润开始被严重分流。电信运营商开始担心，即时通信软件的快速渗透会替代其短信、彩信等业务，网络电话会冲击其语音业务，网络账号有可能最终代替手机号码，此时的电信运营商若不进行转型，创新商业模式并且寻求与终端厂商和内容 / 服务提供商的合作模式，其在移动互联网产业价值链中的主导地位将会丧失。

在主导权的争夺上，终端厂商与内容 / 服务提供商具有与电信运营商竞争的实力，三者在竞争中的优势与劣势如表 3-1 所示。

表 3-1　电信运营商与终端厂商、内容 / 服务提供商对比的优势与劣势

	电信运营商	终端厂商	内容 / 服务提供商
优势	具有强大的品牌体系和用户认知度，完全控制移动网络资源，拥有大量用户资源，拥有大量专业化的营销渠道和营销网络，在用户行为深度挖掘和细分营销方面具有巨大优势	具有良好的品牌认知度，专业化的终端设计能力与高效的生产优势，具有敏感的用户需求嗅觉和快速的终端商用效率，拥有大量具有黏性的用户，拥有多样的终端产品，如：上网本、车载 GPS 导航器、数字广播接收机和支持 4G 的掌上电脑等	高效的产品研发能力，专业化的应用高效的产品研发能力，专业化的应用服务能力和成熟的应用服务模式，拥有大量已有使用习惯的用户和广泛的小众用户群，如手机搜索、手机 QQ、手机 MSN、手机炒股软件、手机银行、手机导航等应用服务
劣势	业务种类有限，对用户新需求的业务实现效率较低，不易于满足用户多元化需求的发展趋势，移动互联网的开放式特性使电信运营商有可能变成固定互联网时代的管道。同时，巨大流量的快速增长也会导致电信运营商背负设备不断投入的扩容压力	终端制造商不仅受制于电信运营商的网络制式和市场策略，而且终端设备同质化趋势使得手机厂商在移动互联网时代不再是唯一的终端提供者，上网本、MP3/4、PDA、无线家电、数字娱乐设备等都将通过 4G 网络加入产业链的争夺，使得竞争更加激烈	信息服务产品有赖于终端使用的平台和电信运营商的接入能力。应用服务同质化趋势使信息服务提供商竞争压力持续增大，需要不断投入更多精力开发差异化的应用产品，不断细分用户，挖掘市场新的“蓝海”

对比电信运营商与终端厂商、内容 / 服务提供商的优势与劣势，我们可以得出电信运营商在接下来的发展中将会遇到三大挑战：第一，网络运营市场环境的不断开放、竞争的持续激励，电信运营商需要积极进行竞争能力的储备，未来的网络建设将把市场作为主要导向，技术的发展日益标准化，通信移动业务的差异性日益减小，电信运营商需要积极建立多层次、开放的网络支撑平台。第二，终端厂商专业化的终端研发能力和生产能力和对客户需求敏锐的嗅觉，使其能够大大增大用户的黏性，新时代的终端厂商不再只是盯着手机的销售数量，而是开始注重与产业链上下游的合作，终端开始慢慢走出产业价值链的从属地位，电信运营商要避免在与终端厂商的合作中被抽走大量利润，需要积极开展创新的终端定制模式，刺激电信业

务的革新。第三，在移动互联网不断开放的情况下，电信运营商要想扭转沦为“管道工”的局面就必须积极与产业链上下游成员进行合作，不断推出创新型的商业模式和数据业务，构建完整的产业价值链，这样电信运营商才能在与产业价值链中其他成员的竞争中取得成功。

第二节　我国电信运营商产业链竞合关系分析

电信产业价值链在实际发展中存在着电信运营商、SP与终端厂商协调不顺畅等问题制约电信产业价值链整体的发展，电信产业价值链的超循环结构也从理论上证明了主体之间通过自我复制与相互耦合形成协同进化关系才能保证产业链和谐稳定发展，因此解决电信产业价值链矛盾的焦点问题在于处理制约产业链发展的瓶颈环节，即电信运营商、SP与终端厂商之间的合作竞争关系，这是解决产业链问题的快捷有效的手段，是保证整个产业链良性运作的基础。下面对我国电信运营商产业链的竞争合作关系和必要性进行简述。

一、电信产业价值链主体合作竞争关系

（一）电信产业价值链主体的共生模式

1. 关键种概念

关键种是一个生态学概念，源于某一物种对群落中物种存在的多样性的控制。1966年由Pine[①]在《食物网复杂性与物种多样性》一文中首次明确提出。关键种概念及其依据的理论认为：生物群落内不仅存在着制约物种分布与多度的相互作用关系，而且还存在着起关键作用的物种，即关键种，它对其他物种的分布和多度起着直接或间接的调控作用，决定着群落的稳定性、物种多样性和许多生态过程的持续或改变。关键种通常具有下列特征：第一，关键种的微小变化将导致群落或生态系统过程较大的变化；第二，关键种在生态系统中有比它结构比例更大的功能比例。[②]

2. 电信产业价值链的关键种及共生模式

由于引入生态学理论来描述电信产业价值链的复杂特征，这里用电信产业生态

① PaineR.T.Food Webcomplexity and Species Diversity[J].Amer.Nat.1966（1）：65-75.

② Sanford E.Regulation of Keypredation by Small Change Sinoce An Temperature[J].Science，1999，283：2095-2097.

系统来反映电信产业价值链主体之间的协同进化关系。电信产业生态系统是以电信运营商为核心，联合网络设备制造商、服务与内容提供商、应用开发商，系统集成商、虚拟运营商、终端厂商等众多物种而形成电信产业生态群落。从其定义可以看出，电信产业生态系统具有物种多样性，而且存在着制约其他物种生存和发展的关键物种，它对产业生态系统其他物种起着直接或间接的调控作用，并主导和控制整个电信产业生态系统的发展，这个关键物种就是电信产业价值链的核心企业——电信运营商。

电信运营商是电信产业生态系统的关键物种，凭借掌握的网络平台与庞大的用户资源，在电信产业生态系统中扮演领导者与整合者的角色，是最有能力承担电信产业生态系统进化的推动力量；网络设备制造商引领电信产业技术创新的前沿，推动着网络技术的不断进步和适度超前地影响着市场的需求与选择；服务与内容提供商的出现是物种职能分化的结果，其利用业务的专业化分工和集成，提供丰富多彩的内容，用以拉动用户的需求，并逐渐成为电信产业生态系统的一股主导力量；终端厂商作为电信产业生态系统中连接用户的最直接媒介，它的发育程度直接决定整个生态系统服务能力的高下，由于个性化的业务对终端具有依赖性，因此依据业务和网络的需要进行终端定制更加凸显了终端厂商的重要性。

电信产业生态系统的各“物种”保持合作与竞争的复杂关系，这是经济系统区别自然生态系统最大的不同。电信运营商作为电信产业生态系统的关键“物种”，主导电信产业发展方向和趋势，其他“物种”基本是为电信运营商提供软硬件的供应商，或是利用电信运营商网络平台提供服务的服务商，这些“物种”基本依赖电信运营商而生存，将这些“物种”统称为“卫星物种”。在电信产业生态系统进化过程中，由关键“物种”主导形成了关键“物种”与“卫星物种”之间的上下游供需关系，从而保持一种长期稳定的共生模式，如图 3-6 所示。

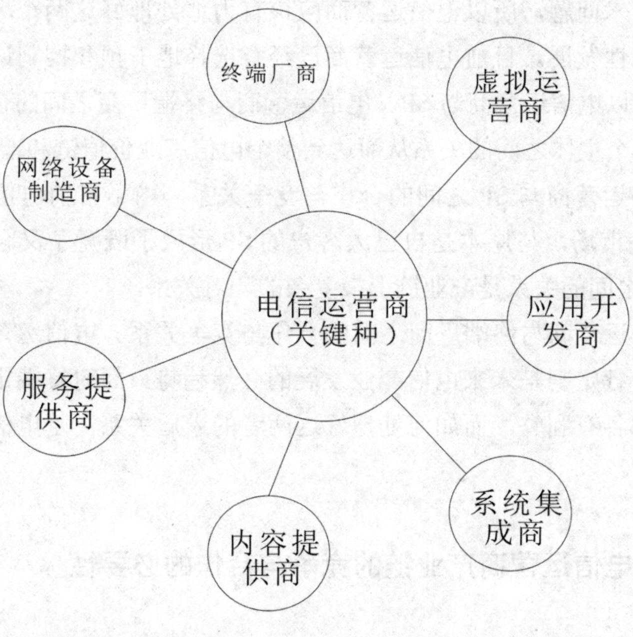

图 3-6　电信产业价值链主体的共生模式

电信产业生态系统内各“物种”为了共同的目标结合在一起，这个共同的目标就是价值增值，各“物种”由于价值驱动而发生合作与竞争，从而实现共生与共赢。依照生态属性，关键物种与卫星物种之间形成了一种相互依存的关系，在实力对比与业务发展上需要协同进化，任何一环缺失或滞后都会影响整个电信产业生态系统的价值增值，从而也影响各物种的价值增值。例如由于内在技术和外在环境的局限性导致内容提供商提供的内容缺乏新意，应用雷同成分很大，内容提供商是产业链上的薄弱环节，而终端技术目前是通信产业发展的一个瓶颈，从生态角度分析，这些问题如果不能得到有效解决，将会制约整个产业链的健康发展以及影响价值增值效率。

（二）电信产业价值链主体合作与竞争关系的选择

目前电信产业价值链主体众多，产业链结构呈现高度复杂性和不确定性，这给研究电信产业价值链主体合作竞争与关系的研究带来了很大困难和不确定性。

电信运营商作为“关键物种”在整个电信产业价值链上起着至关重要的作用，它主导整个产业链的发展并决定其稳定性。因此，研究电信产业价值链主体关系的最有效的方法是研究电信运营商与其他主体的合作与竞争关系，并找到产业链的瓶颈环节作为关键控制点，通过控制关键环节达到加强对产业链的管理和控制。在电信产业生态系统进化过程中，制约系统进化的瓶颈环节是 SP 主导的中间服务市场与终端厂商的技术问题，所以电信运营商应该有力地处理好这两个环节，保证电信产业生态系统良性发展。目前电信运营商已经有选择地干预和控制这两个环节的发展，因此，这里以电信运营商与SP、电信运营商与终端厂商之间的合作竞争为研究重点，解决这几个主体之间的关系从而达到整个电信产业价值链和谐发展的目的。

第一，电信运营商与SP之间的合作与竞争关系。由于目前电信运营商自身有选择地进入服务市场，与原本是自己大客户的SP形成了既竞争又合作的关系，电信运营商与SP之间的关系是产业链上最复杂的一对关系。

第二，电信运营商与终端厂商之间的合作与竞争关系。电信运营商按照业务要求对终端产品进行定制是未来电信产业发展的必然趋势。面对终端定制，电信运营商与终端厂商都各有利弊，而如何处理好这两者的矛盾关系，是电信运营商有效发展的关键。

二、我国电信运营商产业链的竞争与合作的必要性

电信业的发展应该是良性有序的，竞争应是一场遵循一定规则的公正比赛，并且竞争的前提是不应损害消费者福利。当前，电信运营商之间的竞争手段多以价格战为主导，同质化竞争在电信各个领域的产品和服务中不断渗透和加剧，电信行业三家电信运营商之间的竞争处于一种无序局面。电信运营商为了短期的利益而不顾自身及消费者的利益，使得整个电信市场处在一种恶性的竞争循环中，不但拉低了市场中各方的绩效水平，而且电信运营商难以靠技术进步来提升竞争能力，这必将影响我国电信运营商的国际竞争力与可持续发展。长此以往，我国电信业必将无法到达帕累托最优的平衡，最终将会影响消费者福利。在这样的行业和社会背景下，构建我国电信业的竞争与合作关系是打破这种无序竞争局面的一个有效途径。电信运营商需要通过有序、和谐、高效的良性竞争，也就是合作性竞争，来促进我国电信业持续稳定发展，从而带来我国技术进步、经济发展和消费者福利的同步提升。下面将从我国电信行业内外部角度分别阐明电信运营商竞合发展的必要性。

(一) 竞合发展对电信行业内部发展的必要性

1. 破解“零和博弈”困局

良性竞争能够起到激励各大电信运营商提高企业自身核心竞争力的作用，恶性竞争则适得其反。近年来，由于电信运营商之间的竞争日益白热化，使得我国的电信市场竞争环境呈现出不良的竞争态势，电信运营商的无序竞争手段可谓层出不穷：分流渠道拉拢客户，非法套取竞争情报，在交换机上修改数据，在网间设置壁垒使正常通信无法保证，干扰破坏网络建设，通过非正常渠道来扩大经营的业务范

围和种类，借助恶意宣传，不择手段地对竞争对手的营销漏洞进行攻击，诸如此类。据不完全统计，我国每年因电话卡的疯狂销售而造成的损失就多达十亿元。同时，价格战一再爆发致使我国电信运营商与国外电信企业国际结算价一路下滑，损失惨重。[①]无疑，上述不良竞争不仅会造成行业经营环境的恶化，也扰乱整个电信行业的发展，长期下去，会对我国电信行业运营乃至国民经济的发展造成一定的危害和损失。[②]在这样的竞争中，大家都是输家，这就是典型的“负和博弈”“零和博弈”。

正如三头牛互相顶角，最终损失的是主人。而且牛也多是虚胖，并不是真正强壮，虚涨的业务量并没有真正带来多少收益，相反却造成了国有资产的流失。随着电信行业不断发展与成熟，唯有自利与利他平衡，默契合作才能破解困境，实现“正和博弈”，竞合也最终会成为抵制我国电信行业无序竞争的必然选择。

2. 提高资源配置效率

当前，我国电信业全业务运营虽然已经全面开展，但是三大电信运营商在全业务运营市场上资源优劣势不均衡。资源理论学者认为：企业内外部资源融合能力是企业取得持续竞争优势的关键。企业自身所拥有的内部资源是相对稳定的，因此，企业获取外部资源的能力就显得更为重要。在相同的资源面前，企业可以通过合作实现互利共享，从而提高和优化资源配置效率。[③]电信业在全业务竞争环境下，三家电信运营商不可能拥有开展业务的全部资源，如果不把单纯的竞争转变为合作性竞争，就会致使电信业无法实现资源配置的优化甚至会导致严重的重置。只有通过彼此之间的合作，发挥各自的竞争优势，实现资源的互补与共享，形成有效的竞合，规避低效竞争，才能更好地适应当今多样化、个性化的市场需求，从而真正提升电信运营商的创新能力，拓展新的业务，开拓电信差异化业务“蓝海”，为用户提供更多更好的产品和服务。全业务运营时代，电信业竞合关系的建立能够有效地促进资源配置的整合与优化，同时，也会提升电信业技术进步的整体效率。竞争的压力促使电信运营商产生强烈的研发创新动机，而合作的平台对研发创新转化为生产力的推动作用更为明显。

3. 提高网络效率

电信业是资本密集型和技术密集型的行业。初期投资的规模非常大，而在实际运行过程中的边际成本又很低。电信业规模经济很明显，这种规模经济决定了电信运营商不把过去单纯的竞争转变为合作的竞争，就会出现投资增大以及严重的重复

① 朱道平．合作竞争是我国电信业的必由之路 [J]. 邮电经济，2003（2）：10–12.
② 高旗．电信业合作竞争研究 [D]. 重庆：西南财经大学，2004.
③ 徐章一．顾客服务——供应链一体化的营销管理 [M]. 北京：中国物资出版社，2002.

建设现象。从技术特征上来说，电信业作为网络属性较强的行业，最大的特点是联合作业、全程全网运营。各网之间的互联互通显得尤为重要，各家电信运营商共同利用一个网络将会更有效率，相互间的合作必要性较其他行业来说更大。网络间的互联互通，是各家电信运营商竞争合作的基础，只有互联互通才能满足客户通畅、便捷的通信需求。基于电信业全程全网这一特性，各家电信运营商需要加强合作共赢、互利互惠，促使电信业得到稳定而有效的发展。

（二）竞合发展对电信行业外部发展的必要性

1. 信息技术发展

电信产业价值链由之前的终端用户、设备提供商和电信运营商结构演变成为包括网络设备提供商、网络运营商、内容提供商、服务提供商、软件提供商、终端用户，以及其他一些产业（包括银行、学校、政府部门等）等在内的网络结构。在这个网络中，各个参与方是一个相互促进和相互制约的整体。① 在移动互联网时代，腾讯、百度等互联网企业及中兴、华为、苹果等设备提供商和终端制造商，逐渐开始占据信息产业链的主导地位。同一价值链上各个节点中的企业需要协同运作，联合经营，以便能为用户提供更符合其需求的产品和服务。由于在此价值链上各个参与方所提供的产品和服务会有一定的替代性，这些企业就会面对相同的目标客户群，这会使竞争对手之间的竞争程度更加剧烈。但价值链上各参与方需要以自身的效益和持续稳定的发展为根本，不能因为竞争而不计代价，瓦解自身的获益模式。②各参与方需要在整个行业价值链中利用一切可能的因素，进行有效的竞合，找准适合自己企业的位置，提升核心竞争能力，实现"利益一起赚"，促进整个价值链的繁荣。同时，信息技术的发展也会迫使电信业都进入"微利"时代，在竞争中寻求合作，谋求共赢是电信运营商的必然选择。

2. 消费者需求满足和福利提升

满足消费者需求、提升消费者福利将会大大提高客户的满意度和忠诚度。当前，随着消费环境的迅速变化和信息技术的迅猛发展，消费者对电信业务的需求日益多样化和个性化，传统语音业务已经远远不能满足消费者日益增长的数据消费的需要，而智能手机的普及又进一步激发了消费者对移动数据和互联网业务的需求。就我国当前网络来看，无论是规模、结构、技术层次还是服务质量，都远远不能为日益庞大的数据业务发展提供有效的支撑需求。在这样的背景下，电信运营商迫切需要建立一个灵活可靠、容量巨大，并可持续发展的新一代网络，通过共建共享、

① 李轻侯 . 中国联通的移动互联网之劫 [J]. 互联网周刊，2012（1）：20-21.
② 陈殷 . 中国移动通信市场竞争及规制研究 [D]. 上海：复旦大学，2005.

互联互通、联合开发运营等竞合策略来确保消费者需求的满足和福利的提升，保证电信运营商在电信行业价值链条上的相对稳固的优势地位。同时，电信运营商也可以通过与行业外相关企业的竞合，更深层次地挖掘客户存在的潜在需求，并通过有效的营销策略来不断激发这种需求，与相关企业共同开发电信市场，实现企业与消费者互利共赢，满足消费者对信息消费的需求。①

3. 民营资本和外资企业的进入

2012 年 6 月，工信部发布了《关于鼓励和引导民间资本进一步进入电信业的实施意见》，提出了将引导民间资本通过多种方式进入电信市场，积极拓宽民间资本的投资渠道和参与范围，并明确了八大重点领域。国家在电信业重点领域放行民间资本，探寻多年的民间资本进入电信业之路亮起了"绿灯"。该实施意见虽然将进入范围仅限定在移动业务领域，但也是不可忽视的重要突破。鼓励和引导民间资本进一步进入电信业，是促进公平竞争、推动资源共享的要求，对促进整个行业的发展具有积极的意义。面对民营资本的进入，三家电信运营商需要尽早放弃传统市场的不良竞争，积极探索合作共赢。

从电信业对外开放来看，增值业务和基础电信业务可能会在未来逐步对外资开放，届时，国内电信业将直接面临着国外电信巨头的介入和强力竞争。我国电信业的整体规模尽管不小，但就行业整体水平、企业综合实力而言，与发达国家的电信产业相比仍旧有很大的差距，存在着"大而不强"的状况。因此，国内电信运营商在有序竞争基础上加强合作共赢，是应对国外电信企业威胁与冲击的必然选择。同时，我国电信运营商也需要形成合力，积极合作参与拓展国际市场，以此来增强我国电信业的国际竞争力，实现国内电信运营商在地域范围及竞争实力上的快速发展。

第三节　算力网络下的电信运营商转型

当 5G、互联网、物联网带动大数据、云计算、人工智能等新一代信息通信技术加速发展之后，网络发展也从信息交换向信息数据处理转变，与此同时，数据已经上升到国家战略资源，算力也将成为信息技术发展的核心和生产力。随着摩尔定律趋近于极限，单靠大规模建设大型数据中心单点算力设施不实际，也不实用。通过网络集群优势突破单点算力的性能极限，进而提升算力整体规模，成为各界关注

① 张世宏. 中国陶瓷走在合作与竞争的十字路口 [J]. 中国建材，2003（4）：69-71.

的热点。发展算力网络既是国家产业发展的战略要求，也是电信运营商转型发展的重要机遇。

一、算力网络关键技术分析

从算力网络所倡导的技术理念中可以看出，算网一体是结合5G、泛在计算与AI的发展，在云网拉通和协同基础上的下一个网络发展阶段，即云网融合2.0阶段。云网融合2.0阶段在继承云网融合1.0阶段工作的基础上，强调结合未来业务形态的变化，在云、网、芯3个层面持续推进研发，实现应用部署匹配计算、网络转发感知计算、芯片能力增强计算，服务算力网络时代云游戏、千人千面直播、自动驾驶、智能安防与工业机器视觉等新业态，其关键技术可归类为网络编排、网络承载和网络转发3个方面。

（一）网络编排技术

算力网络是融合计算、存储、传送资源的智能化新型网络，通过全面引入云原生技术，实现业务逻辑和底层资源的完全解耦。算力网络需通过打造面向服务的容器编排调度能力，实现服务编排向算网资源的能力开放。同时，可结合底层基础设施的资源调度管理能力，对于数据中心内的异构计算资源、存储资源和网络资源进行有效管理，实现对泛在计算能力的统一纳管和去中心化的算力交易，构建一个统一的服务平台。

基于云原生的算力建模与服务编排如图3–7所示，可见，算力是设备/平台处理、运行业务的关键核心能力。在算力网络中，算力的提供方不再是专有的某个数据中心或集群，而是将云边端这种泛在的算力通过网络化的方式连接在一起，实现算力的高效共享。因此，算力网络中的算力资源将是泛在化的、异构化的。对于异构算力资源，算力网络架构采用基于“K8S+轻量化K8S”的两级联动的架构来实现统一的算力资源调度纳管。K8S采用中心的资源调度统一平台对于整体的基础资源进行统一管理和集群管理，而轻量化K8S集群主要是作为边缘侧的资源调度平台对于边缘计算集群进行调度和管理。

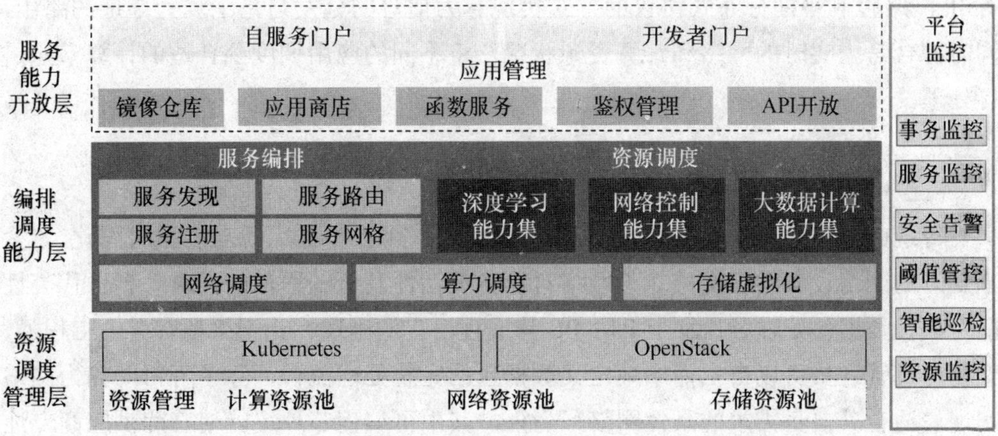

图 3-7　基于云原生的算力建模与服务编排示例

泛在算力资源的统一建模度量是算力调度的基础。针对泛在的算力资源，通过模型函数将不同类型的算力资源映射到统一的量纲维度，形成业务层可理解、可阅读的零散算力资源池，为算力网络的资源匹配调度提供基础保障，将业务运行所需的算力需求按照一定分级标准划分为多个等级。这样可为算力提供者设计业务套餐时提供参考，也可为算力平台设计者根据所需运行的业务做平台算力的选型设计提供依据。

（二）网络承载技术

“IPv6+”是面向 5G 和云时代的智能 IP 网络，可以满足算力网络灵活组网、优化用户体验、按需服务等需求。算力承载网以 IPv6+ 和 SRv6 技术为底座，在网络切片能力的基础上，引入网络感知技术，解决当前网络难以感知的业务需求、算力和服务难以良好匹配的问题。在算力网络中，业务网关进一步下沉，并通过算力网关将南北向流量提前转化为东西向流量，同时利用 IPv6 可扩展丰富的可编程空间，开展 IPv6+ 网络新技术包括但不限于网络切片、随路网络监测（in-situ Flow Information Telemetry，iFIT）、业务链（Service Function Chaining，SFC）等和新应用开发，实现城域算力基础设施互联，通过业务的部署和资源调整来保证应用的服务级别协议（Service Level Agreement，SLA）要求，以此提供业务链服务。当前，CCSA TC3 正在开展算力网络需求与架构的研究工作，其思路是通过对网络、存储、算力等多维度资源的统一管理和协同调度，实现连接和算力在网络的全局优化，技术实现上可分为集中式方案、分布式方案、混合式方案等多种技术路线。除基于数据中心软件定义网络（Software Defined Network，SDN）集中调度的方案，还可基于电信运营商承载网分布式控制能力，结合承载网网元自身控制协议扩展，复用现有 IP 网络控制平面分布式协议的方式实现算力信息的分发与基于算力寻址的路由，同时综合考虑实时的网络和计算资源状况，将不同的应用调度到合适的计算节点进行处理。

（三）网络转发技术

传统的网络设备采用转控一体的工作模式，其转发芯片的功能相对固化，"紧耦合"的网络设备难以支撑算力网络对设备灵活性及可编程性的需求。新一代高性能可编程数据包处理芯片加上 P4/NPL 等编程语言的出现，让网络拥有者、工程师、架构师及管理员可以自上而下地定义数据包的完整处理流程，除了可帮助算力网络实现最适合其自身需求的具体网络行为外，其中可编程芯片还能使芯片供应商专注于设计并改进那些可重用的数据包处理架构和基本模块，而不必纠结于特定协议里错综复杂的细节和异常行为。因此，可编程芯片技术的产生，为算力网络转发面提供了相应的技术支撑。

二、算力网络与电信运营商

在算力时代，电信运营商所掌握的优质网络将是算力触达用户、实现算力商业变现的重要手段。算力网络自 2019 年被业界提出以来，在连接和计算的 SLA 分级、泛在计算架构、算力网络技术架构等研究方面已经取得了显著的进展。但对于算力网络的建设，三大电信运营商有着各自的发展路线。

（一）中国移动

对于中国移动来说，算力网络的建设发展既是近中期的规划，也是中远期的创新方向。2021 年，中国移动发布的《中国移动算力网络白皮书》指出，中国移动将以算力为中心，以网络为根基，打造网、云、数、智、安、边、端、链等多要素融合的新型信息基础设施，推动算力成为与水电一样"一点接入、即取即用"的社会级服务。杨杰表示："中国移动要系统构建以 5G、算力网络、智慧中台为重点的新型信息基础设施，形成'连接 + 算力 + 能力'的新型信息服务体系，促进资源、要素的高效汇聚、流动、共享，推动实现网络无所不达、算力无所不在、智能无所不及。"[①]

如图 3-8 所示，中国移动的算力网络体系架构主要包括算网底座的算网基础设

① 中国移动董事长杨杰：构建"连接 + 算力 + 能力"新型信息服务体系 [EB/OL]:https://baijiahao.baidu.com/s?id=1715296827241662462&wfr=spider&for=pc

施层、具备“算网大脑”的编排管理层以及进行算网运营的运营服务层。中国移动计划把算力网络的建设发展分为泛在协同（起步阶段）、融合统一（发展阶段）、一体内生（跨越阶段）3个阶段。在起步阶段，核心理念是“协同”，将打造具有网随算动、协同编排、协同运营和一站服务等“协同”特征的网络，让算力更立体和泛在。在发展阶段，则将打造具有算网融合、智能编排、统一运营和融合服务等“融合”特征的网络，让网络连接云、边、端泛在的算力资源，满足各类新型业务需求。在跨越阶段，推动“以网强算”，用网络实现聚集算力、发挥算力集群的优势；跨越阶段的核心就是“一体”，实现算网一体、算网共生、智慧内生、创新运营和一体服务，实现“网在算中，算在网中”的体系。

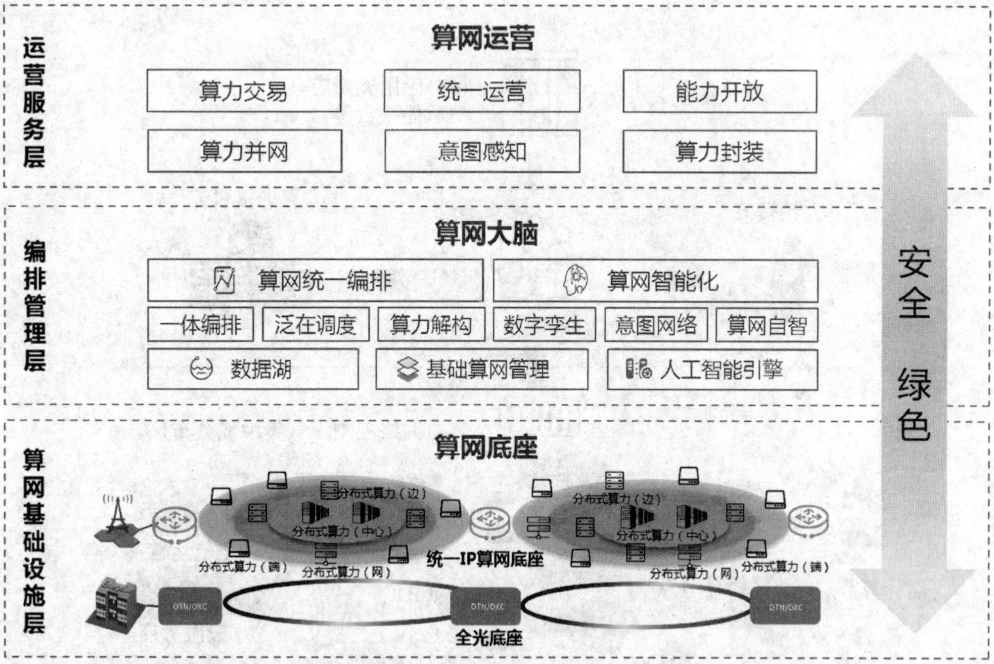

图 3-8　中国移动算力网络体系架构

（二）中国电信

算力网络是中国电信研究院重点研究项目《6G网络架构及关键技术研究》的重点研究方向之一。中国电信研究院从2019年起便开始进行算力网络的研究，联合业界主流厂商，探讨如何实现计算、存储、网络等多类型资源联合优化。在中国电信雷波、陈运清等编著的《边缘计算与算力网络：5G+AI时代的新型算力平台与网络连接》一书中，指出算力网络是云、网、边深度融合的产物，也是边缘计算发展到后期的一种全新的业务形态。

据了解，中国电信算力网络的整体思路是将边缘计算、云计算等多级算力节点与网络进行更进一步的结合，实现云网融合下的资源供给，为用户提供最优的服务以及运营保障。中国电信研究院 IP 与未来网络研究中心主任雷波表示，算力网络重点解决两个层面的问题：一方面是资源关联，根据用户的诉求将算力资源、网络资源等进行有机整合，以满足用户多样化的需求；另一方面是资源交易，让用户能够根据自己对业务的要求及能够承担的成本，在算力交易平台上购买最适合的算力资源与网络资源。如图 3-9 所示，算力网络体系包括算力消费方、算力提供方、网络运营方、算力网络交易平台、算力网络控制面等，用户可以按照业务发展需求关联算力应用类商店、AI 赋能平台等应用提供方。

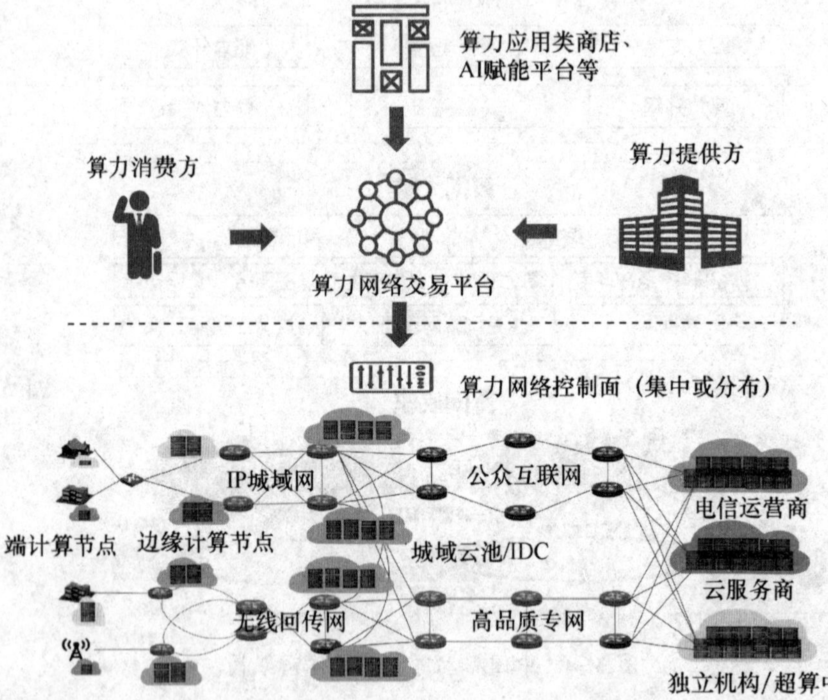

图 3-9　中国电信算力网络体系内容

（三）中国联通

中国联通高度重视未来计算与网络融合的发展趋势，并将算网一体定位为继“云网融合 1.0”（云网协同）之后的“云网融合 2.0”阶段。中国联通在《算力网络架构与技术体系白皮书》中提到，目前 SDN 已经实现了云和网的拉通，特别是专线等级的连接，NFV（网络功能虚拟化）实现了核心网功能的全面云化。但是目前 SDN 与 NFV 的部署一般相互独立，各成体系。结合 5G、泛在计算与 AI 的发展趋势，以算力网络为代表的“云网融合 2.0”时代正在快速到来。中国联通定义的“算力网络体系架构”是指在计算能力不断泛在化发展的基础上，通过网络手段将计算、存储等基础资源在云、边、端之间进行有效调配，以此提升业务服务质量和完善用户服务体验的计算与网络融合思路架构。

中国联通算力网络体系架构如图 3–10 所示，主要包含服务提供层、服务编排层、网络控制层、算力管理层和算力资源层 / 网络转发层等若干功能模块，其中服务提供层主要实现面向用户的服务能力开放；服务编排层负责对虚机、容器等服务资源的纳管、调度、配给和全生命周期管理；网络控制层主要通过网络控制平面实现算网多维度资源在网络中的关联、寻址、调配、优化与确定性服务；算力管理层解决异构算力资源的建模、纳管与交易等问题；算力资源层和网络转发层扁平化融合，并需要结合网络中计算处理能力与网络转发能力的实际情况和应用效能，实现各类计算、存储资源的高质量传递和流动。

尽管三大电信运营商研究算力网络的路径不同，但是为用户提供一体化的算力服务、挖掘新的业务增长点的目标是一致的。因此，基于数字时代对算力网络服务的迫切需求，以及电信运营商强大的网络服务能力和空闲的 IT 资源，电信运营商可以整合为全社会提供普适性的算力网络服务，使算力成为继话音、短信、专线、流量之后电信运营商提供的新一代普适性标准化产品，挖掘新的业务价值。

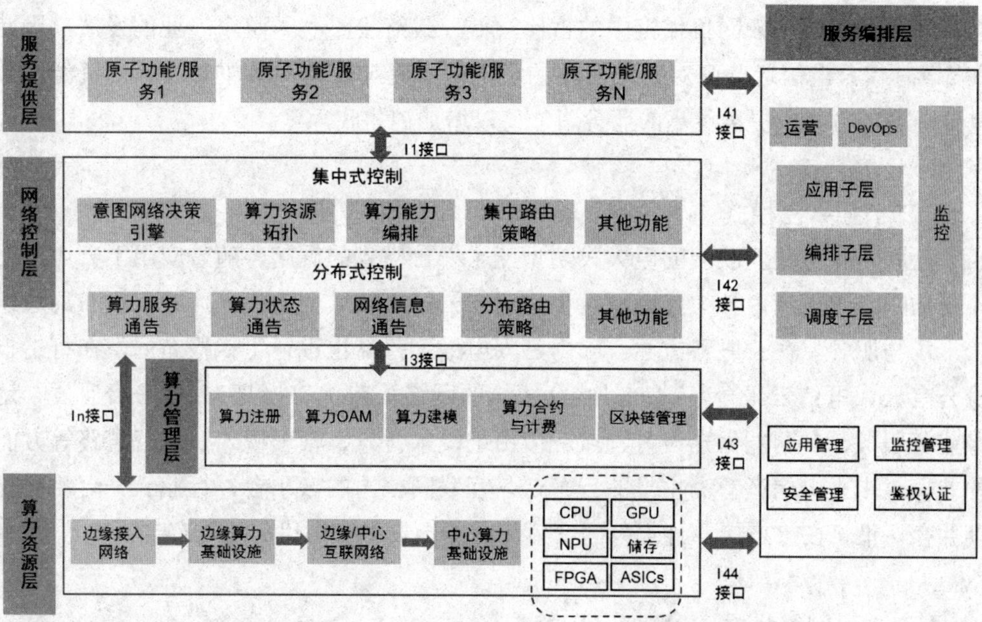

图 3–10 中国联通算力网络体系架构

三、算力网络业务模式展望

2018年以来，国家提出一系列加快5G商用步伐，加强人工智能、工业互联网、物联网等新型基础设施建设的政策建议，“新基建”的概念由此产生，其内涵在2019年以来的多个政府报告中均有论述。2020年4月，中华人民共和国国家发展和改革委员会首次对“新基建”的具体含义进行了阐述，即基于新一代信息技术演化生成的基础设施，包含以数据中心、智能计算中心为代表的算力基础设施等。

这也是“算力基础设施”概念在国家层面的首次提出。在“新基建”背景下，未来将有大量社会资本投入到数据中心等算力基础设施建设中。从产业链的角度看，算力提供者、网络运营者、服务提供者和服务使用者均会出现多方参与的情况，而电信运营商结合5G无线接入网、IP承载网和光纤骨干网的优势，在连接算力的网络运营领域有望继续占据主导地位。在5G时代“连接+计算”的经营模式下，算力网络化后将出现3种业务提供模式。

（一）强管道模式

以管道模式为代表的流量经营，是电信运营商目前开展最广泛的业务形式。通过多年的积累，国内三大电信运营商均有较为优质的管线、光纤、IDC机房、接入局站等资源。在3G/4G时代，CDN以及IDC的经营模式也为电信运营商所大量尝试，但是事实证明，这种售卖底层基础资源的方式业务附加值低，商业前景比较黯淡，并且若网络在云网价值链中的占比过低，最终将不利于整个产业的发展。因此在5G时代，电信运营商对基础资源的售卖变得更加谨慎，希望通过基础资源结合其他业务的方式，提供更高的业务附加值以增加销售收入。

（二）强平台模式

互联网和移动互联网的巨大成功见证了平台模式的崛起，随着应用上云进程的不断加快，国际国内各大互联网巨头均已在云计算领域全力投入，并积极布局边缘云市场与服务。在云服务方面，国内三大电信运营商也进行了积极布局，在打造自身公有云、电信云平台基础上，结合边缘的网络覆盖优势投身MEC平台研发、边缘业务服务、专网能力建设等领域。但由于技术背景、管理模式、运营思路等方面的差异，未来电信运营商主导的云平台与互联网公司的云平台、行业云平台将会长期并存，谁将在“连接+计算”的一体化服务场景中取得优势还难有定论。

（三）强网络模式

除上述两种模式外，算力网络为电信运营商提供了另一种可能，即结合IPv6+

等数据通信新技术，打造智能网络，结合网络可编程特性和云原生轻量化计算特性，通过“弱平台＋强网络”的方式，在平台的集中控制之外，更多地尝试通过网络的分布式协同实现对网内各种服务的合理调度和资源的有效配置。

综上所述，算力网络是云网融合发展的升级，将对网络运营、算力服务、资源管控、业务创新等方面产生深远的影响。其依托计算和网络两大基础设施，是响应国家产业政策、具备商业前景、适合运营商经营、顺应技术演进趋势的新方向。算力网络的产业发展、生态建设及商业落地，需要产业各方共同努力。通过制定网络架构和接口标准形成业界统一的算力网络技术体系，指引产业链各方进行产品开发、商用落地和运营维护，促成产业伙伴间高效合作与协同，促进算力网络的可持续健康发展。

第四章

互联网下我国电信运营商商业模式创新

第一节 电信运营商商业模式基本概述

一、商业模式概念

商业模式的概念是自20世纪90年代后期开始流行起来的，其定义是为实现客户价值最大化，把能使企业运行的内外各要素整合起来，形成一个完整的高效率的具有独特核心竞争力的运行系统，并通过最优实现形式满足客户需求、实现客户价值，同时使系统达成持续赢利目标的整体解决方案。

商业模式画布图如4-1所示。

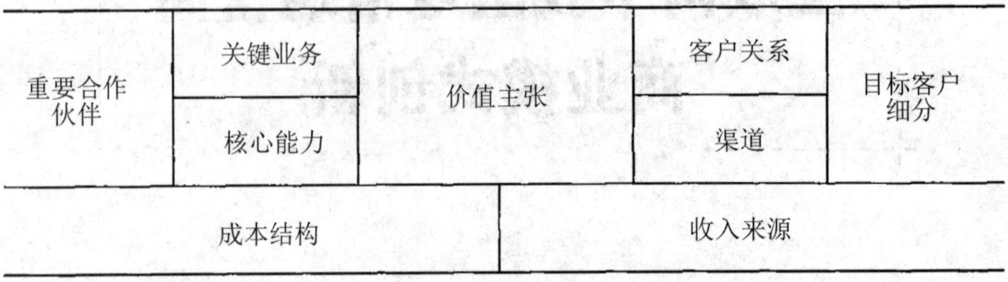

图4-1 商业模式画布图

一般来说使用“商业模式”这一名词往往会强调两层意思，第一层是指公司从事商业的具体方法和途径，第二层是指商业模型方面的意义。同时也应该注意到，商业模式是一个比较宽泛的概念，但是也可以用一些比较简要的要素来对商业模式进行描述，例如以下一些要素。

（1）价值主张（Value Proposition）。价值主张指消费者能够从某个公司提供的产品或者服务中所获得的价值，包括产品或服务的具体价值属性或者是其带来的心理价值属性。价值主张可以通过向消费者提供某一类的产品或服务，从而明确公司所存在的具体价值，包括对消费者的意义等。

（2）目标客户细分（Target Customer Segments）。消费者目标群体往往用于确定目标用户的所在，在这一类用户身上经常体现出具备普适性的某些特点，而公司可以根据这些特点进行精准的定位，包括产品开发、市场营销等，从而赢得更大的用户规模。寻找消费者目标群体的过程一般也可以被称为市场划分（Market Segmentation），代表在某些行业的细分领域里明确分类出用户特点。

（3）渠道（Channels）。渠道又称分销渠道（Distribution Channels），一般来说是描述公司和公司之间、公司和用户之间相联通的销售通道，它的建立在很大程度上决定了公司与市场接触的紧密程度，以及信息反馈的有效程度。分销渠道往往可以帮助公司制定下一步的市场进攻策略。

（4）客户关系（Customer Relationships）。客户关系是指存在于公司和用户之间的广泛联系，代表了用户对公司的认可度、辨识度以及接受度。随着经济社会的不断发展，可供选择的商品越来越多，且同质化越来越严重，此时客户关系的好坏在商业活动中往往能左右公司的发展情况。因此，客户关系管理（Customer Relationship Management）也在商业研究中占据越来越重要的位置。

（5）关键业务（Key Business）。关键业务决定了公司所拥有的资源的调配情况，其包含了经济资源、物资资源、人际资源等，这些资源的调配对于商业活动的开展来说往往具有重要的价值。价值配置还与公司的战略规划息息相关，公司一般会将重要的资源配置到符合战略发展路径的关键业务中去，从而博取最好的商业回报。

（6）核心能力（Core Capabilities）。核心能力有时又被称为核心竞争力，代表了公司所拥有的区别于其他竞争对手的关键能力。公司想要开展某些商业活动，往往需要政府机构或者官方组织的授权与认可，在取得相关资质后才被允许进行。拥有核心能力的公司在进行商业模式运作的时候能够具有更强的竞争优势，从而打败竞争对手。

（7）重要合作伙伴（Partner Network）。重要合作伙伴主要是指公司与公司之间为了达成某一共同利益而建立的合作关系网络，强大的合作伙伴网络能够使公司充分发挥自己的劣势，补足自己的劣势，形成优势互补的局面，从而在商业活动中占据先机。良好的合作伙伴网络往往可以发展成为更大的商业联盟（Business Alliances）。

（8）成本结构（Cost Structure）。成本结构代表了公司在经营过中产生的成本来源分布，并且将其换算成一般等价物作为参考。成本结构往往显示了公司在运营过程中的各项决策对于公司带来的实际影响，并且有助于管理层提出优化的方法。

（9）收入模型（Revenue Model）。收入模型指公司的收入来源分布。收入模型能够清晰显示出为公司创造实际价值的渠道或途径，以此判断出公司的收入是多元化还是单一化，有助于管理层对公司是否具有良好的盈利能力做出准确的判断。

二、商业模式创新

通常来说，商业模式创新可以围绕“战略定位创新”“资源能力创新”“商业生态环境创新”三个层面来进行，也可以综合这三个层面进行混合商业模式创新。

各个层面的创新围绕的商业模式要素如图 4-2 所示。

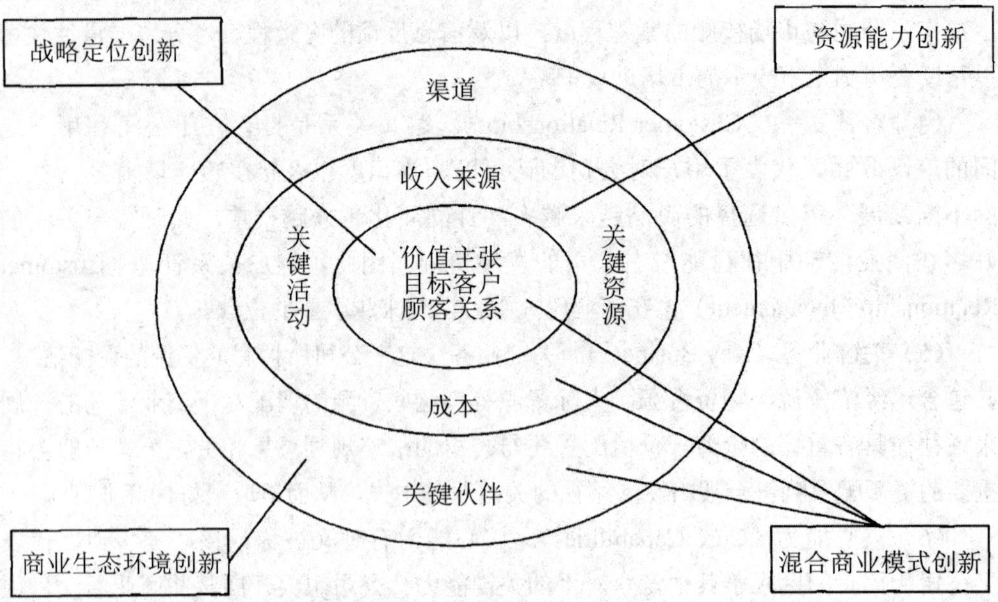

图 4-2 商业模式创新要素图

（一）战略定位创新

战略定位创新是指一个公司在“目标客户群体、为其客户所提供的商品或服务项目、希望与其客户所创建的关联、其商品和服务项目能向其客户所带来的使用价值”等层面的战略性创新，其关键在于紧紧地围绕着公司的价值观、服务主张、总体目标用户、其他目标用户之间的关系等几个方面来开展创新。在现在多元化的商业竞争态势中，一般来说不会存在某一公司或企业提供的产品或服务能满足所有用户的需求；也不会存在某一公司或企业提供的产品或服务不能满足任何用户的需求。所以，战略定位创新主要立足于公司在市场环境中所处的具体位置，结合自身的优势和劣势，深度分析自己所拥有的核心市场竞争力，并在此基础上做出战略定位的调整，从而最大限度地满足用户的需求。

（二）资源能力创新

资源能力创新重点围绕公司的关键业务和价值配置展开。关键业务决定了公司的价值配置，同时决定了公司所拥有的资源的调配情况，其包含了经济资源、物资资源、人力资源、无形资源等，这些资源的调配对于商业活动的开展来说往往具有重要的价值。资源能力创新决定了公司在价值配置上的创新，公司一般会将重要的资源集中配置到符合战略发展路径的关键业务中去，从而博取最好的商业回报。

（三）商业生态环境创新

商业生态环境创新是重点围绕合作伙伴网络展开的。对于某个公司来说，与其他公司之间为了达成某一共同利益而建立的合作关系网络在商业生态环境中具有举足轻重的地位，强大的合作伙伴网络能够使公司充分发挥自己的优势，补足自己的劣势，形成优势互补的局面，从而在商业活动中占据先机。由于市场一直处在变化之中，因此用户要求也在不断改变，单独的公司常常无法完成这一任务，因此公司必须根据公司间的配合和协作来做到双赢。

（四）混合商业模式创新

混合商业模式创新是围绕以上介绍的三种创新方式展开的。对于公司来说，其在商业活动中展现出的商业模式是复杂而多元化的，往往其中一个要素的变化会影响到其他要素的变化，例如目标客户细分的变化会带来渠道的变化，关键业务的变化会带来收入来源的变化。因此在实际的经营过程中，公司的商业模式创新往往是兼顾了多种模式而开展的，通过合理地开展这种混合商业模式的创新通常有较大的机会来帮助公司提高其经营绩效。

三、我国电信运营商商业模式划分

随着移动互联网发展，电信运营商在移动商务中的角色定位越发多样化：在某些业务中，电信运营商仅是提供网络接入手段，为用户、SP、终端提供商等之间的通信提供桥梁，电信运营商自身仅作为通信管道；在某些业务中，电信运营商凸显出了其整合能力强的特点，构建业务平台，整合服务提供商的相关产品和服务并用户直接进行交互；在某些业务中，电信运营商还扮演值得信任的第三方，即当用户购买的产品与服务未达到契约要求时，由电信运营商作为中间人维护用户权益，建立电信运营商与用户之间的信任关系。① 分析可知，电信运营商在移动商务的产业链中可扮演网络运营者、计费支撑者、内容整合者、服务整合者、平台运营者等不同角色的一种或者几种，如图 4-3 所示。

① 温乃粘．移动电子商务的模式创新 [J]. 通信世界，2009（5）：23-24.

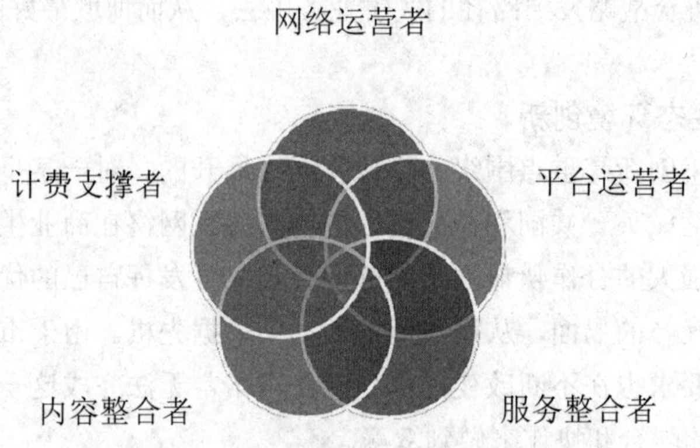

图 4-3 电信运营商角色定位关系图

电信运营商在移动商务的不同产品和服务的子产业链上采取不同的合作方式，而自身的角色定位也发生着变化。基于此，电信运营商的企业级商业模式可划分为通道式、半开放式、开放式及封闭式商业模式，如图 4-4 所示。

图 4-4 电信运营商基于产业链关联的合作关系模型

（一）通道式模式

电信运营商仅作为网络运营者，负责移动通信网络的接入和运营，掌控网络通信资源，为SP提供网络接入和运营服务，与SP关联性较弱；SP直接提供给用户所需要的内容，收取用户的服务费用；电信运营商仅为用户提供同SP交互的移动网络接口和网络通信服务，作为基础计费支撑者收取用户基础通信费用。通道式运营模式较为简单，也不需要同其他成员建立收入分成关系，因此管理较为简单，随着该模式下终端用户的增加，电信运营商还可以提高利润而且几乎没有风险。对于电信运营商来说，通道式的商业模式代表着电信运营商对信息服务完全开放，电信运营商不参与信息服务，仅作为业务承载网络提供商，在产业链上属于从属地位，不能充分发挥自己的核心竞争力。

（二）半开放式模式

电信运营商和内容提供商有着更为直接的联系，它既是网络运营者，也是服务整合者，提供网络接入服务的同时整合SP的内容和服务，并建立自身移动门户网站，使用户浏览、使用服务都通过移动门户进行。此模式中电信运营商除了向内容电信运营商收取基础通信费外，借助其较为完善的计费支撑平台收取信息服务费并同内容提供商按比例分成。该模式下，电信运营是SP内容服务的再度整合，从而控制着产业链的核心资源，是产业链的主导。但内容的整合、门户的维护都增加了其管理的难度，比通道式有更高的成本投入和风险。案例分析中的移动梦网初期的商业模式定位便是半开放式模式，当时的移动商务业务仅集中在彩铃和彩信等电信运营商掌控的增值服务，且产品较为单一，同质性较强，通过移动梦网统一门户的内容整合，发挥中国移动较强的内容整合能力，将产品更为有针对性地推广给用户。

（三）开放式模式

电信运营商构建了更为开放的移动商务交互平台，其既是网络运营者又是平台运营者，它一方面为移动商务提供更为顺畅的通信服务，另一方面又为用户和SP提供移动商务更为开放的交互平台。此模式中，电信运营商继续保持同多家服务提供商之间的深度合作，但同半开放式模式不同的是，电信运营商降低了合作门槛，将个人开发者作为服务提供者纳入SP的范畴，除了内容大类的整合，电信运营商给予SP充分的运营自由，包括定价和产品营销，从而提高了SP的创新能力和合作积极性，这对移动商务产品和服务多样化需求加剧的新时代尤为重要。电信运营商除了建立自身的官方门户网站外，还同一些大型的SP合作，建立非官方合作渠道，拓展移动商务的交互渠道。开放的交互平台，使得电信运营商与用户之间的交互更为多样化，电信运营商充分挖掘用户需求，以用户为中心开拓新的移动商务市场，从根本上提高用户满意度。在该模式中，电信运营商引导各参与方发挥各自优势，实现价值链中各参与方的共赢，其自身作为网络运营者和平台管理者，整合整个产业链资源，主导该产业链的发展，同时也作为计费支撑者收取基础通信费和信息服务费并进行利润分成。但平台的运营和管理需要以及同SP的多样化合作，增加了电信运营商的管理难度，使得平台整合能力的好坏成为衡量该模式能否成功的重要依据。

（四）封闭式模式

电信运营商是整个移动商务的核心，其既是网络运营者又是内容整合者。作为内容整合者，同半开放模式服务整合者不同，电信运营商从内容源头直接买断CP的产品并进行内容集成，再通过建立自己的门户网站进行服务整合，电信运营商完成移动商务价值链后半部分的所有工作：网络提供、内容和服务集成、收费、营销，并且根据用户特殊的情况改变收费方式。这种方式需要电信运营商有很强的经济实力，内容和品牌管理可能需要很强的管理技巧，而买断CP内容进行集成，则需要承担更多的经济风险，将其进行格式编辑，充当SP的内容集成角色，将从CP那里购买的HTML语言编写的内容转变成WAP下的语言WML，而这种转变无疑增加了人员和资金的投入。封闭模式下，电信运营商掌控整个产业链的运作，从用户那里获取全部价值，CP仅为电信运营商提供内容支持，不能够从用户那里获得利润分成，而仅能从电信运营商那里获得固定收益。且该模式下电信运营商取代SP内容集成功能，迫使很多SP演变成了CP，产业链创新活力不足。

第二节　互联网下电信运营商商业模式现状

汹涌澎湃的移动互联网大潮，对通信产业正在产生深刻的影响。分析这些影响，是判定电信运营商在移动互联网时代所面临的挑战机会的基础，也是分析研究移动互联网时代电信运营商商业模式创新的基本工作。

一、电信运营商商业模式现状分析

（一）电信运营商商业模式现状

随着科学技术的发展和人类文明的进步，以及云计算和移动互联网技术的广泛应用，传统电信运营商在3G时代建立起的垄断地位已经逐步被打破，其自身巨量的设备资源优势也已经被逐步削弱，电信运营商的核心业务语音和短信不断萎缩，而流量经营才刚刚起步，在面对新兴的互联网公司的剧烈冲击下显得手段乏力，电信运营商迫切需要转变发展思路，进行战略创新。

电信运营商有几方面不足亟须改善：

（1）企业体量巨大臃肿，部门众多，审批烦琐，致使企业在变革时转型缓慢，无法适应当前社会快速反应的要求，并且企业内部人员偏老龄化，思维稍显僵化，灵活性不足，办事效率不高。

（2）企业日常运营成本很高，现金流日趋紧张。在当前国家提速降费的大方向下，电信运营商的收入会进一步降低，而与此同时，企业的运营成本包括人工成本、维护成本等却有明显提升。企业对于新技术、新业务投入不足，现有资金没有得到充分利用，资金投入产出比低。

（3）随着手机市场的逐渐饱和，传统的主要靠新用户增加收入的盈利模式风光不再，各电信运营商新用户发展得都不好，如何保持现有用户的在网率反而更显得重要和紧迫。

（4）企业缺乏创新创造能力。一直以来电信运营商都在市场上处于垄断地位，企业无须过多改变就可以获得巨大利益。随着移动互联网时代的冲击，传统电信运营上的思维方式、经营方式没有随着时代改变，思维固化保守，盈利能力进一步降低。

电信运营商面临的外部环境更加复杂，国家、企业、用户都对电信运营商提出了更高要求：

（1）互联网技术的快速发展，使得新兴的互联网公司纷纷出现并迅速壮大，很多已经对传统的电信运营商造成了巨大冲击。例如腾讯、百度、阿里巴巴、360等互联网公司的蓬勃发展，在语音、短信、流量等各方面与电信运营商的传统业务形成竞争，而互联网公司的服务往往更能满足用户的需求，电信运营商的业务收入不断被蚕食，不再具有业务垄断地位。

（2）国家宏观政策调整，电信运营商风光不再。电信运营商曾经依靠国家的优惠政策加强自身的盈利能力，但由于国家提速降费的要求以及企业营改增的要求，对电信运营商的收入产生了很大影响，对电信运营商的利润增长带来了很大的压力，根据三家电信运营商2015年的财报，除中国电信外，中国移动和中国联通的净利润均有下滑。

（3）国际电信运营商也在积极寻求进入中国电信市场的机会，而失去了国家政策保护的电信运营商是否能够从容面对可能遇到的危机，也需要我们拭目以待。

（二）电信运营商系统不足

省分系统、集团系统同时存在且相对独立，使得在业务支撑过程中会产生很多问题。

（1）支撑系统逻辑复杂，开户、缴费跨平台操作，业务规则不统一，使用不便利。对营业员与用户造成极大困扰，不符合移动互联网的便捷性特征。

联通营业人员办理业务时，需要同时打开 BSS、ESS、cBSS（集中业务支撑系统）多个系统界面，受理用户的开户、转产品及缴费等业务，操作烦琐，系统间频繁切换容易出错。同时，受规则及法律法规的要求，很多业务必须实名办理，这就要求用户必须亲自到营业厅排队办理，对用户的时间造成很大的浪费，客户感受很差。究其原因，是因为系统不够智能化，没有充分利用移动互联网的便携性优势。

（2）BSS、ESS、cBSS 系统操作复杂，开销户等流程环节较多，代理商渠道和用户等待时间长，容易激起用户和电信运营商之间的矛盾，不符合移动互联网时代的即时性特征。

（3）部分系统无法直接通过互联网接入，VPN 连接经常不稳定，影响渠道使用感知。

（4）产品设置受限，省份不能灵活定制产品策略；省份的 BSS 系统由省份市场部决定开放产品，但是 ESS 和 cBSS 的产品都是由集团统一定制推广的，可能不适应省份的发展需要，统一产品推出后得不到各省用户的响应，反而失去了先机。

（5）同样的功能在多个系统重复建设，增加了企业成本，不符合节约型社会的时代特征。

二、移动互联网下对电信运营商商业模式现状

（一）移动互联网对通信产业的影响

1. 互联网免费模式成为主导

随着电信运营商在移动互联网主导权的丧失，过去培育形成的移动互联网的收费模式也不复存在。互联网免费的商业模式再一次占据了移动互联网。在移动互联网上，除了少部分应用需要付费下载外，大部分应用都是免费，根据互联网的经验，有分析称极端的情况是，1% 的价值内容与服务收费，而 99% 的内容与服务则是免费，以 1% 的价值用户付费来支持 99% 的用户免费。免费的商业模式使移动互联网产业发展面临苛刻的生态环境，一方面业务开发者会努力占用免费或底价流量而提高用户体验，一方面也挑战每个 Bit 都赚钱的传统管道模式。

2. 电信运营商进一步被“管道化”

在新的移动互联网时代，由于电信运营商不再控制接入、不再控制内容排序、

不再控制收费，电信运营商已经完全沦为“管道”，通常情况就是为业务提供者和用户搭建一个管道，而对他们的交易完全“无能为力”，除了基本的通信费之外，无法获得更有价值的收入，一般称为“傻管道”[①]。通常遇到的矛盾是：移动互联网业者在获得自己商业价值和用户口碑的同时，带来的管道拥塞和用户诟病却无从埋单。很多情况下，在“傻管道”中，流量的增长带来的收入无法抵消为改善网络部署的无线宽带设备的投资折旧。

3. 产业生态链进一步扩大、丰富

毋庸置疑，由于移动互联网的发展，通信产业的产业生态链进一步扩大和丰富，除电信运营商之外，涌现了大批移动互联网应用的开发者、内容应用的提供者、各种平台的运行者，极大地丰富了产业链。按照对电信运营商的一般定义（一般定义为：具有一定的用户规模、完整的业务提供和网络技术支撑的服务提供者），那些具有一定规模的内容应用的提供者和平台的运行者，最容易成为新兴的电信运营商。未来这些新兴的电信运营商将在通信产业链中形成多寡头局面。但不管怎样，扩大丰富的产业生态链，将会增强产业的生存发展能力，提供更大的产业价值总和。

（二）移动互联网对电信运营商的挑战

1. 电信运营商转型的努力

近年来，电信运营商都积极开展了自身的业务转型。从中国电信的综合信息服务提供商、中国移动的移动信息专家到中国联通的创新信息服务提供商，反映了电信运营商不甘于基本通信业务和话音通信的诉求。特别是中国电信“聚焦客户的信息化创新战略”而确定的所谓“新三者”：综合信息服务的提供者、智能管道的主导者、互联网应用的参与者的目标和定位，是目前业界在移动互联网大背景下对电信运营商转型的最高理解和思考。这些努力，既是面对移动互联网挑战的一种自我抗争，也是适应新形势、新变化的一种自我商业模式的转型与创新。总体而言，电信运营商的这种转型还在探索中，存在方向性和具体策略上的挑战。

在移动互联网时代，面对变化的产业环境、市场需求、用户习惯和技术变革，电信运营商的商业模式创新是一个自然的选择，也是必须应对的挑战。

2. 对商业模式创新的挑战

目前，移动互联网时代，电信运营商原有商业模式的围墙被打破。人人皆可移动互联网，可以提供应用，可以享用应用。过去那种电信运营商主导的标准语音产品语音服务、垄断入口掌控收费通道的模式被完全打破。

① 埃森哲. 地平线2015：中国商业洞察与展望[M]. 北京：东方出版社，2011.

第一，传统商业模式边缘化。由于电信运营商在移动互联网时代主导权的丧失，既不能掌控应用开发者的内容提供，也决定不了用户对应用的选择，也不具备收费通道的主宰，过去传统意义上的电信运营商提供全部服务并收取费用，与开发者分成的模式被边缘化。如图 4-5 所示。电信运营商核心商业模式的基本通信费用正在逐步成为廉价的服务，产业价值正在由电信运营商的通信服务向应用提供者的信息服务迁移。

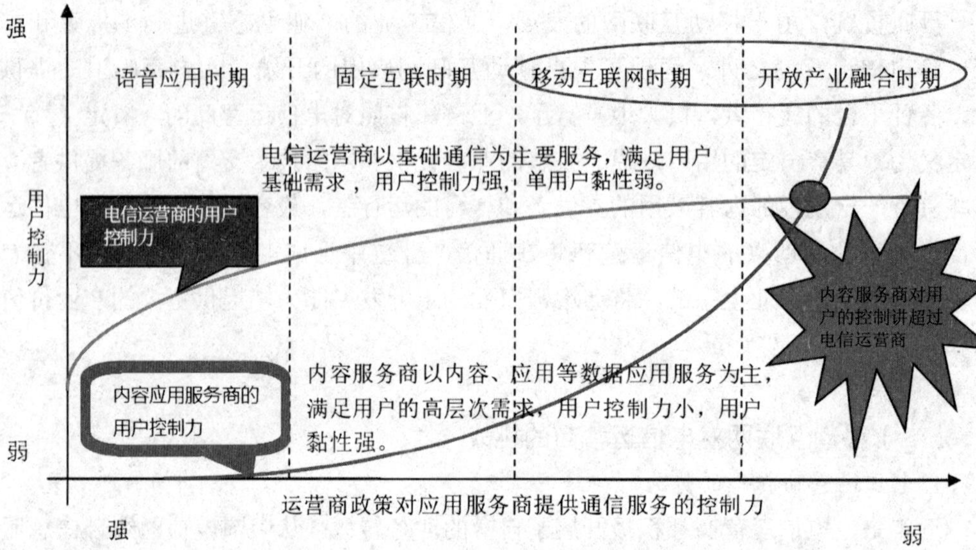

图 4-5　营商产业主导权的变迁

第二，流量经营——增量不增收。在基本通信服务中的无线数据流量中，非常明显地出现了增量不增收，即流量大幅度增长，而收入增长缓慢。特别是因流量的增长所带来的网络流量负载的压力，增加了电信运营商为改善用户体验，缓解网络堵塞而进行的网络设备投资。除包月的流量收入之外，电信运营商目前无法从应用提供者手中获取收益。在流量经营中，电信运营商正在形成明显的支出与收入的剪刀差，如图 4-6 所示。

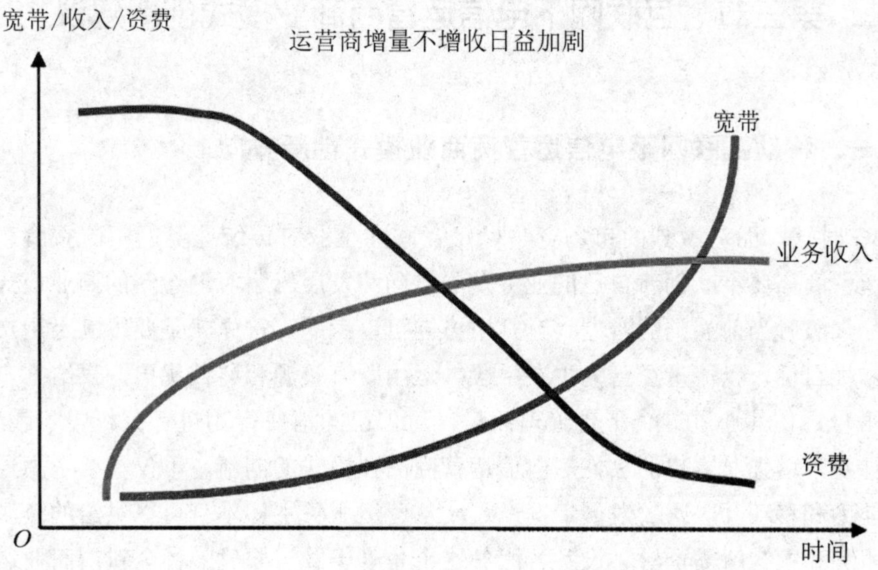

图 4-6　移动互联网时代运营商增量不增收示意

第三，内容应用——组织不适应。电信运营商近年来为适应移动互联网的挑战，也积极探索，部署了很多移动互联网的基地，希望以一个基地聚合一种应用，这种基地模式在移动互联网发展的第一阶段发挥了很重要的作用，但与此同时，也暴露了诸多缺点与弊端。事实证明，基地模式并没有带来电信运营商移动互联网业务的成功。从组织行为学上讲，移动互联网的灵动性需要特定的组织基因，显然，传统电信运营商缺乏移动互联网企业发展所需要的体制、机制创新和内在基因。在内容组织和应用开发上，在全球范围内，电信运营商的组织是不适应的，也鲜见电信运营商在这方面的成功。

总体而言，在移动互联网时代，用户需求的变化、技术演进的变革、产业生态链的调整，使得电信运营商的商业环境发生深刻变化，既有电信运营商商业模式受到挑战，又有商业模式所构建的电信运营商体系，包括网络结构、营销体系、支撑平台、品牌设定、组织团队等均存在诸多不适应，必须基于移动互联网时代的新要求，从电信运营商可持续发展的角度出发，结合自身优劣势，结合商业模式及创新的基本理论，进行商业模式的创新。[①]

① 沈拓. 变革的智慧，新电信时代的驾驭之道 [M]. 北京：人民邮电出版社，2010.

第三节　互联网下电信运营商商业模式创新建议

一、移动互联网下电信运营商商业模式创新方向

4G 时代，面对激烈的市场竞争以及互联网企业对传统业务的不断蚕食，传统电信运营商需要不断创新自己的业务发展方向和发展思路，创造新的商业模式服务或产品来破解当前遇到的难题。有几个方向可以考虑，首先就是要以满足用户感受为根本性目标，以流量经营为主要手段，运用既有资源和科技优势，供给客户新型业务平台，使其通过这个平台管理流量，对自己的消费行为进行分析、下载应用，服务计费，增强对客户的黏性。电信运营商商业模式的创新，不仅需要考虑通信业务的能力和移动互联网的发展情况，还要从营运服务主体本身可以供给的资源、设施、服务和顾客所需资源、设备、服务这个角度出发，构建一种全新的商业运营模式。电信运营商要告别传统的被管道化的情况，主动构建智能流量管道服务，做好流量经营业务，提高自身的创新能力，与互联网企业建立协作，应对当下挑战。并且营运主体还需要扬长避短，认清自身的优势和劣势，整合移动网络及信息资源，满足用户的需求。

（一）构建智能管道

管道是电信营运商所掌握资源最核心的部分，相应服务亦为其持续极长时间的基础模式。当下管道所负载的内容从语音变成了数据，形态变得更加智能。建立智能化管道的核心是改变营运主体旧有思维模式，用新时期的带宽服务模式搭建新管道，在业务增量的同时实现收入增量，同时运作带宽和流量，打造更加有个性的服务，赋予管道额外价值。

新管道建立之后应该主要为个人、政府、虚拟或运用类服务企业，电信营运商应该根据所面对客户特性、需要，精准定位其服务需求和特点。而在管控可用资源、搭建通信能力方面，必须保证可以实现供给差异分类；支持客户根据需要选择是否使用客户端并能够自行指配；可以实现多网联通，并保证全网忙闲管控合理，布设均衡；能够根据流量、客户习惯等进行智能化、多种模式管理。①

总之，智能化管道必然是电信营运商在当前时期内革新其运作模式的必然趋向，充分体现了本时期内产业主体需要，也是继承其关键资源，并以既有模式为基础的重大革新。这一变革的主体内容是将流量作为营运核心，以智能化为其关键，

① 范济安，李卫，魏进武．电信运营商的大数据发展战略 [J]. 信息通信技术，2015（6）：5-12.

在充分的顾客解析和需求分析基础上展开，并以给管道增值、增强能力为根本目标。[①]

（二）搭建应用平台

由于电信营运商并不将内容开发和创新内容业务作为主要业务，因此构建具备较好汇聚能力的平台发挥其资源优势，自然变成业务推进的主要内容和主要趋向。

当前时期，平台的作用凸显，电信营运商无疑是潜力最大的平台构建主体。而具备较好汇集能力的平台主要可以分成汇聚服务类和汇聚应用研发两类。其中前一类即为基于客户行为解析及整合项目资源构建的，以个人、企业为主要服务客体，基于其体验择定项目并设定资费。而后一类即以研发应用群体为主要服务客体，通过供给研发工具、开放通信能力、共享客户使用习惯等，为创造更丰富、更符合客户习惯、能够更好迎合个性需要的应用研发提供较好平台，并搭建研发者和客户直接交流的平台。总而言之，这一平台能够给研发人员提供研发环境、资源，同时还可以面向顾客帮助其找到并选择符合自身需要的应用，以平台为核心，最大限度供给流量，增大流量的使用规模。

选择构建平台是电信运营商顺应当下外部环境整体产业生态制定，并基于自身所掌握资源和优势的选择，也是其革新模式的极好方向，其工作核心应为高效整合资源，关键在于客户体验，基础为开放的通信和客户行为研析，主要任务是黏住用户、增大流量运用规模。

智能化流量供应管道和平台的搭建，是电信营运商在基于当下现实的两个关键操作革新方向，为其革新商业模式提供了基本原则和更好思路。供应管道和平台的搭建，虽然是不同的业务方向，可是两者是关联影响的。后者为前者价值的实现提供支持，前者为后者提供基础，其核心是经营流量，增大流量使用规模，创造新的价值。

在当下背景中，电信营运商应该将流量作为营运核心客体，将智能化流量供应管道和平台的搭建作为主要工作内容，始终围绕客户体验开展创新，依靠对客户的全面深入解析实现精准的定位，依靠科学管控流量管道，通过平台实现全链协作，供给突出个性和差异的产品及服务，增大流量使用规模，创造新的价值。[②]

---

① 孟照让，张开进．电信运营商的移动互联网发展策略研究 [J]. 数据通信，2015（2）：51-54.
② 张弈．移动互联网时代电信运营商的转型方向 [J]. 中国电信业，2015（3）：80-81.

二、电信运营商商业模式创新案例分析

(一)云计算与云服务

1. 云计算的基本概念及商业机会

当前，全球IT产业正在经历一场声势浩大的云计算浪潮。云计算被认为是继PC、互联网之后的第三次IT革命，《商业周刊》的评论文章曾指出，云计算的出现使得人们可以直接通过网络应用获取软件和计算能力，这一模式将会给传统的IT业带来一场巨大的变革。

虽然云计算的定义尚无一致的结论，但是不可否认，云计算正逐渐向人们的工作和生活渗透，重新定义人类的工作方式和生活方式。

云计算的发展离不开网络资源，因此对于电信运营商来说，云计算无疑提供了一次绝佳的转型机会，从而使其摆脱被“管道化”的命运，构建完整的“云—管—端”生态链。云计算会极大促进电信运营商智能管道和应用平台的搭建，与此同时，云服务将成为电信运营商新的商业机会。

2. 电信运营商云计算服务商业模型建立

目前全球主流电信运营商都积极开展云计算的运营，尝试云服务的开展。中国三大电信运营商也在进行相关努力。

中国移动是最早开展云计算研究的国内电信运营商，其提出基于开源技术，积极建造开放性的云计算平台：“大云”(Big Cloud）计划，重点研究Hyper DFS、Map Reduce、Huge Table、Cloud Master等云计算平台关键技术。中国移动还构建了基于云计算技术的移动互联网业务海量数据存储和处理试验平台，开展了一系列的云计算应用研发和试验，如搜索引擎等。

中国电信发布天翼云计算战略，计划推出云主机、云存储等系列天翼云计算产品。中国联通提出“沃云”架构，定位是云基础资源的供应者、私有云服务的托管者、行业应用云的孵化者和公众云服务的汇聚者。三大电信运营商都是试图通过云计算在智能管道和应用平台方面形成新的商业。

总体而言，云服务可以分为三个层面，IaaS、PaaS和SaaS。

在基础设施服务（IaaS）方面，电信运营商拥有丰富的网络资源以及充裕的IDC资源的优势，可提供的产品形态包括云存储、云主机、虚机等。目标客户为企业客户，特别是中小企业客户。其收益最被看好。

在平台服务（PaaS）方面，基于开放的业务平台和丰富的网络资源，电信运营商可以在目前IaaS的基础上提供软件应用在基础资源设施云上的运行平台。其产品形态为一类业务开发平台。其目标客户为应用开发人员。这类业务十分有助于电信运营商移动互联网应用平台的搭建和对应用开发者的凝聚。

在软件服务（SaaS）方面，由于电信运营商拥有丰富的行业解决方案，用户群体庞大，可以开展面向广泛的行业和个人用户开展此类业务，其产品形态包括云邮箱等多类软件、云呼叫中心等。目标客户包括企业客户、政府用户与个人用户。

值得关注的是，SaaS 层面的服务可以通过云手机来实现。云手机已经成为云计算在电信运营商在移动互联网领域落地的良好载体，通过定制终端内置多种 SaaS 服务推动给用户，获得全新的商业机会。

3. 云计算与云服务策略建议

虽然云计算为电信运营商提供了诸多商业机会，但是机遇和挑战并存。在提供大规模云服务之前，电信运营商首先要把安全、技术、网络和商业模式等问题解决妥善。

（1）高度重视安全。云计算意味着企业把类似客户信息等很多具有较高商业价值或者私密性较强的数据存放到电信运营商的云平台中，因此信息的安全性和私密性是用户最为关心的话题。一旦企业的关键性数据遭到偷窃或损坏，将给企业带来不可估量的损失。因此，电信运营商在提供云服务之前首先要把安全问题妥善解决。

（2）注重技术的跟踪。虽然云计算并不是一个新鲜的事物，但云计算技术还在不断发展。电信运营商在构建云系统时必然会更加谨慎，这就需要电信运营商必须掌握足够的技术。云计算对于 IT 技能要求甚于电信技能，对于一直比较缺乏 IT 技术人才的电信运营商来说，必须引进优秀的技术人员和开发人员，从而在构建云系统时能够做到游刃有余。

（3）创新收费模式。目前云服务提供商推出的云业务比较单一，难免会陷入同质化竞争的局面。此外，建立云计算服务初期需要巨大的投资，只有大公司才可能够承担如此大规模的资金，但是它们在初期必须承受亏本的压力。因此，对于电信运营商来说，在创新业务形态的同时，如何制定合理的收费模式，在最短的时间内达到收支平衡，是它们需要考虑的问题。

（二）智慧城市

1. 智慧城市概念及商业机会

智慧城市是近年来被政府和电信运营商广泛关注的话题。关于智慧城市的概念，从不同的角度有不同的解释。从通信业出发，智慧城市就是充分依托电信运营商的智能管道的信息物理基础，利用云计算、物联网等技术，实现城市管理、工作、生活更智能化。

我国正处在城镇化、工业化发展的阶段，发展智慧城市是工业化和信息化深度融合发展的城市发展思维，通过推进城市生产、生活和管理方式创新，增强政府服务能力、创造产业经济价值、提升民众生活水平，达到“强政、兴业、惠民”的目标。同时依托智慧城市建设，促进行业信息化应用。智慧城市的发展，与电信运营商“建管道、搭平台”商业模式创新的方向十分吻合。

在移动互联网时代，移动互联网、云计算、物联网等新一代技术，为智慧城市的发展提供了技术驱动力。智慧城市建设以改善民生与服务作为导向，更加注重底层基础设施的物联感知、城市信息的共享协同、业务与科技的创新发展，对参与者提出了更高的要求。电信运营商智能管道的建设和应用平台的搭建，为电信运营商参与智慧城市建设提供了机会。

2. 电信运营商智慧城市业务商业模型建立

电信运营商正依托自身的网络优势积极投身智慧城市的业务探索。中国移动提出的“无线城市”建设、中国电信提出的“光网城市”建设，都是智慧城市业务的雏形。

根据中国工程院院士邬贺铨的观点，“智慧城市”的建设分为前期基础设施建设、中期数据处理设施建设和后期服务平台建设，相关的建设涉及电信设备制造企业、系统集成企业、数据采集分析企业、电信运营商和数据服务企业。基于电信运营商的智能管道和应用平台，电信运营商在智慧城市中可以实现多个商业价值的兑现：政府基础设施的建设、政务社会管理的信息化建设、城市行业应用、城市社区信息化、个人用户的发展和服务。智慧城市可以以多种业务形态实现电信运营商收益。

以中国联通的智慧城市方案为例，中国联通统一体系汇集城市公共信息、城市运行信息、智慧应用信息，通过底层数据关联交互实现城市基础数据信息在行业间、应用间共享。在行业应用方面，中国联通依托智慧城市服务“信息强政、信息兴业、信息惠民”3 大领域，推出聚焦“政务、金融、交通、医疗、安全、能源、文教、物流”等 8 大行业的行业信息化解决方案。这些产品和方案，既满足城市需求，又兑现商业价值。更为重要的是，通过智慧城市，把电信运营商在移动互联网时代的基础价值更进一步体现。

智慧城市涉及面广，可以关联到电信运营商很多业务，既可以拓展传统业务，也可以利用智能管道搭建集成应用平台方面的创业。智慧城市业务商业模式相关的业务要素见表 4–1。

表 4-1　电信运营商智慧城市业务要素一览

协作网络（价值提供中与其他公司合作关系网络）	内部基础（提供价值的资源与活动安排）	产品（价值的形态）	收益（价值实现的途径）	市场（为谁创造价值）
地方政府 ICT 集成商 设备及解决方案提供者	管道资源 ICT 部门 业务创新部	行业信息化解决方案 个人通信业务	信息化应用收益 个人通信收益	地方政府 企业用户 个人用户

3. 智慧城市业务策略建议

（1）推进制度层次的设计与安排。一方面，在智慧城市业务中，电信运营商只是产业链的一个环节，必须充分发挥政府、社会组织的作用。同时，作为一项融合类业务，跨平台的协调需要法律法规以及制度的保障。为此，电信运营商应该积极推进政府主管部门如地方经信委、通管局出台促进智慧城市的地方规划甚至地方法规、规定，从制度上保障业务开展。另一方面，在电信运营商内部，也要加强业务流程的梳理和业务规范的制定，实现内部的业务制度规范和管理流程。

（2）加强与地方的整合协作。与其他市场化业务不同，政府是智慧城市建设的组织者和管理者。电信运营商在参与地方智慧城市建设过程中，需要加强与地方政府的协作，以政府规划为引领，共同建设智慧城市。与地方政府一起整合产业资源，多快好省地建设智慧城市。

（3）加强与产业链集成商合作。智慧城市建设涉及日常生活的方方面面，产业链更是纷繁复杂，不仅是通信技术，更大量使用了计算机技术，因此很多能力并不是电信运营商所擅长的。电信运营商应借鉴之前 ICT 业务的教训，与广泛的集成商开展合作，提高服务行业应用的能力。此外，在具体的应用与内容提供上，继续坚持只做平台、不具体内容。可与内容提供商开展合作，做好整合资源和平台的搭建。

（4）聚焦自身优势，成为智慧城市商业受益者。电信运营商的自身优势在于掌握网络资源、拥有庞大的规模用户以及多年来形成的渠道能力以及运营能力。在智慧城市的建设中，电信运营商需要把握好自身的优势，成为智慧城市运营服务商，为产业链各方开放 ICT 服务、平台运作、资源共享、协同创新等各方面能力，尽快将智慧城市这个蛋糕做大。电信运营商应一方面做好行业应用的价值实现，另一方面还要算好流量账，通过资费套餐设计、信息化应用牵引，实现流量经营收益。

目前，通信产业正在进入一个移动互联网的时代，移动互联网对通信产业的发展轨迹正在产生巨大的影响，对电信运营商的商业模式产生巨大的变革，并且这种变革还在深入。这就需要电信运营商对商业模式进行创新发展，从而促进电信业在移动互联网时代的融合发展。

（三）算力网络

为更加高效地利用网络边缘的海量分布式计算资源，推动分布式边缘计算与网络的深度融合及协同处理，算力网络的概念得以提出。算力网络旨在将分布式计算节点打通互联、统筹调度，通过对网络架构和协议的改进，实现网络和计算资源的优化和高效利用。各电信运营商都深刻重视“连接 + 计算”的算网一体化服务的重要性，当前学术界和产业界都在积极推动算力网络的研究和发展，中国移动、中国联通、中国电信以及华为公司积极参与算力网络的标准制定和技术推广。国际互联网工程任务组（IETF，The Internet Engineering Task Force）在 2019 年 2 月成立了网内计算研究组，研究计算和网络的深度融合，以改善网络和应用程序性能以及用户体验。以中国移动为例，为了让客户享受到随时随地的算力服务，中国移动在业内从技术体系、标准生态、发展战略等方面率先明确了算力网络的整体架构和演进路径。2019 年 10 月，由中国联通、中国电信和华为公司共同推动的算力网络顶层架构标准“Framework and Architecture of Computing Power Network（计算机网络的框架和体系结构）”在国际电信联盟（International Telecommunication Union，ITU）SG13 全会上成功立项，中国通信标准化协会（China Communications Standards Association，CCSA）以及网络 5.0 产业和技术创新联盟也在积极推动算力网络的研究和标准化工作，并于 2020 年 6 月在网络 5.0 技术标准推进委员会（CCSA TC614）正式成立算力网络特别工作组。

随着新基建的建设推进，算力已成为信息社会的核心生产力，数据已成为国家基础战略性资源和重要生产要素，国家加快构建全国一体化大数据中心协同创新体系，中华人民共和国国家发展和改革委员会印发了《全国一体化大数据中心协同创新体系算力枢纽实施方案》（以下简称《方案》）。《方案》首次提出了“东数西算”工程。实现东西部算力需求和供给统筹调度，推动算力、网络、数据、能源的协同，推动大数据中心建设与碳达峰碳中和改造有效结合，对加快推进数字基础设施建设、落实碳达峰碳中和要求、统筹东西部协调发展具有深远意义。

第五章

电信运营商电子商务战略发展

第一节 电子商务基本概述

一、移动电子商务基本概述

（一）概念界定

移动电子商务经过多年的演变，虽然其外延不断扩张，但是基本上已有较为统一的概念。从国外研究看，Tsalgatidou A 等把移动电子商务定义为通过移动终端使用无线网络的交易，这种交易对交易方是具有经济价值的。①S.J.Barnes 认为移动电子商务指的是凭借无线通信技术进行直接或间接的以实现其货币价值尺度的交易。②Angsana 强调移动电子商务的三个要素——多样性的活动、设备和网络类型，并把移动电子商务定义为通过无线设备连接至因特网或者商家的私人网络的所有电子交易。③

从国内学者研究看，温芝龙把移动电子商务定义为使用移动通信设备和技术，每时每刻不断存储、传输和交换各类信息，开展各类交易产品及服务活动的新型电子商务交易模式。④ 龚秀芳认为，移动商务是通过智能手机等移动终端以及无线通信网络进行的新型电子商务交易活动，它把电子商务技术和无线通信网络整合为一个整体。⑤ 艾瑞咨询在《中国移动电子商务市场研究报告 2010》中，把移动电子商务分为广义和狭义概念，从广义上讲，是指用户使用移动智能终端设备，通过连接移动数据流量或者 Wi-Fi 进行的电子商务活动；从狭义上讲，移动电子商务是指用户以智能手机为移动终端，通过连接移动数据流量或者 Wi-Fi 所进行的电子商务活动。⑥

综合以上各学者关于移动电子商务的概念，可以得出移动电子商务是利用移动

---

① Tsalgatidou A，Veijalainen J，Pitoura E.Challenge Sinmobile Electronic Commerce[J].Proceedings of IEC，2000，3.

② Bamnes S J.The Mobile Commerce Value Chain：Analysis and Future Developments[J].International Journal of Information Management，2002，22(2)：91-108.

③ Angsana A T.International Diffusion of Mcommerce：A Cou pled-Hazard Approach[D].The Siswritten at University of Minnesota for the Department of Informationand Decision Sciences Carlson Schoolof Management，2002.

④ 温芝龙．浅谈移动电子商务 [J]. 商场现代化，2008（26）：124-125.

⑤ 龚秀芳．移动电子商务的现状和发展前景分析 [J]. 电子商务，2013（11）：6-7+9.

⑥ 艾瑞咨询．中国移动电子商务市场研究报告 2010[R]. 上海，2010.

通信技术以及智能移动终端进行的各种交易活动，这种交易活动不会受到任何时空的限制，贯通了线上与线下，有助于提升各交易主体的经济价值。

（二）特点分析

移动电子商务相比于传统电子商务，其特点是截然不同的。它不仅是传统电子商务的补充，还是一种新的商业模式，有其自身特点。

（1）移动性。当用户有使用移动电子商务的需求时，只需有移动通信数据覆盖的地方就可以使用，随时随地进行交易与支付。①

（2）即时性。用户不仅可以随时在移动的状态下进行工作、会议、社交及购物等活动，也可以在移动状态下随时满足其需求，以获得各种需求信息（如视听信息、图文信息、定制信息）。②

（3）便携性。目前无论是智能手机还是平板电脑，都比台式 PC 或笔记本电脑更容易携带。此外，随着移动数据网络覆盖越来越广，用户在任何地方都可以通过移动数据或者 Wi–Fi 连接至互联网，随时随地获取信息和服务。

（4）服务个性化。每个用户的需求是大不相同的，移动电子商务就具有根据自身需求定制产品及服务的特性。此外，移动电子商务还可以自由选择交易支付方式及服务接入方式。

（5）位置相关性。用户可以通过智能手机内置的定位功能（GPS），随时随地获取所处位置周围的各类信息，例如团购与优惠信息、交通路况、移动广告等。

（三）具体内容

移动电子商务把用户从固定位置的 PC 前解放了出来，大大拓宽了电子商务的服务领域。移动电子商务不仅可以进行传统电子商务的商业活动，例如：B2B、B2C 和 C2C 等；还可以进行基于地理位置的服务（LBS）、移动信息服务（读取电子邮件、短信等）、移动娱乐服务（音乐、游戏、阅读等）、移动商业服务（手机炒股、手机办公等）。许多国内外相关学者曾对移动电子商务的内容进行归纳及分类。

在移动互联网发展初期，移动互联网技术能实现的功能较少时，它的内容与传统桌面互联网并无二致。Panis S 等根据最终用户类型，把移动电子商务服务分为 B2B、B2C 和 C2C 等。大多数的移动电子商务服务是在 B2C 环境下的产品、服务及信息的交换。这些服务包括移动金融服务、用户和特定位置的移动广告、移动库存管理、无线业务再造以及移动互动游戏等。除了设备与无线网络的限制，移动

① 俞凯霞，杨振华 . 移动电子商务营销策略研究 [J]. 电子商务，2012（12）：28–29.
② 王汝林 . 移动商务理论与实务 [M]. 北京：清华大学出版社，2007.

电子商务的开展也受到无线基础设施的影响。移动电子商务现有以及未来的服务包括：移动银行服务（检查账户信息、货币交易等）；移动交易服务（股票交易、买卖服务等）、信用卡信息服务（账户结余等）、航空服务（机票预定、时刻查询等）、旅游、票务预订、零售、娱乐、新闻与信息、数据库、基于位置的应用。

但移动互联网发展速度很快，很快就出现了与目前移动电子商务产品与服务类似的构想。移动电子商务应用主要可以分为三个类型：一是需要信息分发才得以完成的实体产品交易；二是购买服务，例如股票交易；三是信息传递服务，例如新闻、天气和股票信息推送。此外，他们还把移动电子商务的服务具体分成了四类：一是娱乐服务（音乐、游戏、地图、视频等）；二是通信服务（短信、电子邮件、聊天室以及视频聊天等）；三是交易服务（银行服务、中介服务、购物、拍卖、预定、电子钱包以及投票等）；四是信息服务（新闻、导航、交通与天气、公司信息、移动广告等）。[①]

数年后当时不成熟的移动电子商务产品与服务得到了长足发展，许多构想已经成为现实。刘道斌借鉴日本电信公司 NTT DoCoMo 推出的 I-mode 服务，将基于个人的移动电子商务服务内容进行系统化整理。他将移动电子商务服务分为五大类，分别是娱乐类（铃声、在线游戏等）；交易类（直接交易、公交车购票、间接交易、在线销售、酒店预订等）；信息类（新闻、天气预报、股票信息等）；生活便利类（地理位置、交通查询等）；工具类（电子邮件收发、移动 QQ 等）。[②]

综合以上学者们的归纳，以及目前移动电子商务的发展现状，根据使用功能划分出移动电子商务的内容如下：信息服务类（新闻、导航、股票信息、电子邮件、即时通信）；移动交易类（实物交易、二手交易、充值、手机钱包、电子优惠券、手机预订）；移动娱乐类（在线阅读、在线游戏、在线音乐、在线视频）；位置服务类（O2O、移动广告、移动交友、交通路况）。

二、中国电信运营商电子商务演进进程

2008 年中国电信市场的重组给整个行业带来了重大的影响，电信运营商之间的竞争更加激烈，竞争格局也发生了重大的变化。三大电信运营商都已开始着力布局由过去的价格竞争策略转向为服务竞争策略。与此同时，通过发展移动电子商务会给电信运营商带来更大的生存发展空间，目前三大电信运营商也都开始在电子商务

① Leung C H，Chan Y Y，ChanCSC.Analysis of Mobile Commerce Marketin HongKong[C]//Proceedings of the 5th Interna Tionalconference on Electronic Commerce.ACM，2003：408-412.

② 刘道斌 . 移动商务的价值链模型研究 [J]. 理论月刊，2009（9）：83-85.

方面进行探索和研究，为移动电子商务的发展打下基础。

（一）中国联通电子商务演进过程

中国联通是国内最早在电子商务领域探索的电信运营商，其早期的业务集中在建设电子商务平台和发展电子商务产业链，并且为了完善整个产业链的布局还全资创立了自己的支付子公司——沃易付网络科技有限公司。2011 年，该支付公司更名为联通支付有限公司，并且获得了中国人民银行颁发的支付许可，这种新领域的尝试在原有业务的基础上发挥联通公司在网络方面的优势，这种开创性的发展模式也让联通公司走在了电信运营商电子商务发展前列。2012 年，联通公司将电子渠道作为其销售服务的主要渠道。到 2014 年，其电子商务平台销售额占 30%，网上支付费用超过 42%，查询和充值服务占 50% 以上。

（二）中国移动电子商务演进过程

相比于中国联通和电信，中国移动在互联网方面的探索是最早起步的，但对电子商务的探索起步较晚。早在 2000 年 12 月中国移动已经建立了一个用户可以在移动终端上访问互联网的平台，俗称中国的移动梦网。移动梦网是中国电信运营商通过移动终端访问互联网的最初尝试，也为后面电信运营商在电子商务方面的探索奠定了基础。移动梦网的推出推动了中国移动用户数量指数级增长，还有其他的相关组织或者公司与中国移动也有很多关于 CP/SP 合作，整个组织可以在上面享受各种各样的服务。

随着新一代移动通信技术的发展，新一代的移动智能终端发展突飞猛进，智能手机的发展速度远远超出了人们的预期，人们可以更加方便地通过各种智能终端访问互联网，人类的生活以及工作都通过网络的发展连接起来。移动梦网也由于新一代数据网络的发展而逐渐退出历史的舞台，用户流失严重。同时，中国电信和中国联通的崛起使得市场竞争更加激烈，在价格和服务上用户有更多选择，导致分流现象，这种用户的流失给中国移动近年来发展电子商务带来了很大的影响，导致在很长一段时间内中国移动的电子商务发展遭到重重阻碍。

（三）中国电信电子商务演进过程

中国电信在 2008 年之前一直在经营固网业务，因此电子商务方向没有重大变化。中国电信在电子商务发展方向的探索比中国移动相对较早。早在 1999 年中国电信北京分公司就开始探索电子商务平台的建设问题，整个建设的思路主要分为三个层级，包括基础设施的建设、支付系统和应用系统。当时的电信公司对电子商务的探索并不是独立开展的，其主要的思路和展望是与银行、企业和相关商家合作共同开发电子商务，涉及多方信息主体的参与，但由于早期技术原因的限制，在这一时期中国电信在电子商务领域的探索没有取得很大进步。随着移动互联网时代的到来，中国电信获取了新的平台建设技术，移动电子商务平台逐步趋向平稳发展。

总体来讲，电信运营商在进行移动电子商务化时拥有很大的优势和机遇，具体来说包括三个方面：一是庞大的用户基量、基础设施和电子渠道的完整性、强大的品牌力度和顾客信任度，再加上国有企业的背景，资本方面也能得到足够的保障；二是移动互联网和新一代信息技术的发展给整个电信产业带来了很多机会，整个消费市场的体量也允许电信运营商大力发展电子商务，消费需求升级也催生了电子商务的发展，人们对这种突破传统消费形式和观念的新兴消费方式也是表示支持的；三是 4G 和 5G 技术的发展也为移动电子商务的发展奠定了坚实的技术支持。

时至今日，中国电信运营商进行了多种移动电子商务化的尝试与转型，从初期的平台搭建到官方网站的运营，再到官方手厅的推出，以及进行天猫旗舰店、京东旗舰店的入驻，但从实际的运营数据来看，国内电信运营商长期以来经营的惯性使得面向客户主要依赖于实体渠道为大众提供普遍的电信业务销售与维系，主要依靠 10000、10010、10086 等客服热线提供咨询、投诉等服务，面向客户的主渠道依然是实体渠道与热线电话，电子渠道承载的号卡销售量、维系业务办理量以及客服咨询服务量始终难以成为业务受理主渠道。随着移动支付如支付宝、微信支付等移动支付的普及，手机网购持续增长，电信业服务的消费者正从实体渠道大规模向移动互联网入口迁移，因此，如果电信运营商不进行方向正确的全业务电子商务化转型发展，迟早会被传统的重成本经营继续拖累，与其他互联网企业的差距将进一步拉大。

三、电信运营商电子商务平台发展的可行性

（一）用户方面

2012 年，中国电商服务业支撑着 1.2 万亿元～ 1.5 万亿元的网络零售交易，并以年均 50% 以上的复合增长率快速发展，社会消费品总零售额的占比超过 5%，可预见的是，未来几年，随着国家“互联网 +”战略的实施，传统企业将大规模进入电商行业，移动互联网的网民数量将很快达到十亿级，电商交易量还将快速增长。

随着网购的不断发展和移动智能终端的普及，用户对使用传统的如淘宝、京东等网购平台的意向正悄然发生转变，一些中高端用户对传统网购平台的信任度开始下滑，转而寻求一些可信度更高的如银行、电信企业、公用事业单位等大型企业电商平台进行网购。根据最新调研数据显示，超过 98% 的中国消费者更希望通过银行、电信企业、零售商、公用事业单位和其他企业展开更多移动互动，主体明确、

责任清晰、可追溯性更强的以大型企业为载体的移动电商平台更容易得到消费者的认可，并能激发消费者的购买欲，主要体现在以下几方面。

1. 电信运营商移动电商服务的便利性

表现在用户希望随时、随地获取有效信息并直接进行交易，减少信息获取及交易的时间成本，最大化利用碎片时间。而电信运营商手握所有用户与智能终端相关所有行为数据的先天优势，可通过数据挖掘对用户进行精准画像，并根据用户画像进行有效信息的精准推送，同时结合智能终端搜索功能，为画像不准确的用户提供其他服务，用户仅需手持智能终端就可完成网购。

2. 移动电子商务交易的安全性

电信运营商电商平台将构建基于最高级别的通信网络交易认证，保证移动电子商务中的交易安全，避免出现资金安全问题，也包括用户信息及交易信息安全。同时将银行的网上交易系统植入交易过程，使用银行可靠的密钥，确保交易安全可靠。此外，电信运营商遍布城乡的实体门店和服务人员，可保障用户网购后到货的及时、安全，并为用户提供就近处理商品退换及争议的解决。

3. 移动电子商务服务的个性化

电信运营商将用户的生命周期价值与电商平台交易相结合，以精准画像的方式为客户提供与众不同的、个性化的服务。用户将得到有效、准确的商品信息，并可实现用户对厌恶垃圾信息的拦截屏蔽。

（二）电商商家方面

对移动电子商务产业链中的商家而言，获得更多的有效客源是其获利的根本，因而其需求的发展趋势主要表现在以下方面。

1. 用户信息获取的有效性

由于电信运营商手握用户消费行为的第一手数据，具有通过对消费者数据和行为的分析，发掘潜在用户，感知用户需求的先天优势，并拥有庞大的用户群。因此，通过与电信运营商电商平台合作对厂商来说是事半功倍、最有效的。

2. 信息的及时性

电信运营商拥有的国家基础通信网是互联网的基础入口，不论客户以何种形式上网，都必须通过基础通信网的通道，这是任何形式的电商平台都无法比拟的，电信运营商电商平台能确保厂商快速接触客户、遴选有效客户，缩短促成交易时间。

3. 交易的安全性

保证商家的交易资金及交易过程安全，保证交易信息的安全。除保证信息加密传输外，还需要考虑在竞争环境下的情报信息安全。

4. 个性化解决方案

电信运营商电商平台可根据商品特性筛选有效用户，通过对客户的画像为客户提供个性化的方案应对用户个性化需求，并对商品信息进行个性化推送。

第二节　电信运营商移动电子商务服务分析

一、电信运营商移动电商平台发展分析

（一）电信运营商电商平台机会分析

1. 帮助电信运营商重塑产业核心地位

随着移动互联网的迅速发展、行业竞争加剧对销售渠道的争夺，电信产业链的价格不断向上下游环节转移，电信运营商在产业链中可以获得的价值内容不断受到挤压，如图 5-1 所示。

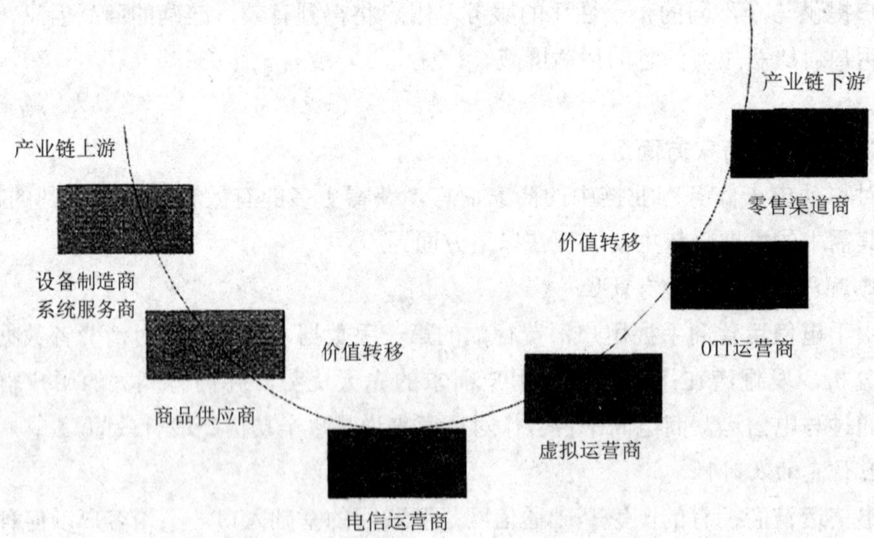

图 5-1　电信运营商的价值内容受到挤压

利用互联网智能化的主导创新，对产业价值链进行重塑后，通过掌控上游、调节下游，改变行业的价值曲线，重塑电信运营商的产业核心地位，如图 5-2 所示。

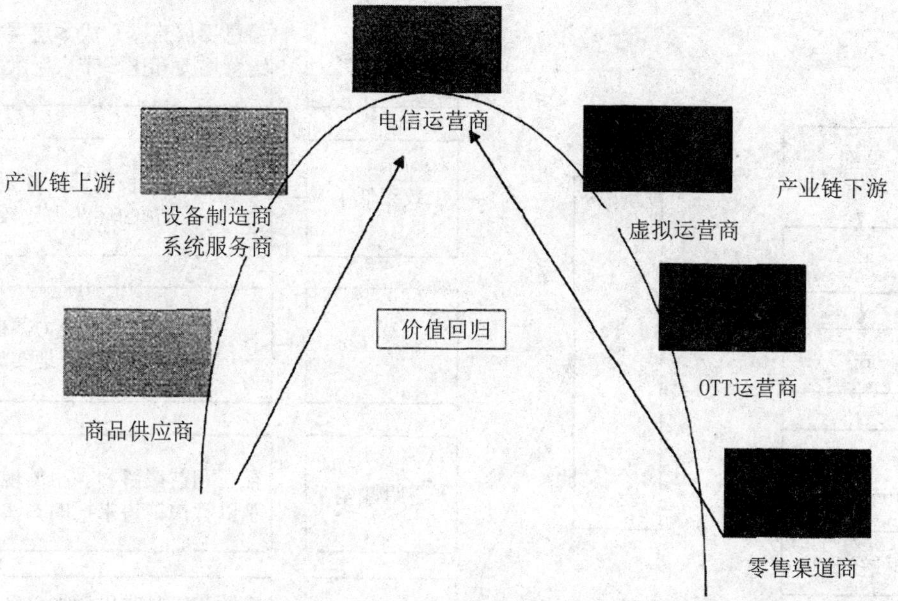

图 5-2　重塑电信运营商的产业核心地位

2. 通过建立电商平台实现低成本、高效率

现在电信运营商主要是以单向多级营销体系为主，这样的体系主要是从上而下的垂直分布体系，其主要特点是信息传递慢，成本层层叠加严重，如图 5-3 所示。而主要表现则是层级过多，信息衰减快，成本较大，给营增改和降压带来巨大的挑战。正因为层级过多，多的环节自然会带来效率低下的表现，这将带来在人力、物力、财力上的无谓消耗。管控力弱，不能直接对销售末梢进行控制，策略或者意图难以落实到位。存在利益截留和寻租现象，难以了解销售的真实情况，透明度差。这样的模式很容易达到饱和，资源和人员都难以增加。

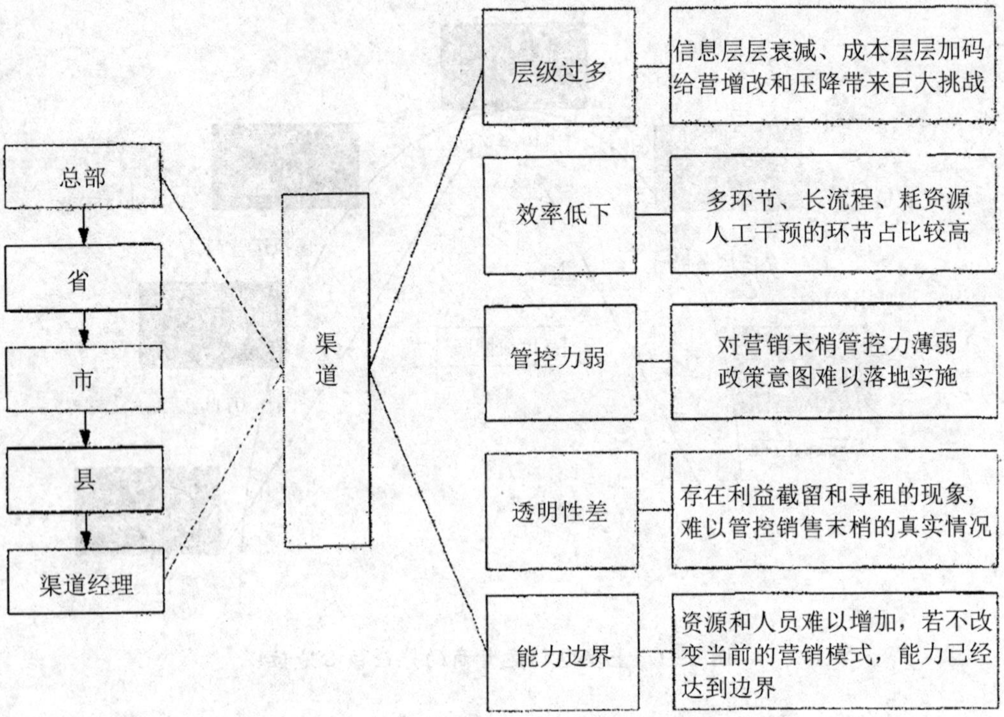

图 5-3　传统的营销体系面临挑战

移动互联网时代，竞争的驱动因素有产品转向模式，通过互联网手段建立低成本、高效率的差异化经营模式，突破现有的经营瓶颈，是移动互联网时代取胜的关键因素，如图 5-4 所示。

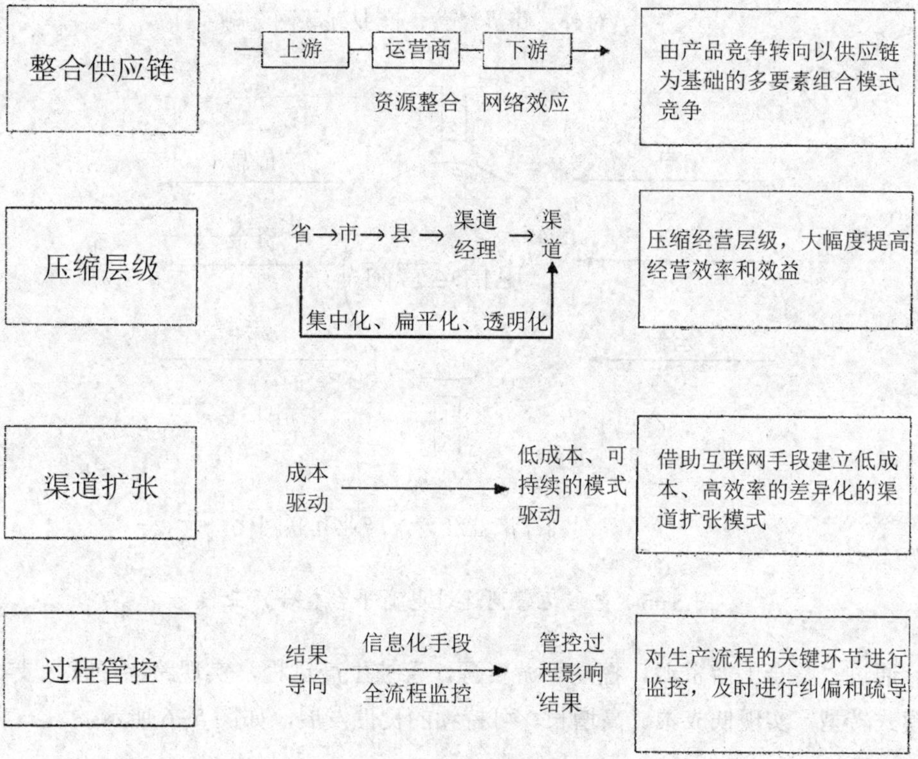

图 5-4　互联网思维下的经营模式

3. 通过电商平台整合产业链

以前不管是从上游的设备制造商还是到下游的代理商，由于不能够有效地找到可靠和稳定的合作者，而且不能够马上联系到市场，推销其产品，往往导致在整个价值链条上信息流、资金流和物流方面的无序性，使这个链条呈现低效率和不能产生规模效应。然而互联网有个很大的特点就是它像一张无形的网，能很快连接到各地散落分布的制造商和代理商。电信运营商作为互联网的核心企业，可以通过互联网的手段，去整合原有无序、多维的产业行为，并且强化电信运营商在产业链中的核心地位。电信运营商可以通过建立这样的电商平台来整合这些资源，使得电信运营商成为上下游的核心，提高效率，达到规模经济的效果，进行产业互联网化运营和基于产业链的跨界经营，改变产业链经营模式和价值分配模式，如图 5-5 所示。这样电信运营商就可以突破本来自身行业的性质，去经营其他非通信电子产品行业，形成对外跨界经营，产业互联网金融，对内产业经营，产业互联网化的形式结构。

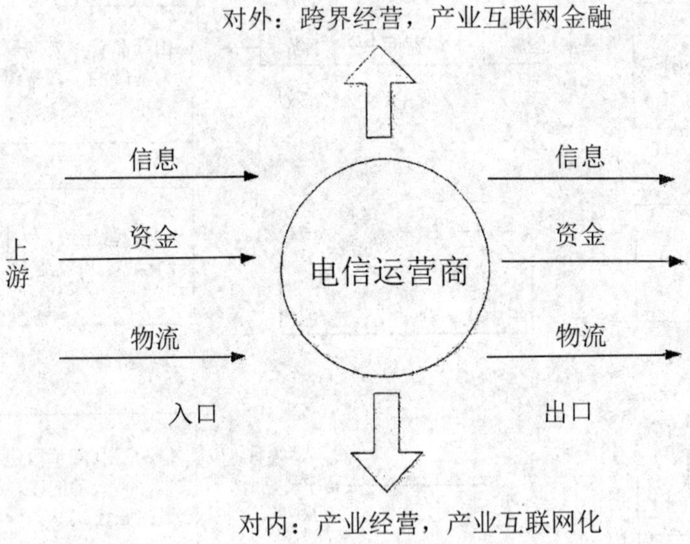

图 5-5　电信运营商通过电商平台整合产业链

通过“整合上游资源，撬动下游资源，管控生产过程，实现跨界经营”支撑经营模式转型，实现低成本、高增长、可持续的良性发展，如图 5-6 所示。

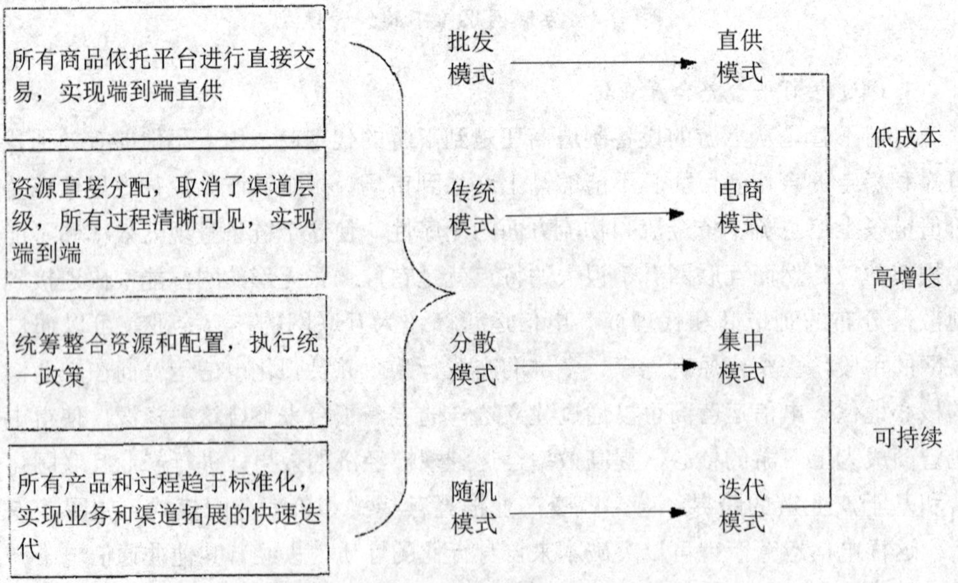

图 5-6　电信运营商通过电商平台整合产业链

以上三点归结起来，电商平台可以极大地推动电信运营商的经营模式的转型。

（1）从单向多级的模式向扁平化、端到端的模式转变。

（2）从资源下沉、按地区分配向资源集中、按效率分配的模式转变。

（3）从重视结果向控制过程、影响结果的模式转变。

（4）从经营模式的多样化向标准化、快速迭代的模式转变。

（二）电信运营商电商平台优势分析

针对其他电商平台的定位和运营模式，电信运营商相比而言可以提供更多更加优质的服务和花费更加低廉的成本，以及收获更多客户。

（1）充分发挥电信运营商流量管道优势。电信运营商为了提高自己运营移动电子商务平台的访问量和顾客数量，可以让用户访问自身创建的电商平台免计算客户的流量或者以赠送流量的方式吸引大量客户访问电信运营商的电商平台，提高平台人气。流量管道的优势如图 5-7 所示。

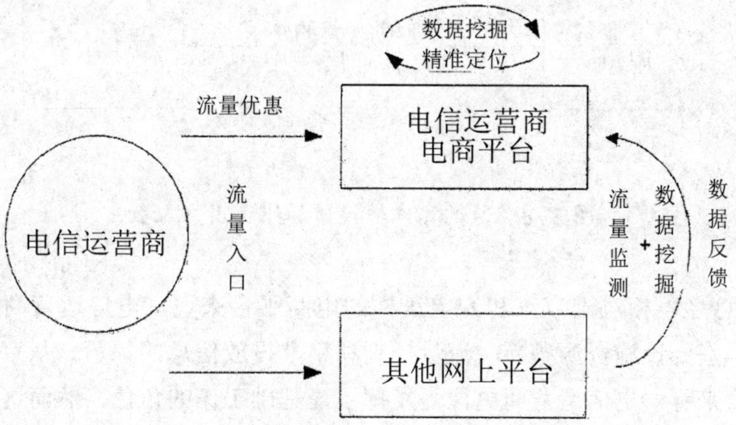

图 5-7　流量管道的优势

另外，管道优势有利于电信运营商通过对流量的定位，更好地进行数据挖掘，制定平台的营销策略。另外，电信运营商掌握着数据流量的入口，之前电信运营商一直被称为“比特搬运工”，然而一个搬运工是最能明白他搬的是什么，搬向哪里，也知道哪里更有需求。也就是说电信运营商是最能了解数据流量的，这对于电信运营商建立平台来说绝对是其天生优势。通过大数据技术、云计算和云储存能力，直接就能分析出消费者的消费需求和个别消费者的消费习惯，就可以制定“私人定制”的消费促销策略，得到意想不到的结果。电信运营商不仅能够得到消费者的数据，也能得到其他电商平台的数据，能够通过其对手数据及时地更新和改变自己的策略，使自己的策略一直处于比较优势的阶段，形成强有力的消费形式。

（2）强大的业务宣传渠道。就宣传渠道而言，电信运营商在全国的广告资源和服务网点资源等掌握了众多的信息宣传渠道和吸引顾客的方式，这也是传统电商平台无法与电信运营商相提并论的。

更为重要的是，电信运营商拥有的巨大的电话资源为其主动营销提供了可能，通过数据挖掘 + 手机信息精准推送，最大范围和最大效率地加强业务的宣传。

（3）现有业务用户和平台用户的转换。客户因为“客户黏性”采用了某个电信运营商提供的电信流量或者数据服务，只要电信运营商不断加强营销力度，同样也会使客户逐渐接受电信运营商提供的电商平台的服务，如图 5-8 所示。这便将电信运营商庞大的客户转向自身建立的电商平台。

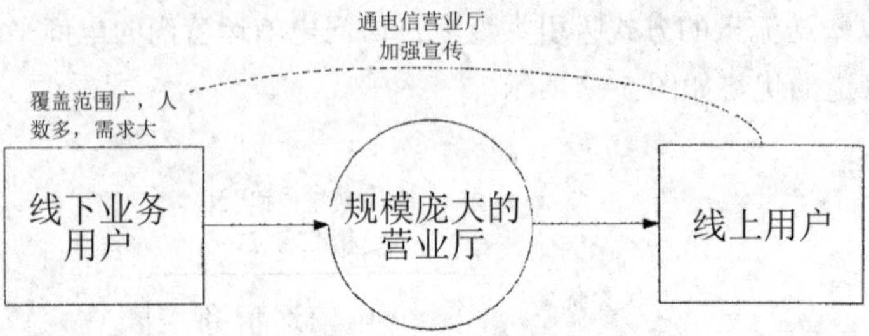

图 5-8　通过客户转换增加线上用户人数

（4）总之，相对于京东和淘宝这样的电商平台来说，电信运营商拥有更多的客户资源、基础设施资源垄断、流量控制和精准投放信息的优势。从京东和淘宝等电商的角度来看，电信运营商更像是发挥了最基础工作的角色，然而这种角色也是当今愈演愈烈的电商争夺战中获胜不可或缺的“致命法宝”。如今电商之战的激烈程度已经将电商的利润压得非常低了，多方顾客争夺战的“白热化”将给电信运营商发挥其“天然丰富”的客户资源优势，逐步收购整合其他电商平台的资源带来很多机会。

（三）电信运营商电商平台劣势分析

与其他电商比较而言，电信运营商缺乏电子商务运作经营的经验，电信运营商从一开始就只是想在网上买自己的产品，拓宽原来通信行业的业务。缺乏电商平台意识和定义，相比较京东以 3C 产品为主打、向百货产品辐射的模式，清晰明了。苏宁易购当下发展成为全国最大的网络生活平台，当当网则是定位为全国最大的中文图书网站，而淘宝更是定位为全球中文购物网站。目标和定位清晰，这样能很快指导平台发展，所以电信运营商首先要对自己做的这个平台有个清晰的目标和定位。

同时缺乏相关的上游和下游渠道，重新搭建电商平台需要电信运营商在这些渠道上的梳理和沟通。电信运营商的上游渠道主要为手机及其配件的供应商，而下游渠道也大都是代理商，主要还是倾向于通信电子类产品。如果要做成一个全面综合型的购物网站，上下游渠道比较缺乏，需要花时间和成本去建立多样化的渠道来满足平台需要。

另外，网站的建设、产品的选择、物流的管理、支付方式的选择、对客户的定位、盈利方式的选择，这几点是任何电商都无法回避的问题，而缺少相关经验的电信运营商要涉足这一领域，无疑是挑战。

随着科技的发展和电商平台的增多，消费者对电商平台的要求也越来越高，如何增强自身平台的特色和专业性，以便在众多的电商平台中凸显出来；如何增加平台的知名度和认同度，以增加新平台的客户用量和黏性；如何对整个电商平台进行统筹性规划，使之运作协调；如何实现平台的长远盈利，这些都将是电信运营商建立电商平台所要面临的难题。

（四）电信运营商发展电子商务的竞争因素分析

1. 互联网、虚拟运营商虎视眈眈

可以说，我国的三大电信运营商在电子商务领域的发展才刚刚起步，而真正对我国电子商务发展起到重要作用的无疑是以阿里巴巴、京东为代表的互联网电商企业。在中国的电子商务领域，除了阿里巴巴、京东等综合性电商以外，还有众多的规模较小的电商以及垂直电商，这些电商企业在各自的垂直领域大力发展，将是电信运营商发展电子商务的直接竞争对手。

为贯彻落实《国务院关于鼓励和引导民间投资健康发展的若干意见》精神，2013 年 5 月 17 日，工信部发布关于开展移动通信转售业务试点工作的通告，通俗来说，就是我国电信行业也要引入在国外已经开展得很广泛的虚拟运营商，三大电信运营商将自己的基础设施、管道租借给一些有准入资格的民营企业，引入民营资本，而这些虚拟运营商也必然会在一定程度上与我国传统的三大电信运营商形成竞争关系。

2. 全业务经营导致内部竞争激烈

2013 年 12 月 4 日，工信部在向三大电信运营商颁发“LTE/ 第四代数字蜂窝移动通信业务（TD–LTE）”经营许可的同时，将固定通信业务授权给中国移动有限公司经营。从此，三家电信运营商真正开始了全业务运营，在移动以及固网业务上的竞争将更加激烈。

我国三大电信运营商之间的竞争早已有之，中国电信和中国联通凭借着网络的成熟，在用户增速方面超越中国移动，实现了利润的大幅度增长。随着 4G 技术的

全面覆盖和5G技术的逐步发展，未来的电信行业内部的竞争也会更加激烈。

二、电信运营商电子商务驱动因素及作用机理

（一）电子商务服务市场规模

2018年中国电子商务市场交易规模计划为28.4万亿元，其中网络购物市场规模占比预计将从2010年的11.3%提升至27.3%。服务类电商从2013年发展以来持续保持较高速增长，2017年本地生活服务O2O交易额为9 992亿元，同比增长71.5%。在“互联网+”跨界融合发展的时代背景下，电子商务服务市场呈现出多元化、规模化的快速发展态势。电信运营商在进入电子商务市场过程中不仅由于自身体制和运营问题导致转型进程缓慢，而且电子商务市场的规模变化也会给电信运营商进入电商服务市场后的收益产生影响，这里将采取电子商务服务市场中的规模以上B2B、网络购物、在线预订和中小企业B2B在内的四类电子商务服务类型，并分别计算其占电子商务服务市场的比重，将这种影响定义为电商效应。

（二）网络产业发展规模

自进入移动互联网时代，中国的网络经济产值规模增长迅猛，整个国内生产总值中网络经济产值占比越来越大。在国内生产总值中，整个社会的总产出与总支出都对电子商务市场的发展规模有重大影响，从而影响电信运营商发展电子商务服务的收益。虽然网络经济产值逐年增长，并且增长率逐年升高，但是电子商务服务市场的规模占网络经济产值规模比例不高，说明电信运营商在电子商务服务市场中有一定的发展空间，但仍然受整个网络经济规模的限制。这里将国内生产总值以及网络经济总产值规模对其发展全业务电子商务化的影响效应结合，定义为网络经济产值占国内生产总值的比重，即网络经济效应。

（三）宏观经济发展状况

宏观经济主要指一国经济发展的战略阶段和战略发展水平、经济发展环境和市场环境、国民收入与支出水平、政府的财政政策与央行的货币政策、国际贸易收支情况等。电信运营商处在整个社会经济产业链的前端，对经济运行的影响不可忽视，但宏观经济发展状况对电信运营商发展电商服务市场也有一定的影响。自进入21世纪以来，中国宏观经济都保持着较高的增长水平，对电信运营商的发展起到了一定的促进作用，电信运营商在电信产业价值链中的基础地位无法撼动。但近年来中国经济发展下行压力增大，电信运营商的传统业务受到新兴互联网企业业务的挤压，单一的运营发展模式无法继续维持电信运营商的发展，因此电信运营商考虑跨

界融合发展全业务电子商务转型，但这种转型发展模式仍然受到整个宏观经济发展水平的影响。这里将用社会层面中人均收入和支出代表宏观经济发展的状况，数据统计上采用人均 GDP（国内产生总值），以此来衡量宏观经济发展状况对电信运营商发展电子商务服务市场的影响，定义为经济发展效应。

（四）国内互联网应用水平

电信运营商发展电子商务市场的基础是国民对互联网应用水平的不断深入，电信运营商传统的语音和短信业务不可能支撑起电信运营商发展电子商务，移动数据业务以及互联网的发展给电子商务市场的发展带来良机。国内互联网应用水平主要包括宏观层面中国的互联网基础设施、全国网民总数、社会层面中网络普及率、市场对互联网发展的支持，微观层面个人或组织对互联网应用的了解程度以及使用情况，以上体现互联网发展与应用水平的因素都会对其移动电子商务化服务收益产生影响，采取社会层面中网络普及率来代表国内互联网应用水平，以此来衡量其对电信运营商发展电商服务的影响，定义为网络效应。

三、电信运营商移动电子商务平台创新方向

在发展移动电子商务上电信运营商既具有得天独厚的优势，又有自身难以克服的局限；既面临着巨大的发展机遇，又承受着很大的风险。因此，电信运营商决策层必须深思慎行，扬长避短，实践探索和理论研究双管齐下，技术的和非技术的措施灵活运用，以确保电信运营商电子商务的持续健康和快速发展。

（一）树立企业的创新主体地位

淘宝、京东等是网购的第一阶段，我们可以形象地比喻为综合市场，运营者通过搭建虚拟的综合市场，将虚拟摊位出租给商贩经营，至于商贩怎么经营？经营什么？品质如何？服务如何？综合市场运营者很难管理，也无法管理。这个阶段由于众平台商家大搞价格战，商品鱼龙混杂，商家素质参差不齐，很难形成统一的诚信体系和品牌体系。随着商品信息的日趋透明，特别是从厂商到最终消费者间的渠道日趋便捷，这种模式发展到一定阶段后必然受到束缚而向新的、更加多元化的模式转变。

电信运营商电商平台正是基于目前网购的劣势和不足，将虚拟摊位出租改变为运营商直接经营，通过主导移动互联网智能化创新树立通信企业在移动电商运营中的主体地位，并充分发挥电信运营商在用户群、移动互联网入口、资金、人员、实体渠道、促销等各方面的优势，以及电信运营商与用户天然的依存关系，打造便

捷、诚信、共赢的新型电商平台，这就是移动电子商务的新模式之一，并且这种模式肯定会在未来的网购中占据重要地位。

（二）积极推行以市场为导向的技术创新

利用通信企业在移动互联网上的技术优势和研发能力，积极引导企业注重新技术的市场开发，通过互联网把有限市场变成无限市场。科学技术是第一生产力，而创新传统的商业模式才能进一步解放生产力。注重科技与市场的结合，关键在于创新商业模式，让市场接受技术研发成果，促进科技成果的产业化、商品化。

（三）重新定义顾客价值

建立全生命周期的客户价值与电信运营商电商平台相结合的客户价值评价体系，使得客户在网络服务和电商平台消费的价值实现互用，通过向客户提供网络服务，提升客户在电商平台的积分和优惠等级，同时通过客户使用电信运营商电商平台获得网络服务的相关积分和流量等的赠送。全新的顾客价值体系相互作用，能提高用户黏性，培养忠诚客户，延长客户在网时长，进而大幅提升顾客价值。

（四）不可复制的特色电商运营

电信运营商作为移动互联网的网络基础入口和移动智能终端的把控者，具有诸如用户行为的海量数据、互联网入口的控制、流量管道的提供者等其他企业无法企及的优势，可通过精准的客户画像、高效的信息推送、直接针对目标客户的广告投放、特大型国企的信用保障等特色运营要素，打造不可复制的特色电商平台。

电信运营商的电商平台上流通的产品与目前电商平台有本质区别，任何产品都必须经过电商的互联网适应性验证或改造，同时产品品质得到认可才能上线。上线后，新型电商负责产品的互联网化传播和互联网销售渠道的智能化创新，并通过电信运营商特有基础流量管道优势进行大数据分析，挖掘出用户的痛点、需求及不满向厂商反馈，厂商在保障产品品质的前提下，并根据电商提供的用户的痛点、需求及不满对产品进行迭代创新。可以说，厂商通过与电信运营商新型电商平台的合作，其产品本身就是销售渠道，任何智能终端靠近产品或翻阅产品的电子展示页面，就能被产品捕捉到，通过新型电商平台的大数据处理，及时向智能终端发布产品信息，促成产品销售。

第三节　构建电信运营商移动电子商务平台建议

根据目前电信运营商移动电子商务发展需求和现状，下面提出电信运营商移动电子商务平台的架构，从而促进电信运营商下移动电子商务的发展。

一、电信运营商移动电子商务平台的架构

电商平台建设的总体框架图如图 5-9 所示。

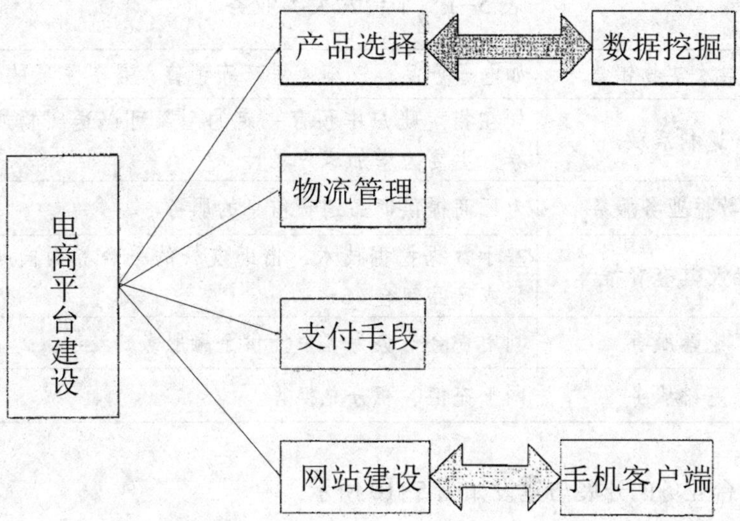

图 5-9　电商平台建设的总体框架图

（一）产品选择

目前国内市场商务平台不少，综合性的平台比如阿里巴巴集团旗下的淘宝和天猫，更注重专业性的电商平台如亚马逊、凡客诚品、聚美优品等等。这些平台之所以能在竞争如此激烈的环境下存活下来的一大原因是选择了正确的销售产品，如选择了细分市场的策略，注重产品的专业销售，从而取得了成功。

京东是以 3C 产品铺以百货商品，针对的是大学生、白领这样的购物人群，是在商品提供商的价格上加了 5% 的毛利低价出售，这相比其他如苏宁和亚马逊便宜 10% 左右，一直保持低价，通过巨大的订单量冲量来盈利。而淘宝网的盈利不以出售产品盈利，而是获得广告费、技术费、店铺装修费等为主。所以其盈利是靠商家

入驻的多少来决定，所以淘宝注重对客户提供价值服务。

电信运营商的电商平台上流通的产品则与目前电商平台有本质区别，任何产品都必须经过电商的互联网适应性验证或改造，同时产品品质得到认可才能上线。上线后，新型电商负责产品的互联网化传播，并通电信运营商特有的大数据分析，挖掘出用户的痛点、需求及不满向厂商反馈，厂商保障产品的品质，并根据电商提供的用户的痛点、需求及不满对产品进行迭代创新。

在电子商务领域同样作为后来者的电信运营商也可以而且应该选择细分市场的战略，以求在未来竞争更加激烈的市场谋得一席之地。基于目前电信运营商的业务发展状况和内部系统的支持情况，建议其选取六大类业务在平台上运营，见表 5-1。

表 5-1　平台六大类业务

平台六大类业务	多层次实物销售	如电子产品、汽车、房产等销售，是其主要的业务
	返利活动	如在指定账户中预存一定的金额可以送实物或网购现金券，主要为增加客户黏性
	大数据业务服务	为厂商提供商品消费信息的服务
	产品及其套餐推荐	基于数据挖掘技术，借助友好的平台界面向顾客推荐产品或产品组合
	金融服务	利用资金优势为客户提供金融服务
	基础服务	网上充值、积分兑换等

电商平台业务的开展与建设如图 5-10 所示。

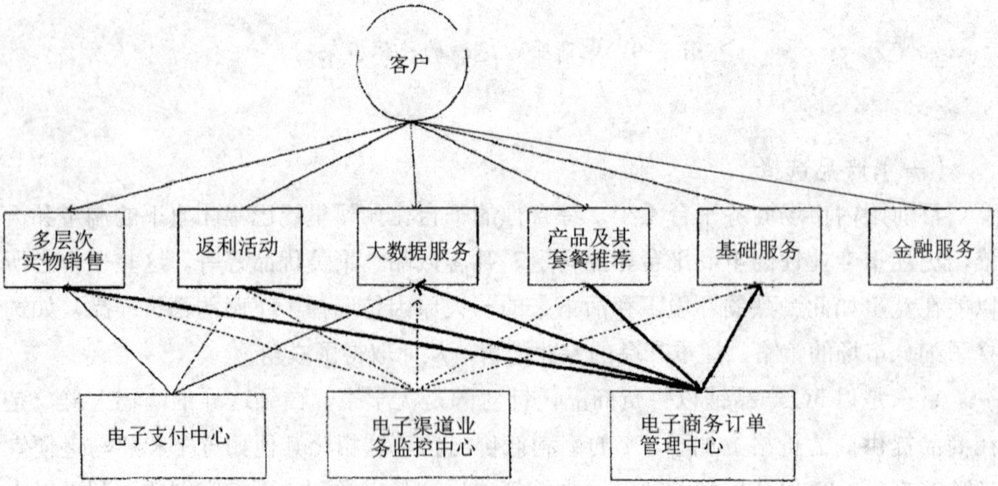

图 5-10　电商平台业务的开展与建设

（二）建立消费者行为分析模型

互联网时代，大数据技术的应用更好地实现了细分消费者这一目标。目前的研究普遍采用静态的数据库升级为实时数据流，记录消费者的线上活动信息。这些信息不仅包括消费者的基本信息和购物记录，还包括他们的网站浏览习惯、社交媒体评论、阅读喜好等综合信息，同时大数据技术可以实现将消费者这些线上信息与线下的人口学特征、线下购物记录和传统 CRM（客户关系管理）相联系，有助于企业更好地从消费者那里得到关于产品的反馈信息。

具体思路有两点：一是针对个体消费行为轨迹或搜索行为的精准定位，通过数据对用户进行分析、分类，比如对消费者在浏览网页过程中浏览次数较多的商品类型进行锁定，从而进行有针对性的营销；二是基于地理位置上的精准定位，通过电信运营商的流量管道检测出智能移动终端的个人位置，并且精准推送信息进行营销。当前大量的社交媒体产生了庞大的数据流，这为消费者行为分析评估提供依据。企业和品牌可以通过情感分析测量消费者对营销传播战略的实时反应并迅速做出相应调整。

基于大数据时代的消费者行为分析，建立了消费者行为分析模型，方案如图 5-11 所示。

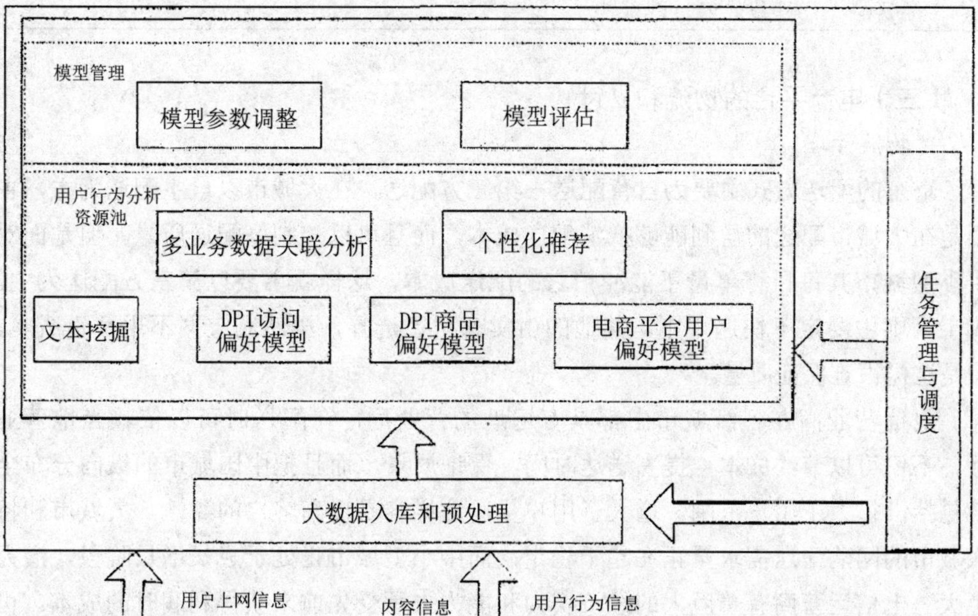

图 5-11　大数据下的消费者行为分析模型

消费者行为分析模型的说明见表 5-2。

表 5-2 消费者行为分析模型的说明

名称	内容
模型参数调整	实现对模型参数的设定和不断调整，动态优化模型
模型评估	将实际的数据与模型预测的数据进行对比，对模型的拟合优度进行评价，如误差较大，则进行模型参数的调整
多业务数据关联分析	将客户的互联网行为和在电商平台的行为进行关联性分析，找出二者之间的关联及数据换算规则，有利于电商平台进行交叉营销
个性化推荐	以协同过滤技术和内容推荐技术为主，采用混合推荐技术，综合考虑来自产品内容和用户两个维度的影响，按照综合相似度向用户推荐相应的信息
文本挖掘	通过过滤掉跟踪的网页的不重要的部分，如图片、广告等，提取网页文本的主要文本数据，建立智能文本分类模型
DPI 访问偏好模型	通过流量跟踪，对用户访问过的网页进行分类和归纳，计算出用户的 Web 访问偏好类型
DPI 商品偏好模型	通过 DPI 采集数据，计算出客户偏好的商品类型
电商平台用户偏好模型	通过跟踪用户在电商平台上的行为，找出用户对电商平台上各种商品的偏好规律

（三）电商平台的物流和支付

1. 物流管理

京东的配送方式主要为自营配送 + 第三方配送，在大城市以自主配送为主，主要是在大城市配送的盈利能够抵消配送成本，而且可以控制好配送质量。但是面对中小型城市其每日订单量不能冲销它的配送成本，这样就主要以第三方配送为主。淘宝网则主要定下快递规则，其他的由卖家自己选择，虽然淘宝网不用负责成本，但是这样很难保证质量。

电信营业商在各级城市中都具有遍地的营业厅，在配送时可以依赖当地营业厅，不仅可以节约成本，提高送达时间，保证质量，而且把中国城市的纵向分布全部包括，扩大了用户范围，增大了用户量，这样容易提高客户的黏性。大城市和特大城市的网购配送需求量正在趋于稳定，而中小型城市正处于成长增长阶段，潜力巨大。电信运营商有着巨大的经济实力和能力去承受先前未获得利润时的成本。可以先通过各地的营业厅配送去掌控好当地市场，为扩大用户群体打下基础。

2. 支付手段

在互联网时代下，客户更习惯于网上支付和移动手机支付的方式，但是不乏从安全性考虑而要求货到付款的客户，建议采用以手机支付和网上支付为主，以货到付款为辅的支付方式。还可以增加支付的多样性，来提高用户对电信运营商移动客户端的使用，增加黏性，如 NFC（近场通信）支付、二维码支付、消费金融融资以及 SIM 卡支付等方式，如图 5-12 所示。

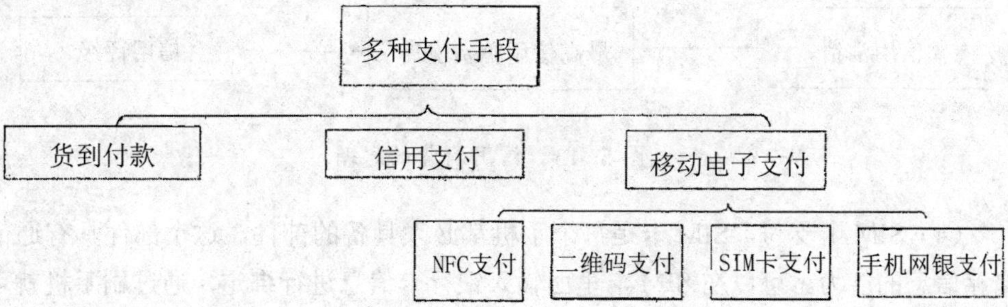

图 5-12　多种支付手段

（1）NFC 支付是指消费者在购买商品或服务时，即时采用 NFC 技术通过手机等手持设备完成支付，是一种新兴的移动支付方式。支付的处理在现场进行，并且在线下进行，不需要使用移动网络，而是使用 NFC 射频通道实现与 POS 收款机或自动售货机等设备的本地通信。NFC 近距离无线通信是近场支付的主流技术，它是一种短距离的高频无线通信技术，允许电子设备之间进行非接触式点对点数据传输交换数据。该技术主要用于手机等手持设备。

（2）二维码支付是一种基于账户体系搭起来的新一代无线支付方案。在该支付方案下，商家可把账号、商品价格等交易信息汇编成一个二维码，并印刷在各种报纸、杂志、广告、图书等载体上发布。这对于电信运营商进行线上与线下融合提供了方便，当消费者在线支付后，电信运营商可以以彩信或者公众号消息方式发送二维码到客户手机上。这样用户只要持该二维码就可以在任意一家营业厅进行消费，这样给客户带来极好的体验。

（3）消费金融融资支付方式，电信运营商对它的电信客户都会建立一份档案，其中包括月消费额、缴费信用情况等一些客户信息。电信运营商可以通过这些信息对顾客进行信用评级，给以一定的信用额度用于消费。这个消费通过绑定手机话费的形式进行，通过手机预存话费，从单一形式的消费到商品消费群。这样可以加大客户对预存话费的缴费力度和使用强度。信用消费的思路如图 5-13 所示。

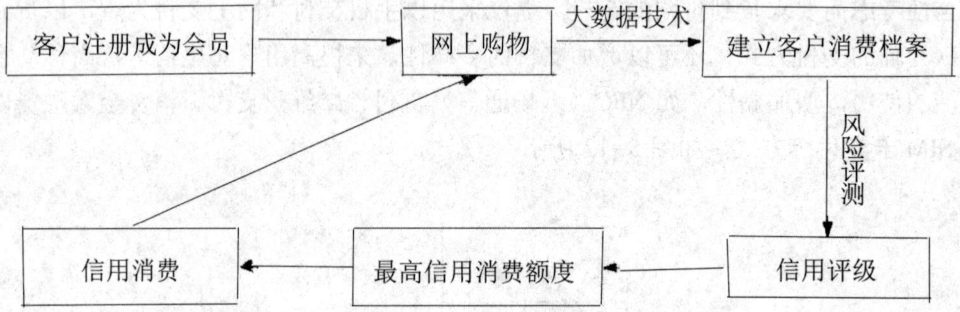

图 5-13 信用消费的思路

（4）SIM 卡支付，SIM 卡是每个手机都必须具备的部件，这个部件具有通信和储存信息的能力。可以在 SIM 卡里面输入银行卡信息进行绑定，通过刷手机就可以进行消费。这样电信运营商就掌握了支付的入口。

（四）建设网站和打造手机客户端相配套

电信运营商应把电子商务平台建设成面向全国广大客户的移动商城，欢迎全国的公司在该平台进行上架和下架，创造一个价廉质优的网购平台和友好的网站界面。现在作为一个全民娱乐的时代，做商城不仅要物美价廉，更要娱乐化，这样可以增加客户黏性，但是进驻的公司必须符合电商平台规定的条件方可，以免不负责任的商家损害消费者的权益，进而影响平台的信誉。

随着移动互联网的兴起，打造个性化和人性化兼备的手机客户端也迫在眉睫，以便和网站相配套。纵观国内几个成功的网购平台，比如淘宝、京东等，都推出有自己的手机平台客户端，一个成功的购物网站拥有手机客户端是必然趋势，谁先赢得了手机端用户的青睐，谁就赢得了市场，早一步赢得市场先机。开发的手机客户端需具备的功能具体见表 5-3。

表 5-3 开发的手机客户端需具备的功能

功能	内容
商品展示	包括：促销推荐专区产品展示；新品热门产品区；产品分类展示区；节日促销活动商品区
商品搜索	包括：商品关键字搜索；各类排行榜搜索，例如价格排行榜、销售排行榜、好评指数排行榜等；商品语音搜索；热门标签搜索
购物车功能	包括：加入购物车、收藏功能；立即购买、全套购买等快捷下单功能；修改，删除购物车内商品

（续表）

功能	内容
支付下单	包括：订单查看、删除；订单手机支付；物流跟踪查看；优惠及积分的使用兑换；分享商品至微博、人人等 SNS（社会性网络服务）社区
辅助功能	包括：来自互联网商城的用户信息数据，统一账号登录；手机购物流程帮助中心；软件更新升级
创意特色	比如："摇优惠"，通过摇动手机获取优惠券

二、电信运营商移动电子商务平台的运营建议

（一）电子商务中心的运营流程

电子商务中心的运营流程如图 5-14 所示。

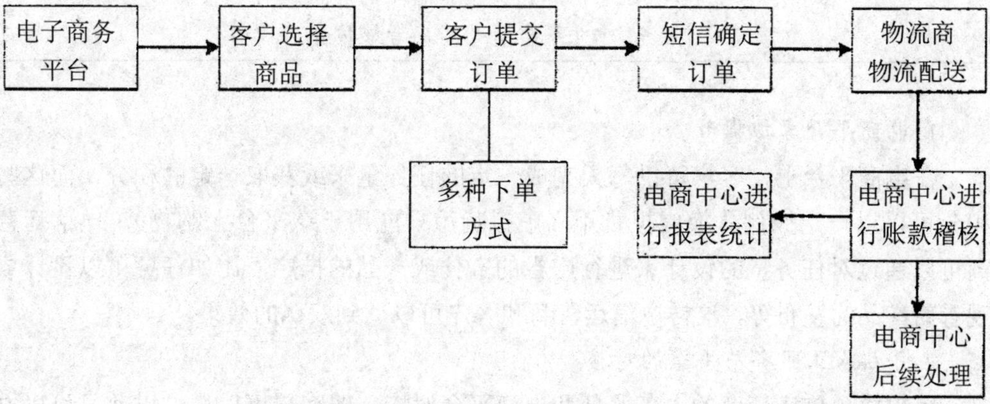

图 5-14　电子商务中心的运营流程

电子商务中心应该建立起对订单流转过程的监控系统，以更好地对临时变故做出及时的回应，提高服务水平。

（二）移动电子商务平台的运营策略

移动电子商务平台的运营策略主要包括客户服务、盈利、平台建设这三个方面，详细见表 5-4。

表 5-4 移动电子商务平台的运营策略

运营策略	要点
客户服务方面的策略	1. 手机人工服务与平台的对接。 2. 增加线下体验场景。 3. 建立一个电信运营商版的大众点评。 4. 建立一个社交媒体渠道群组
盈利方面的策略	1. 大规模采购，发挥议价能力。 2. 提供大数据服务。 3. 为平台供应商提供金融融资服务
平台建设方面的策略	1. 电商平台虚拟货币。 2. 建立一个高效的预约预订平台。 3. 建立精准信息投放系统。 4. 电信客户和平台客户的转换。 5. 建立平台运营指标考核体系

1. 电商平台虚拟货币

在电商平台上，客户可以每天完成一定的任务量来或获取一定的积分，而这些积分可以以一定比例兑换虚拟货币（虚拟货币只能用于该平台上购物）。电信运营商可以通过对任务量的设计来进行广告的宣传或产品的推广，比如任务可以设计成观看新产品的发布等。这样电信运营商和客户可以达到双赢的效果。

2. 手机人工服务与平台的对接

可以将电信运营商的人工服务和电商平台对接，即客户可以通过以前只可以办理手机业务的人工服务直接对网上的商品下单，但是电信运营商可以对该人工服务收取一定的服务费，这种模式的优点是为不能或不方便上网的客户提供了其他平台不能完成的服务，而这种模式在电信运营商的模式中已经很成熟，大大消减了开发的成本。电信运营商可以将这种运营策略进行宣传推广，增加自身平台的非对称性优势。

3. 建立一个高效的预约预订平台

对于平台上暂时缺货的商品，电商平台可以为用户在移动端上实现所需要服务的预约预订，那么将极大方便用户，也利于平台合理地安排资源及做数据分析。

4. 建立精准信息投放系统

电信运营商电商平台要想加大商品的营销和平台的人气，必须在宣传信息的精准推送上下功夫，如图 5-15 所示。对此，一方面，电信运营商应该充分利用好其手机客户这一资源，利用手机信息推送关于平台的营销活动的信息，加强平台的宣传力度；另一方面，电信运营商利用前面所述的数据挖掘准确定位既定商品的潜在客户，在其登录网站时准确投放相关商品的广告，可以节省客户的时间，增强平台的运营效率，在平台和客户间实现双赢。

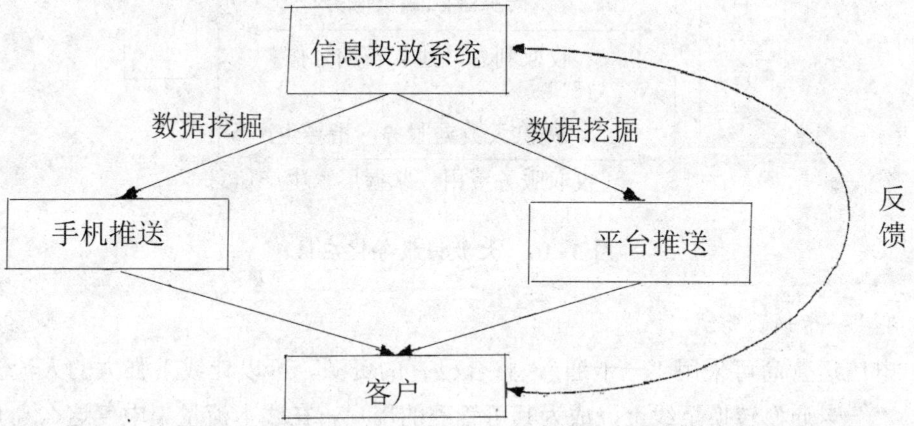

图 5-15 信息推送路径

5. 大规模采购，发挥议价能力

电信运营商应该充分利用其资金优势，扩大平台商城的规模，进行商品的大规模采购，一方面，这有利于厂家发挥规模效应，降低成本，反过来能降低平台商品的采购成本；另一方面，若是大规模采购，电信运营商将会是厂家的大客户，有利于电信运营商提高自身的议价能力。

6. 为平台供应商提供金融融资服务

借助为资金短缺的平台供应商提供融资服务这一契机，加强平台与供应商之间的合作，通过预付款，提高平台对供应商的议价能力和对产品信息的掌握，牢牢把握住对上游供应商的掌控能力，另外，在初步掌握厂商生产经营状况后，也可提供贷款业务，既可获取利息收益，又有利于平台发展。后期，也可借此发展对中小微企业的融资服务，展开多元化经营。

7. 提供大数据服务

随着电商平台规模的扩大，借助于数据挖掘而得到实时有效的数据越来越多，这些数据不仅对平台本身价值巨大，对生产产品的厂家同样具有生产指标的作用，平台可向有需求的厂家售卖消费数据，指导生产。当然，也可建立数据库，不断更新，以便为研究提供资源。具体如图 5-16 所示。

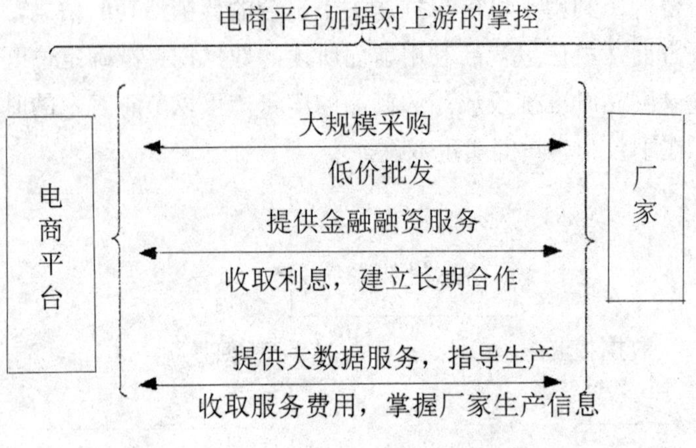

图 5-16　大数据服务供应链

8.“一卡通”形式

电信运营商可采用“一卡通”，整合已有的资源。可以让线下强大的人流资源通过“一卡通”转换至线上，成为其可管理的用户。在线上流量集中度这么高且越来越贵的情况下，可将固定成本的线下租金带来的人流分摊到可管理的流量上，成本比线上做直通车、SEM 获得流量更可控且更稳定。

9. 增加线下体验场景

增加线下体验场景，提升线下到线上的转化率。电信运营商可利用自身庞大的营业厅网络，增加线下商品的体验活动，提供更多线下消费体验的功能及服务。

10. 电信客户和平台客户的转换

线下为线上引流的渠道与方式可以有多种多样，比如线下部署免费 Wi-Fi、关注官方二维码送积分、下载安装官方 APP 有奖励、拍照分享送优惠等。甚至前期为了快速提升线上平台流量，还需要在城市公交车、公交站、电视台及报纸等覆盖面广的传播渠道投放一定数量广告。线上线下互动如图 5-17 所示。

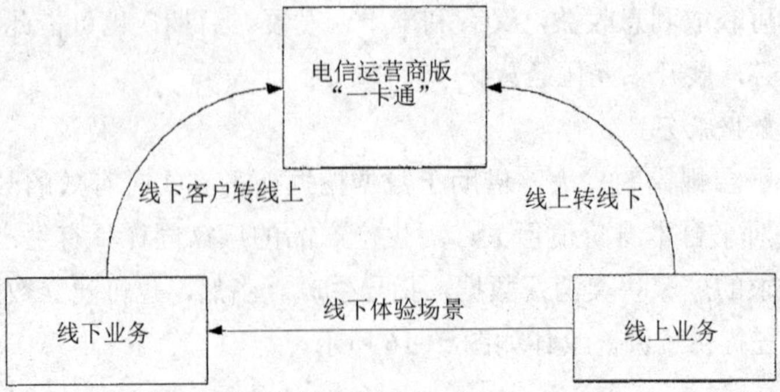

图 5-17　线上线下互动

11. 建立一个电信运营商版的大众点评

目前移动互联网领域为线下导流效果最好的产品无疑是大众点评网，点评的信息来源于线下的美食、娱乐、美容等商铺，然后查看点评信息的人最终回到线下去消费。电信运营商也可以建立一个类似的网站，用以评价电商平台的商品。鉴于电信运营商的电商平台是个综合平台，也具备这些作为点评目标的资源，只需要在点评机制上大方地给予用户会员卡积分激励即可推动消费用户产生有价值的点评行为，从而打造出一个超越大众点评网的属于电信运营商电商平台自己的点评网站。

12. 建立一个社交媒体渠道群组

现在的互联网用户已经从PC互联网向移动互联网迁移，尤其是活跃在微信、微博、地方社区等社交媒体中，如图5-18所示。因此，电信运营商需要根据全国营业厅分布位置建立起当地的社交媒体渠道群组，包括平台上商品和服务内容的微信、微博、微社区等社交媒体，从而不断积累当地消费用户群。

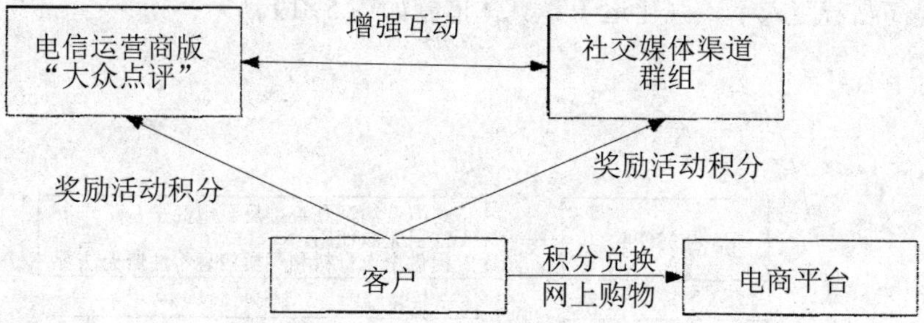

图5-18　社交媒体渠道群组互动

13. 建立运营考核体系

为了衡量电商平台的运营效果，下面选取了相关指标进行考核，这些指标包括运营监控方面指标、业务监察指标、客户服务指标。具体见表5-5。

表5-5　营运考核体系

营运考核体系	运营监控	订单量	电商平台每月客户提交的订单量
		订单完成率	每月成功送达客户手中的订单占客户提交的订单量的比例
		订单超时率	送达客户手中的时间超过限时的订单占总订单的比例
		订单收入总额	每月成功完成的订单的总价值
		订单网上渠道占比	每月在电子商务平台上成交的订单量占所有渠道销售的同类产品销售量的比例

（续表）

营运考核体系	业务监察指标	业务量	每月经由电商平台处理的业务总量
		业务完成时长	业务从接受申请到完成的时间
		业务成功比例	成功处理的业务量占接受申请的业务量的比例
	客户服务指标	分等级满意度	满意度设A、B、C、D、E五级，依次表示非常满意、满意、一般、较差、很差，衡量客户对电商平台服务的满意程度
		客户投诉率	在电商平台上被客户投诉的订单占所有申请订单的比例
		回应效率	对客户临时提出的要求进行处理所花的时间

14. 建立渠道运营机制

电信运营商电商平台应同时从提高注册率、提高签约率、提高活跃度、提高渗透率、提高黏着度入手，强化运营。具体措施如图5-19所示。

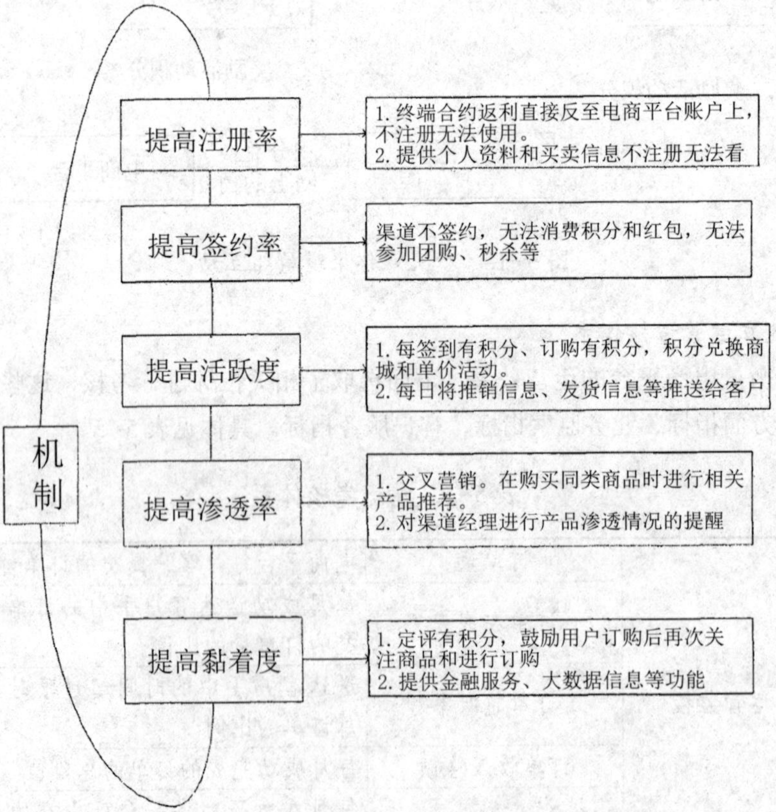

图5-19　渠道运营考核

以上电信运营商的运营策略的落脚点在于盈利，总结起来，未来它的盈利模式有主要有以下几点。

（1）会员模式。在电商平台规模达到一定水平、多边网络效应得到充分发挥后，电商平台对产业链各方有很强的黏性，可实行会员制度。

（2）金融模式。在供应链金融模式下，电商平台提供了大数据信息以及金融服务，充分参与金融市场的利润分享。

（3）增值模式。电商平台的增值服务采用收费模式，只有付费用户才能享受。

（4）广告模式。基于大数据分析，对电信运营商的电商平台上的各类广告进行梳理和分类，按照不同位置收取不同额度的广告费。

（5）大数据模式。在平台交易量、用户量达到一定规模后，对大量交易数据进行挖掘，开展大数据经营，为目标客户提供基于大数据分析的支持。

（6）价差模式。利用规模优势和多边网络效应，向上游低价采购，向下游按市场平均价销售，赚取价差。

三、电信运营商移动电子商务平台建设建议

（一）渠道协同建议

1. 与实体营业厅渠道的协同策略

目前电信运营商的主要销售渠道还是实体渠道，规模庞大的营业厅曾经是电信运营商构建销售帝国的基础，但是自从各大电商平台雨后春笋般崛起时，特别是进入移动互联网时代，实体店相对网上平台更高的营销成本逐渐成了电信运营商业务环节的软肋，那么，在电信运营商建立和加强电商平台的同时，如何实现电商平台与实体营业厅之间的渠道协同成了摆在电信运营商眼前的问题。

（1）销售价格协同策略。因为电商平台的营销成本肯定要低于实体营业厅，而且效率更高，基于此，可以考虑让电商平台上同样的商品的价格定得低一些，但是考虑到社会代理商的利益，线上线下的差价不能超过5%（除了网上特价商品除外），这也减轻了实体营业厅边缘化成体验店的风险。

（2）仓储物流渠道的协同。由于电信运营商的实体营业点规模庞大，仓库点在全国的覆盖率很高，电商平台销售的商品可以和实体营业厅销售的商品实现“同库同管”原则，并且使用实体营业厅的物流体系可以大大节省仓储费用。对于实体营业厅没有覆盖到的区域，可以进行新一轮的开拓，为广大客户提供更全面的服务。

（3）产品销售的协同。电商平台更注重首销和去库存，之所以在线上优先开始首销，是因为电商平台上发布的信息更迅速更高效，而且可以及时获取客户的评价和需求方面的信息，有利于制定中期的销售战略；而对于库存商品，也放在线上销

售，同时实行特价优惠，价格信息更新快，对市场能做出更及时的反应，更好地去库存。中期销售实行线上线下同步前进的策略，并根据线上线下的销售量对比进行内部货物的分配。

京东跟淘宝都不具有实体门店，相比较线下顾客更加容易对电信运营商产生依赖，增加用户黏性。可以融合 O2O 模式，进行线上和线下同步，让客户有更加直观的用户体验式购物，增加用户黏性。购物的体验方式也更加多样化，客户进行线上支付线下消费时，不仅可以提高线下的销售量，而且可以提高线上的流量。

2. 与各销售区域的协同策略

电信运营商电子商务平台与其各销售区域在实际的运营中职责存在分工，共同目标都是树立良好的品牌形象，推广产品，吸引消费者。

电子商务平台的职责包括：一是进行整体品牌形象的策划，为各销售区域跟进的宣传提供建议；二是在电商平台上进行新产品的推广，为在各销售区域的推广活动打头阵；三是策划套餐和绑定业务方案。

各销售区域的职责包括：一是负责在本地区推广电子商务平台，鉴于客户存量的庞大，对电子商务平台的推广非常有益；二是开展电子商务商平台推广产品的促销活动；三是执行设计好的套餐和绑定业务。

另外，电信运营商可以整合现有的有效资源，进行平台以下几方面的协同，具体见表 5-6。

表 5-6　其他协同

协同	内容
网站信息和手机短信的协同	客户的订单信息或查询信息等可以直接以短信或彩信的形式通知客户，另外，利用数据挖掘技术得到客户可能感兴趣的商品，可以以短信形式向客户推荐
网站信息和邮箱的协同	客户在注册成为网站会员的时候，需要提供邮箱，平台可以通过邮箱免费提供信息提示服务（客户可以选择是否使用该服务），而且平台利用数据挖掘技术得到客户可能感兴趣的商品，也可以将商品的相关信息发往客户的邮箱
网站界面信息和在线客服的协同	客户在电商平台如果有什么信息无法直接凭借网站界面的文字和图片获得，可以通过在线人工服务或自助服务（在网站上会有提供客服链接）得到解决。这种服务方式在淘宝等平台都采用，证明了其实用性

（二）客户服务建议

市场永远是围绕着客户转，在各大电商竞争激烈的今天更是如此，哪个平台能提供更好的服务，就能争取到更多的客户，从而赢得市场。所以电信运营商应把客户服务这一块重视起来。具体应做到以下几点。

1. 统一客户服务标准

在电商平台上的商品可能由于隶属不同的厂家，从而造成服务标准不同，在实际执行时需要采用不同的标准，不仅麻烦，而且容易引起客户的不满，因此，电信运营商应该下大力气整合整个商城的服务标准，建立起一整套标准服务，这样不仅能降低运营成本，而且执行时理念更明确，更能得到客户的理解。

2. 内部控制和接受客户投诉相结合

电信运营商一方面应该借鉴其他电商平台的服务经验，对假货、劣等货客户有退货的权利，充分保护客户的权益。鉴于退货的程序复杂，退货增加了消费者的机会成本，而且严重影响了电商平台的声誉。以淘宝为例，虽然规模越来越大，但是产品中出现假冒伪劣的现象却也越来越常见，慢慢就会出现劣等品驱逐良品的现象，如此恶性循环下去，必然对平台的长远发展不利。淘宝之所以出现这种状况，就是因为内部监督制度不够完善，为了营利而放松了平台的准入标准，造成了商家中鱼龙混杂的现象。因此，笔者认为电信运营商应该提高电商平台的准入标准，同时建立一整套对商家销售假冒伪劣产品的惩罚机制。另一方面，平台客服应 24 小时在线接受客户的投诉，对客户反应的产品问题予以及时的回应和处理，追究出现问题的商家的责任。如此，方可保证平台在客户中的良好口碑，为平台的长远发展打下客户基础。

3. 丰富客户服务渠道

客户遇到问题时，可以通过以下四个渠道向电信运营商反应。①通过电子商务平台的 24 小时在线服务咨询相关问题；②通过当地的实体营业厅咨询问题；③通过拨打电信运营商的人工服务热线或短信自助服务咨询问题；④客户可以通过微信、微博等新兴工具直接向电子商务平台咨询、投诉、反映问题，比如可以在微博上 @ 电商平台的官网，再加上客户要咨询或投诉的问题。其中，24 小时在线服务的模式可以参考淘宝或天猫的运营模式，接收的问题可以在线得到处理，减少客户的机会成本。而第二、第三种渠道，电信运营商已经很成熟了，但是值得一提的是，多渠道提供服务是电信运营商相对其他平台的优势。

四、电信运营商移动电商平台与其他平台合作建议

电信运营商电商平台作为后来者，在知名度和客户的接受度方面都明显不如其

他电商平台，这对电信运营商电子商务平台的发展形成阻碍，为了解决初期客户少的问题，电商平台应该进行平台和商品的推广，以积累人气，这就应该加强与其他平台的合作，借助其他平台进行推广。

事实上，在大型门户网站上推广产品是当前电商产品推广的常用办法，以京东商城为例，其常在新浪网站上在跟其所推广的产品相关的版块推送商品的广告，借助于特价优惠等方式吸引客户的眼球。虽然这种推广方式已不新鲜，但电信运营商在进行产品和平台推广时完全可以借鉴这种经验，加强跟国内四大门户网站的合作，在跟所推广产品相关的版块投放广告，具体呈现方式可以是图片，也可以是简短的视频。同时提供商品的链接，消费者点击之后自动跳转到电商平台进行购物。相信众多的浏览量能为电商平台揽来更多的客户。

各个电商平台专注的商品不同，为电商平台间的合作提供了合作共赢的基础。各个电商平台获得商品的渠道不同，导致价格产生差异，而在价格上处于劣势的一方一般会慢慢退出该商品的销售。这样，电信运营商可以和其他电商平台（比如京东）合作，将各自的互补产品捆绑成套餐一起销售，并在价格上相对单卖给予一定程度的优惠，以此来吸引客户，这样，两家电商平台共同提高了自身产品的竞争力，有利于争取到更大的市场和更多的客户。而电信运营商在这种合作中无疑受益更大，因为它充分利用了合作电商平台的知名度和客户存量来推广自身电商平台。

电商平台合作最关键的出发点是基于优势的互补。上述所讲的是电商平台商品销售业务上的合作。除此之外，电信运营商之间的合作还可以是平台推广合作。比如，电信运营商有强大的资金优势和线下客户优势，但是由于刚刚起步，人气和承认度都不是很高，可以借助其他平台进行推广，特别是自媒体、社交媒体、直播平台，比如微信、头条、抖音等。

综合而言，任何一个移动电子商务平台的初始都在于建设，由于移动电子类商务平台鱼龙混杂，平台众多，为了突出电信营运商业务和区分其他平台，可以以移动互联网的智能化创新为基础，发挥电信运营商在移动互联网智能化方面的主导地位，选择细分市场的战略来建设该平台。结合电信运营商的业务，提出虚拟充值、购机送话费、数据业务的办理、尝试APP应用商城的建设研究等建议。运用数据挖掘和云计算技术，深层次地挖掘与业务相关的客户需求、趋势并做出推断。发挥电信运营商的优势进行客户资料的云储存业务，使客户对电信运营商更加依赖。

第六章

我国电信运营商发展对策

第一节　电信运营商应采取的对策建议

一、三大电信运营商通用的策略建议

（一）加速“去电信化”改革

首先，需要解放电信运营商自身作为甲方处于掌控决策权一方的固有思想，打破这种陈腐的思维模式，调整自身在整个移动通信产业链中的位置，整合互联网的开放性思维和社会合作资源，全力倡导创新共赢的精神，可共享发展果实。其次，等级森严的管理制度需要改变，转向更加注重员工服务的管理理念，企业内部管理上对战斗在一线的好想法应该及时采纳，改善上下级关系，管控生产服务。

另外，在移动互联网时代涌现出的许多新型的营销模式与工具也可以吸收加工，在做出好产品的同时也要学会正确设计宣传与营销推广方式，把互联网的思维贯穿产品的生产和销售全程，往往会达到意料之外的效果。

去电信化到底指的是什么？通过以上三个层面的分析大概可以看出一二，实际上还有一个简单的例子，拿兴起的物联网概念做比喻，这只是一个简简单单的抽象概念，寄托了人们美好的愿景，它指的并不是一种产出，而代表着一种趋势。去电信化可以叫作去固化思维，去不合理制度遗留，拥抱新的竞争挑战。这才是在当今移动互联网迅猛崛起的发展势头下应有的战略方针。当具体细致到移动网络的架构、移动网络的技术和全新商业模式、管理组织架构等方向做出调整和优化时，才是电信运营商得以破蛹化蝶的时机。

（二）创新业务协同性

我国于2009年在全国指定城市开始推广三网融合[①]试点，从我国电信运营商近五年的发展轨迹不难看出，三网融合带来的权限放宽虽然使电信运营商掌握了原属于中华人民共和国国家新闻出版广电总局的内容播控权，但同时广电部门也拿到了互联网接入权与IP电话业务；因旧有的格局限制，包括广电网络在内的广电系统是一个比电信系统更加封闭和复杂的体系，电信运营商若想依仗三网融合和双向进入

① 三网分别指电信网、互联网和广电网，由于历史原因，原来工信部主要分管电信网与互联网，广电总局负责广电网，三网融合政策意味着三网的进一步互通互联。

的政策，以 IPTV[①] 为跳板迈入广电行业中，打通两个封闭体系间的隧道，将是一个成本高昂且风险巨大的尝试。21 世纪初，传统电信运营商进行的众多代价高昂而收益甚微的 IPTV 试点尝试，恰恰印证了这一点。

既然电信网和广电网之间的融合困难重重且步履维艰，那么电信运营商为何不把业务融合的突破口转向其天然的盟友互联网呢？

众所周知，互联网因其开放性、多样性、对电信资源的依赖性等特点，与电信业有天然的结合优势和契合点，理应赢得电信运营商更多的关注。因此电信运营商应当考虑创新业务的协同性，以支撑这个行业持续健康发展。

1. 通信业务和互联网业务的协同性

通信业务与互联网业务的协同指的是对成百上千种移动互联网应用的用户进行内容服务可定制化的业务协同。电信运营商基于在不同业务上完备的财力物力和人力支持，是有潜力实现基础通信和移动互联网业务乃至和未来智能物联网业务之间的协同的。

如图 6-1 所示，混合各种网络业务的新型方式有：依靠用户智能手机运行的空气环境设定应用程序，该应用显示温度如果低于标准设定好的某一个阈阀数值，则通过远程遥控获知与控制室内的温度调节设备，十分简单易行，可变理想为现实。

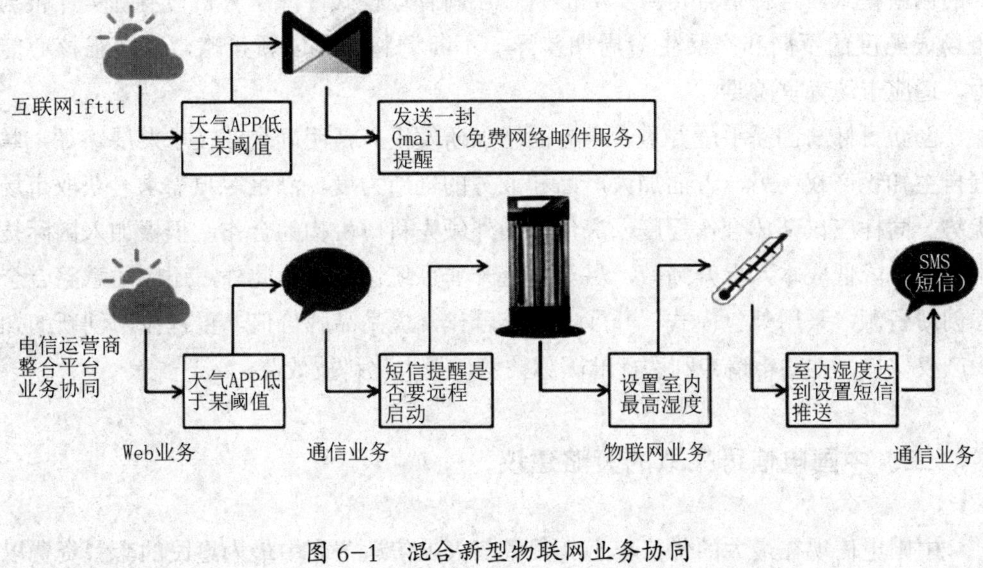

图 6-1　混合新型物联网业务协同

① IPTV 即交互网络电视，又叫互动电视。标准配置是机顶盒 + 电视 + 宽带，用户去中国电信等电信运营商申请，即可收看由机顶盒转存的信号发出的节目，也就是基于宽带的节目内容；与传统电视不一样，它实现了与用户的互动功能，用户可完全自行选择在什么时候看什么节目。

2. 不同信息交互类型业务的协同性

将不同类型的信息交互技术内容进行分组概括，主要包括语音、字符和图像，具体细分成传统通话和留言信箱转接服务，短信和即时消息服务以及视频通话、文件应用共享服务。用户在移动互联网时代的信息交互行为正是基于在此基础上的分化组合升级。目前，最高层次的通信技术组合达到了现实世界与网络虚拟信息的交互整合的完美境界，创造发展出 AR（Augmented Reality，增强现实）的新颖概念。AR 包括的业务种类和应用场景十分丰富，当前火热的立体全息手机投影交互业务对语音、文字、动画功能的叠加等均可以视为最基本的一类 AR 应用。

电信运营商对于 AR 应用的涉足还没有开始，但必须是未来电信运营商业务发展的主力方向。其他行业早已开始将自身的产品与有趣的 AR 技术 APP 结合在一起，令用户惊叹不已，比如国际知名冰激凌品牌哈根达斯，它运用了该技术将智能手机与实体体验消费完美融合，用户只需要将摄像头对准旗下制定款式的冰淇淋的盖子，在视线范围内即可以出现一位小提琴手演奏两分钟的小提琴曲，用户在优美的琴声中享受着美味。这是技术革命带来的移动互联网时代的产品开发新契机。

（三）挑选合适的科技创新模式，提升科技创新能力

制定科技创新战略时，可以参考借鉴地域环境相似、基础条件相当的电信运营商的创新模式，选择适合自身实际的科技创新管理模式，深度分析自身优势，根据市场成熟度的不同和产品生命周期差异，不断调整科技创新策略，以增强核心能力，适应市场竞争需要。

创新目标与创新手段并重，一方面增加研发投入，明确企业技术发展路径，掌握自主知识产权；另一方面加大产品和业务的创新力度，满足客户需求，获取市场优势。同样应该开放合作程度，深化与国外领先科研机构的合作，积极加入国际技术联盟，降低成本，提升绩效，尽全力避开非系统性风险。此外，还应注意整合全球创新资源，采用外包模式，开展产业链合作，提高品牌价值。重视技术创新的知识产权保护，主动申请专利和标准国际技术，最大化科技效益。

二、中国电信可采取的策略建议

中国电信现在最大的优势在于其具备三大电信运营商中最为惠民的套餐资费以及其稳定的绑定营销策略，再加上其良好的信号覆盖。我国的固网还存在不可估量的发展空间，电信应当学会加速开展光纤到户的业务，简单来说就是我们常听说的村村通、户户通，这也是保证固定用户数量的最佳方式。光纤到户的显著优势还存在于其不仅能够提供更大的带宽，而且还可以达到增强网络对数据格式、速率、波

长和协议的透明性加强的效果。这种业务的大力开展，同时再凭借原有固网优势，电信的移动网络也将不必担忧找不到销售的渠道。

1. 开放电信业务能力

开放消息类业务能力，这需要放开包括但不限于诸如 SMS、MMS 和 PUSH 等业务能力；话音类业务能力开放主要定位于三方通信、放音收号、转接呼叫、接入码触发等业务能力开放；深化定位能力等信息类业务标准的改革；进一步开放数字媒体的转码、流化、保护、播放等能力；以及手机来电显示、套餐资费和移动充值等计费类业务能力开放。如中国移动推出的“中国移动开放平台”，中国电信贴近时代的发展，积极推出了“天翼开放平台”，给广大中小型内容服务应用开发者提供便利的开放接入手段做出了很好的示范。

2. 开放云服务

大数据时代的存储空间需要变革传统思维方式，于是云处理技术、云存储技术等移动无限容量的数据处理分析系统理念广泛传播，电信在这一点上需要加紧建设的步伐。

3. 互联网接口开放方式

利用最新移动互联网认证形式进行改革升级，当下最为流行的接口开放格式是 HTTPREST ful，方便 Web、Native 和 Hybrid 应用的接入。

4. 建立企业论坛、能力发现机制

为方便移动应用开发，应提供企业开发者论坛以及服务设备研发，更应当招兵买马，投资建立平台生态圈以提供更加多样化的业务和服务，增强用户黏性，如 online（线上）网游、电商平台、数字流媒体平台和报刊应用 store（商店）平台等。

三、中国移动可采取的策略建议

在 5G 时代已经全面发展的时期，移动无疑会牢牢抓住 5G 领先的优势这根救命稻草，在用户吸取数量与速度上远远甩开中国另外两家主流电信运营商才能成就其在 LTE 时代的强势反击与强劲增长，凭借移动庞大的用户基数，如果中国移动的 5G 用户体验上过得去（以目前积累的用户量及活跃程度来看，似乎表现不俗），那么移动维持住领先优势，与国内另外两家在 4G 时代领先的电信运营商拉大差距是毫无疑问的。延伸联想一下可以发现，加上 4G 网络全地址的低延迟特性，中国移动也许可以在一定程度上动摇中国电信宽带老大的地位，进而在宽带网络市场上扩大原本并不占优的势力范围，取得竞争领先。

移动的“全球通”主打商务牌，区别于“神州行”的平民实惠，“动感地带”则针对年轻族群，客户群彼此不重叠，这样有利于市场开拓和深耕细作。现在在

LTE时代，中国移动开始使用“和”这个新的品牌策略，目前“和”品牌还在起步阶段，就目前的投资与精力来看，只有像之前成功的三大品牌一样坚持用心经营与推广才能看到曙光。

另外，已经初具规模的中国移动终端公司正在蓬勃成长，因此中国移动在创新终端研究上值得花更多的精力与金钱。固网通话终端在目前迫切地需要向迅猛占有市场的移动终端借鉴经验，配合固网运营商的业务创新，为用户带来更舒适的产品信息体验。

凝聚终端力量，同时也是应对明星手机的挑战的需要，中国移动与iPhone的非排他性合作会造成移动议价能力的丢失，一部苹果手机的市场定价能否更加低廉以优惠广大的消费者，都在于中过移动与苹果一轮又一轮的谈判，从这方面说，中国移动也应大力增加谈判的筹码，避免在竞争博弈中失去优势。

四、中国联通可采取的策略建议

通过联通精彩在“沃”的品牌定位可以知道，中国联通对于WCDMA的依赖，靠着iPhone进入中国市场，联通在3G时代打响了头炮，占领市场就是一个“快”字，在一向讲究速度的移动网络领域更是如此，目前几乎人人都形成了统一的思维模式，那就是联通的移动网速在3G时代是三家电信运营商所能提供的技术当中最快的，用户体验带来优质的口碑，想方设法留住已经积累的客户量，中国联通急需的是保证客户的高忠诚度。虽然FDD-LTE的牌照发放晚了移动一步，但好在差距并没有拉得太大，如今牌照已经发放，联通正在紧锣密鼓地建设新技术网络。在第五代通信技术进入我国的初始阶段，如果联通能把这个明显的优势保持住，同时破除信号差的固有形象，必然能够重新在电信运营商的行业地位上洗牌。

联通现在的优势在于高消费集团用户很多，客户需求也不断变化，这都需要中国联通去针对这一细分客户市场开拓更大商机，提升产业价值。利用网通宽带加强固网建设再捆绑集团企业的移动网络是中国联通一个不错的发展路径，因为这能帮助企业在面临激烈的竞争与挑剔的高消费客户时降低生存成本。或者与在南方固网占据主导地位的电信采取合作策略，共同削弱移动的势力，以强化自身份额，稳固中国联通的利润来源。

另外，联通在三家电信运营商中是资产规模最小的企业，可以说是在制度改革上更容易实施的小企业，因此在移动互联网时代，中国联通完全可以发挥其作为小公司的创新改革精神，同时又对平台展开战略布局。以探索更加开放的平台运营，更加扁平化的公司治理以及市场化的运营方式。具体来说要从以下几个方面进行大刀阔斧的转变。

（1）运营决策。采取重点关注路径通道，收集上行创新意见，分级授权下行决议，融合互联网基因，实现管理幅度的扩大，管理层级的减少。

（2）单项目执行。架构良好的资源储备池，更加开放灵活地执行项目策略，是从优还是全范围铺开应建立起一套完善的项目抉择机制。

（3）团队建设。采取更先进、更有针对性的人才资源吸纳策略，实施优胜劣汰机制，精兵简政，实现研发能力内化。

（4）集中运营核心业务。在管理集中几项重点业务之外还应做好小业务运营，做到每项业务均能对应到负责人，实现小众市场的长尾效益。

我国三大主流电信运营商在移动互联网时代下存在许多问题，并且改革根深蒂固的国企体制以适应更激烈的市场竞争也是在所难免的，只要是涉及制度的转变都是必须循序渐进而不能是一刀切的，这个升级转型的过程最终形成的是积小成大的效果，在移动互联网的蓬勃兴起以及后续发展阶段，它们会懂得韬光养晦、理智行动，但作为“巨型游轮”的它们质量体积过于庞大，在即将触碰到冰山的时候，即使迅速做出掉头决策和改变，要想最后安全避开危险，真正实现救赎也还是一个缓慢的过程。若电信运营商可以抛弃传统电信观念，依托自身无可比拟的资源优势及用户群优势积极与互联网进行战略融合，开拓新型电信产品市场，提高用户体验的能力，等待电信运营商的将是一轮巨大的机遇。互联网会有强大的企业加入电信业的竞争，电信运营商更加急迫地需要抓紧时机进行转型，更新传统的电信运营理念和王者思维，以开放的心态迎接行业中地位的变化，充分发挥自身的渠道优势、网络资源优势和用户群优势，并与互联网进行主动融合。

第二节　我国电信运营商竞合发展建议

随着信息技术的发展和移动互联网时代的到来，数据业务正呈迅猛发展之势，行业外企业的业务也已悄然进入电信领域，在技术、市场、客户的三轮驱动下，传统的电信业正从通信服务业向信息服务业转型。

在未来，电信运营商、设备提供商、终端生产商、业务和系统集成商及消费者组成电信行业生态系统的核心力量，正如自然界的生态系统一样，各个物种之间存在共生关系。在电信行业生态系统中，各种核心力量也通过竞争和合作维系着整个产业价值链的正常运营，并不断进行价值的创造。我国电信市场的竞合是一场微妙的游戏，在电信产业生态系统中，三家电信运营商和其他参与者之间的关系错综复杂。在实际的市场经营中，唯有运用智慧，积极采取竞合策略的电信运营商，才能在电信市场庞大的产业生态系统中处于优势地位，成为真正的赢家。①

一、监管政策、法规的调查完善

电信行业的发展过程是竞争、垄断与管制三者之间有机平衡的动态过程。在行业发展到初级阶段一定时期，垄断抑制了行业活力，监管的重点在于提升行业效率，需要通过管制措施逐步引入竞争。在行业发展走过成长阶段并步入成熟阶段时，垄断与竞争并存，行业监管的重点在于把控竞争的“度”，需要通过管控措施加强竞合引导，既要保持充分的、良性的行业竞争，又要避免过度竞争对行业健康发展的破坏。监管政策的改革与创新是实现这一阶段电信运营商竞合的前提。

（一）电信行业法律法规的完善

由于我国电信行业管理牵涉的方面诸多，利益关系错综复杂，尽管《中华人民共和国电信法》（简称《电信法》）酝酿多年，但迟迟未能出台，从1980年开始起草，到送交国务院法制办审议，经历了32年的漫长等待。而目前，我国电信市场的迅速发展与电信法律法规不完善的矛盾日益突出，各种垄断及不正当的竞争增多也体现了行业法律规制上的无力，电信行业的快速变化所带来的一系列问题是无法仅靠现有的规章制度来保障的。

期待中的《电信法》应该重新规范各参与方的竞争行为，引导相关方的合作。比如应秉承为电信行业运营提供指导思想的基本原则来明确规定合理有效的竞争机制；为了使我国有线电视网络进入电信市场能够有一定的法律依据，需要进一步放宽电信市场准入机制；加强对互联互通与网间结算费用的政府管控，通过构建新的更加合理的网间成本结算模型，来调整不同企业之间收益相对不均衡的状况②；在电信行业监管机构建设方面全面推进，从而使电信行业的发展形成依法行政、运作协调、职能分明的监管体制，为电信业的健康发展奠定制度基础。

（二）电信行业产权体制改革

电信业几次的拆分重组，并没有使国有资本“一统天下”的局面得到改善，我国的电信运营商新的市场进入者基本上还是国有企业，国有资本仍然是“一股独大、一统天下”重组的结果仅仅打破了企业垄断。鉴于中国特色社会主义市场经济的特殊国情，电信运营商保持国有股权占大股的股权结构是必需的，但是三家为国

① 张鸿，张超.电信产业链整合模式探析[J].西安邮电学院学报，2007（4）：1-4.
② 明亮.移动网与固定网网间结算研究[D].北京：北京邮电大学，2007.

有控股的电信运营商之间产生的不良竞争，将会使得政府的监管制度失去相应的意义。政府应该明确主导电信运营商可以继续规定国有控股比例不低于51%，而对其他一般电信运营商，应由企业自主选择，这也有利于盘活市场，开拓所有电信运营商相关产权市场，实现所有电信运营商产权多元化发展，促进电信市场的公平有序竞争和效率提升。

（三）电信行业监管政策的调查

为了有效促进电信行业均衡可持续发展，政府针对不同电信运营商实行了不对称管制，这在一定程度上确实能打破电信行业单一寡头垄断，确保电信行业各家电信运营商能开展充分竞争，这也是维护国有资产保值增值的重要举措。全业务运营后，三家电信运营商产品和服务更加同质化，在移动通信的4G和5G市场上，电信运营商不计代价的价格战和过度竞争，不仅不能为电信运营商带来实质性的收益，而且也会降低整个电信行业的价值，造成国有资产的流失和结构的不合理，更为严重的是，电信运营商将失去技术研发投入的动力和资金支持，将抑制信息技术的发展，技术的停滞最终将会降低消费者福利。目前，政府对电信行业原有的监管政策已经不能适应当前电信运营环境的需要，竞合已成为实现国有资产保值增值的必然要求。在这种背景下，政府需要对电信监管政策进行适当的调整，对电信行业参与者提供竞合的环境和保障，鼓励电信运营商在合理有序竞争的基础上进行适当的合作创新，从而实现国有资产的保值增值。当前，政府需要加快出台适合整个电信行业健康发展的监管政策，利用“无形的手”引导我国电信运营商从过度竞争转向竞争合作。另外，政府也要规范电信行业协会的机制，确保这些专业的协会能充分发挥沟通协调作用，为我国电信运营商创造有效竞合条件。

（四）电信行业监管模式创新

电信行业的重组拆分是监管部门对行业格局管制的重要方式。电信行业的几次重组在行业的各个发展阶段起到了关键性推动作用：1994年中国联通的进入打破了垄断，为电信行业带来了竞争，提升了效率；1999年的纵向拆分，进一步强化了电信市场的竞争氛围；2001年的横向拆分，强化了区域间的竞争与发展；2008年的重组，全面打破了电信运营商在业务领域层面的垄断，电信运营商能够在各个领域进行充分的竞争。这几次重组的主要目的均是强化竞争、提升行业效率。在新的行业生态环境下，监管部门应在兼顾竞争的前提下，进一步创新管制模式，借助信息技术的发展，探索“虚拟运营商＋网络管道”模式，完全实现电信业务与承载能力相分离。组建网络管道公司，专门管理通信网络，全盘规划，统一建设，避免重复投资；电信运营商通过虚拟运营的模式租用网络开展各类业务，按话务量与流量等多种方式定期支付网络租金。在一定程度上，电信行业创新的监管模式能有效实现我国通信网络资产的集中管理及效益的最大化，为实现电信行业各参与方的竞合提供有力支撑。

电信行业的重组拆分是监管部门对行业格局管制的重要方式。电信行业的几次重组在行业的各个发展阶段起到了关键性推动作用：1994 年中国联通的进入打破了垄断，为电信行业带来了竞争，提升了效率；1999 年的纵向拆分，进一步强化了电信市场的竞争氛围；2001 年的横向拆分，强化了区域间的竞争与发展；2008 年的重组，全面打破电信运营商在业务领域层面的垄断，电信运营商能够在各个领域进行充分的竞争。这几次重组的主要目的均是强化竞争、提升行业效率。在新的行业生态环境下，监管部门应在兼顾竞争的前提下进一步创新监管模式，借助信息技术的发展，探索“虚拟运营商 + 网络管道”模式，完全实现电信业务与承载能力相分离。组建网络管道公司，专业管理通信网络，全盘规划，统一建设，避免重复投资；电信运营商通过虚拟运营的模式租用网络开展各类业务，按话务量与流量等多种方式定期支付网络租金。在一定程度上，电信行业创新的监管模式能有效实现我国通信网络资产的集中管理及效益的最大化，为实现电信行业各参与方的竞合提供有力支撑。

二、电信运营商竞合模式的选择

（一）资源取长补短模式

三家电信运营商经过多年的运营和积累，营销、网络等资源分布各有长短，在不同的领域均有侧重。电信运营商通过既有资源优势的取长补短，加强共建共享的范围与力度，发挥营销渠道等资源的最大共享价值，既有利于深入促进国有资产的效益最大化，又有利于更好地满足消费者的融合需求。我国电信运营商可以学习借鉴国外电信运营商进行资源合作的成功案例，比如，英国移动运营商 Orange 就同固定运营商 BT 在管道业务上进行优势互补，对 Orange 来说，如果出现有移动通信信号无法覆盖的地区，就可以借助 BT 的 Wi-Fi 网络向用户提供无差异的移动语音服务；同样，BT 也可以利用 Orange 为自己的客户提供移动语音业务。这样就在资源融合的情况下实现了双方的互利共赢，同时也提升了消费者的权益。[①]

（二）业务项目合作模式

三家电信运营商可以在某些业务领域尝试开展合作，以项目为纽带来共同开发

① 高侠. 中国电信运营商网间互联互通的研究 [D]. 北京：北京邮电大学，2007.

业务，通过客户比例、网内流量比例等来进行利润分成。国外电信运营商间的业务竞合案例较为广泛，如欧、美等国电信运营商纷纷采取竞合思路来推进移动手机支付等新业务的发展，摒弃了相互竞争、独立运营的传统策略。法国的 Orange 与竞争对手 SFR 和 Bouygues Telecom 及产业链相关企业进行联合，推出了名为“Cityzi”的 NFC 移动支付项目[①]，美国的 Verizon、AT&T、T-Mobile 和 Sprint 等电信运营商会合作建立一个失窃手机数据库，并最终将各个电信运营商的数据库整合在一起，防止偷窥和抢劫手机案件的发生，其他小型电信运营商也可以加入该项目，这个项目可以阻止犯罪分子在偷盗或抢劫手机后，重新使用新的 SIM 卡进行贩卖，对项目参与各方都有利。

（三）资本运营合作模式

资本运营合作模式是以资本为纽带，来实现电信运营商间的深入合作与共赢。相对于业务项目合作模式来说，资本运营合作模式是一种合作更为持久、关系更为紧密的竞合模式。国外很多电信运营商联合成立合资公司，专门运营移动手机支付业务。例如：丹麦的 TeliaSonera、TDC、Telenor 共同联合成立合资公司，开发手机钱包支付平台；英国电信运营商 EE（Everything Everywhere）、沃达丰和 Telefonica 成立合资公司 Weve，就移动支付业务进行合作；美国的 AT&T Mobility LLC、T-Mobile 和 Verizon Wireless 三家电信运营商组建“Isis”合资公司，共同开发手机支付系统。[②]

（四）细分市场发展模式

细分市场发展模式是电信运营商基于诚信的前提，在进行充分的协商博弈并达成一致的基础上，集中资源服务于不同细分市场、不同细分客户的竞合模式。在当前移动市场的竞争格局下，移动运营商可以发挥移动市场主导者的主动作用，同其他电信运营商进行博弈，开展细分市场合作共赢，集中资源拓展与服务高价值客户，巩固高端移动市场地位。在低端移动市场进行让利的同时，在宽带市场进行资源储备与尝试。在我国，这一模式很难形成并持久运行，它需要电信运营商具备正确的客户价值导向、战略性的眼光与周密的全局部署，同时受到诸多不确定和短期行为干扰，更适合于地市层面的电信运营商灵活操作与动态探索。另外，这一模式容易演变为细分市场的绝对垄断，给消费者造成一定的利益损害，这是监管部门不愿看到和不允许的。因此，这一模式在电信市场实践中很难达成。

---

① 王莹．电信增值业务领域协同商务研究 [D]. 武汉：武汉大学，2005.
② 宋旭军．信令采集子系统的设计与实现 [D]. 合肥：国防科学技术大学，2004.

(五)战略联盟共赢模式

战略联盟共赢模式是电信运营商横向之间或电信运营商与产业价值链上下游企业纵向之间为达到共同的战略目标而采取的相互合作、共担风险、共享利益的共赢模式。这一模式具有快速性、互补性、低成本等显著优势。企业进行竞合的重要载体是战略联盟组织，如APEC（亚太经济合作组织）和OPEC（石油输出国组织）组织，它们的宗旨就是协调各成员国之间的政策和利益，避免成员国在经济上进行过度的竞争，进而维护整体的利益共存。电信运营商可以同产业价值链上其他参与者共同建立移动物联网、互联网及无线城市运营领域的战略组织，搭建统一的适合价值链上其他环节参与者的研发和业务运作平台。这个集中化的平台正如一个集市，各参与方就是这个集市上经营各类产品和服务的商贩，它们需要通过业务和服务的竞合来维持集市的繁华，这样自身也会从集市上获取一定的收益。电信运营商与产业价值链上下游企业构建纵向战略联盟，可以使彼此在各方优势环节上展开深入的合作，达到共赢的协同效应，提升整体竞争力，实现收益的最大化。

三、电信行业内外竞合策略选择

(一)竞合策略选择

1. 横向竞合

作为全业务电信运营商的中国电信、中国移动、中国联通分别经营有固话、宽带、移动通信等电信业务。特别是在5G市场发展中，三家电信运营商都想成为引领5G发展的龙头电信运营商，其市场竞争已相当激烈。电信运营商的竞争更多的是来自客户的竞争，而这些客户多数又来自竞争对手中的客户。由于三家电信运营商业务产品类似，为了获得更多的利润，三家电信运营商需要从简单的价格战中及时抽身，从差别服务等支撑环节考虑展开间接的竞争，进而在相关业务市场达到良性竞争的目的。

从网络资源上来看，不难发现有两家电信运营商有着很大的相似之处，即中国电信、中国联通，它们均拥有丰富的固网资源、宽带资源以及相关的客户资源；在固网上，中国移动很显然处于劣势。而在移动通信领域，尽管三大电信运营商的移动通信网络制式不同，但中国移动的移动通信网络和经营能力要领先于中国电信和中国联通。事实上，三家电信运营商可以通过网络资源上的合作，共同为对方创造合作互利的条件，比如：中国电信与中国联通，它们都拥有雄厚的固网资源和客户资源。很显然，中国电信和中国联通首先靠固网资源，其次是宽带资源的优势，再次靠固话、宽带、移动通信三者之间的有效捆绑与融合实力。几年前的电信改革，对我国固网南北地域的划分形成了现有局面，中国电信在南方地区的固网资源和势力要大于北方地区，而中国联通在北方地区的固网资源和势力则大于南方地区，其固话用户和宽带用户均如此。这种互补性为未来双方的合作提供了有利的条件。如在北方，电信的家庭网里可以使用联通的固话和宽带；而在南方，同样联通的家庭网里可使用电信的固话和宽带；电信、联通也可以和中国移动开展合作，移动的家庭用户可以使用电信或联通的家庭宽带。

另外，电信运营商的固定成本很高，主要是基础设施如网络设备、基站建设等方面投入金额较大。当前，5G 网络的不断发展，对 5G 基站提出了挑战，三家电信运营商需要在基站共建共享方面进行合作：如借助重大市政工程推进电信基础设施共建共享时，对相关各方都有利，在轨道交通、隧道以及楼宇室内等建设施工的费用都可以降低。共建共享工作牵涉到多方面的利益，关系到运营企业的网络安全，具体工作内容十分复杂，不可能一蹴而就，必须不断健全工作机制，完善制度流程，细化考核办法，才能确保工作忙而不乱、有序推进、稳步开展。建议三家电信运营商制定共建共享的框架协议及相应的协调机制，采集各电信运营商的铁塔、基站等资源信息，设定一个共建共享数据库，各电信运营商可以根据实际需要向其他电信运营商提出共享或者共建，但必须按照第三方机构制定的统一共建共享标准施工。首先对历次分营造成的电信基础设施相互占用，归属不清问题要借助政府力量，对通信管道资产进行全面的摸底调查及清算；其次对历史遗留无法确定是哪方的资源进行认真核查，将相互占用资源全部纳入共建共享范畴；最后对无法解决的问题通过补签协议或资产置换方式，进行组织协调。[①] 三家电信运营商互联互通、共建共享，可以有效减少固定资产方面的投入，消除重复建设的现象，进而可以从整体上提升效益，实现三方共赢。

2. 纵向竞合

对一般的工业和服务业来说，基本的市场交易规则即可，但是电信行业对网络资源的依赖性很强，具有全程全网、规模效应、寡头垄断等独特的经济特征，这些都决定了我国电信市场是一个不能完全依赖于市场进行自发配置资源的行业，它较高的市场进入壁垒、不充分的竞争态势都说明了我国电信运营商相互之间的竞争需要以互联互通为基础。所以，对于我国的三家电信运营商而言，它们彼此间可以在某些业务或某个地市进行竞争，但在全程全网方面，必须通过互联互通进行有效的合作。

我国电信市场自从由垄断过渡到竞争后，互联互通一直是电信运营商面临的难点，也是我国政府对电信监管的重点。虽然经过政府和电信运营商自身多年的努力，目前，我国互联互通的整体情况稍微有所改善，但是在很多时候，仍存在联而

---

① 冯昀．电信网间互联互通监测系统技术研究 [D]. 北京：北京邮电大学，2009.

不通、通而不畅、畅而不久的问题，诸如有意限制竞争对手的客户互通时的网速，甚至是时不时中断竞争对手通信等事件屡禁不止，这些都在很大程度上阻碍了我国电信运营商健康发展。电信运营商思想认识上的误区是通信网络不能实现互联互通的主要原因。

三家电信运营商在电信市场运营中多是主观情感上不乐意接受互联互通，甚至将为竞争对手提供互联互通视为“自残”。所以，对于我国电信运营商而言，首要的问题是解决思想上的“互联互通”，只有思想“通”了，才会落实到行动上，真正实现网间由内而外的互联互通。电信运营商应该转变思路，将互联互通的一方作为自身的客户而非直接的竞争对手，实现互联互通后，这个客户提升自身的网络应用价值会带来一定的收益，同时也会有利于电信运营商不断挖掘潜在的市场，吸引用户，做大做强产业价值链。站在国家和民族利益的角度上，互联互通更能节约资源成本，提升国家基础电信通信的综合实力。总之，三家电信运营商应积极支持电信市场的互联互通，并继续与各电信运营商展开双赢或多赢的竞合，在共同维护电信市场有序竞争的同时把市场做大。

（二）实施差异化策略

随着市场竞争程度的不断加剧，各家电信运营商都在积极谋划转型发展，同质化的竞争消耗了企业大量资源，延缓了信息技术的进步，差异化市场理念逐渐被电信运营商认同。要实现有效竞合、共同发展进步，必须要追求差异化运营，一定程度上来说，电信运营商竞争优势旨在提供差异化信息服务。

目前三大电信运营商的产业格局已相对均衡，但是在电信产品和服务方面的差异化不够，这方面的竞争没有较多实质性的进步，竞争较多的还是停留在低层次的语音业务方面，而在增值业务和产品服务方面缺乏突破性的创新。比如：手机视频业务，尽管三家都承认此业务是流量经营时代发展的趋势，但是此业务现在各地都尚处于初期实验期，三家电信运营商都尚未能将其作为流量时代核心业务全面推广运营。

首先，对电信运营商来说，将市场运营重心放在差异化竞争上，以客户需求为导向，不断追求创新，加强对新的技术和产品的研发和掌控，建立不同于竞争对手的差异化产品和服务。比如：就电信通信信号来说，在全业务运营之前，客户面对三家电信运营商时，一般都会首选信号覆盖和质量最好的中国移动，而信号好就成为中国移动的差异化质量竞争的主要推力，但是随着网络建设的不断完善和优化，电信运营商网络质量之间的差异越来越小，由网络形成的差异化优势越来越模糊，这就需要进行创新，实现另外领域的突破，尽快引领中国进入5G时代。

其次，对电信行业的用户进行市场的细分，以个性化、特色化的服务来满足用户多样化的需求。电信运营商涵盖的客户群是比较庞杂的。从客户属性分类来说，有政企客户、家庭客户、校园客户、民工、普通客户等，他们的需求明显是不同的，可以实行各种服务保障的差别化对待，甚至在一定程度上会有些价格上的“歧视”。而就政企客户这一个点来说，按照行业又可分为政府、金融、保险、教育、医疗、交通等，这些行业的发展需要根据其自身特点采取不同的运营思路及模式。就中国移动目前情况来看，可以在政府行业重点推广政企通，在教育行业发展校讯通、教育手机报，在医疗领域重点做医讯通、预约挂号等，通过差异化、个性化服务质量的改善提高客户满意度，靠服务赢得用户，并最终增强其获利的能力。

再者，对自身优势资源进行重新认识，并形成了各自的差异化竞争优势，进而确立了今后的发展方向。在全业务竞争格局下，三家电信运营商的各自资源以及擅长领域也并不完全相同。比如中国移动，简单从用户量而言，移动的优势在于用户资源远远高于其他两家电信运营商。反之，它在固网包括政企客户提供方面，肯定远低于电信或者远低于联通，这就决定了它们在竞争上的着力点肯定不一样。因此，三家电信运营商根据自身的优劣势，在已有的客户和网络资源上，开展基于全业务的差异化服务，这将是我国电信运营商在电信业务市场中必备的竞争元素。

（三）发展智能化管道

智能化管道是电信运营商更深层次的升华，是精品化网络建设的开端，而并非电信运营商对传统管道运营的简单回归，电信运营商智能化管道运营可以从以下几方面进行发力。

首先，加强基础传输设施建设，这是构建智能管道的基础。流量经营时代，电信运营商应当更加重视基础传输资源的建设与储备，无论是有线接入还是无线接入，均需要基础传输资源具备相应的承载能力，尤其是在数量流量激增的背景下，电信运营商拥有足够的管道资源是流量经营的前提，只有在数据管道资源相对充裕的条件下，流量的智能化管控才有空间。因此，电信运营商应当战略性地提升基础传输设施的投资比例，加大传输网络建设力度，面向流量经营优化传输网络结构，为构建智能管道夯实基础。

其次，将传统的“哑管道”智能化，这是构建智能管道的核心。加快推进 DPI、PCC 等关键技术的部署，整合信息采集系统，实现数据通道的动态精确配置与差异化管控，通过分时间、分区域、分用户、分终端、分业务管理数据流量，提升流量价值。基于管道智能化，电信运营商一方面可以高效地根据不同时间、不同区域的网络状况，提供不同折扣的差异化流量计费策略，在挖掘流量消费潜力的同时，动态均衡网络承载；另一方面，针对不同类型的业务提供不同的流量资费，如：新浪微博产生的流量可以是 0.6 元 / 天，QQ 浏览器产生的流量可以是 1 元 /MB；网络忙时，可以按用户分级、业务分级，主动保护高价值用户的流量体验，降低低价值流量业务的管道资源占用，还可以制定灵活的限时、限速流量充值卡，为客户流量消费提供按需、实时的个性化选择。智能管道的系统构建及其运营管理能力将成为电信运营商的核心竞争力，先具备智能管道运营能力的电信运营商，就能为客户提供独有的流量消费感知。即使三家电信运营商均构建了智能管道，在不同的策略体系设定下，同一产品在不同电信运营商网络上的流量使用感知也可能大相径庭，使得电信运营商脱离同质化价格战，实现差异化竞争成为可能。在应对 VoIP 的替代竞争领域，电信运营商依托智能管道一方面可以面向高价值用户提供有偿的、高品质的语音与视频等服务；另一方面也可以为低价值用户提供无 QoS 保证的，数据流量承载的免费语音、视频等服务，从而有效应对 Google 等互联网企业的正面竞争。[①]

再次，锻造面向客户需求的流量分析与运营能力，这是智能化管道增值的关键。智能化管道的进一步增值需要具备数据流量的精细化分析与运营能力。电信运营商应当进一步完善后台运营支撑系统的数据挖掘能力，使庞大的流量信息转化为客户个体与聚类群体的消费行为与潜在需求，从客户感知的角度出发，通过构建精准、快速的需求响应机制，将这些价值信息转换成产品服务，为客户提供更精准、更满意的综合信息化服务，最终成为基于智能管道的综合信息服务提供商。一些电信运营商正在尝试使用流量战略地图，将网络、客户、业务、使用习惯等整合起来，为客户提供更加精确的智能管道服务。

最后，电信运营商在业务应用层面的合作共赢是智能化管道增值的有效措施。在传统红海市场上，由于产品的同质化导致电信运营商之间的恶性竞争，智能化管道的构建使得电信运营商具备了在流量业务的蓝海市场上进行差异化竞争的可能。无论是从理论上的帕累托最优出发，还是从国有资产保值增值的监管角度考虑，电信运营商需要在业务应用层面加强合作，丰富流量业务内容。电信运营商可以围绕业务与承载相分离的技术理念，一方面锻造自身智能化管道运营体系的核心竞争力，在智能化管道领域展开深入的部署与充分的竞争；另一方面加强业务应用层面的相互沟通与合作，可以共同组建面向某类流量业务的专业性公司，携手开发蓝海市场。只有在存在竞争的前提下，合作才有操作性，才能更为持久；也只有开展不同层次的合作，才能有效减少因为恶性的价格竞争产生的消极影响。竞争与合作相互作用、相互促进，方能实现竞合共赢的目标。

（四）产业上的联盟

伴随着“数据为王”“应用为王”的移动互联网发展，电信产业价值链也由条状

① 周长辉．竞合时代：博弈与企业战略 [J]. 北大商业评论，2005（9）：44-53.

变成了网状，不再简单的是“软硬件提供者—电信运营商—用户”，而是由电信运营商、设备制造商、系统集成商、以移动互联网企业为核心的内容及服务提供商、行业内竞争者、其他各行各业的企事业单位、政府等共同参与的网络。[①] 产业链上相关方在不断发展壮大的同时，也积极地向上下游拓展，这样就带来了整体业务上的合作与局部业务上的竞争。电信运营商应抓住三网融合背景下产业链重构的机遇，着眼自有业务与行业外其他业务的融合，采取积极主动的竞合策略连接价值链上下游企业，建立产业价值创新联盟。电信运营商与产业外这些相关单位不仅仅是竞争关系，更深层次的是通过战略联盟，形成一种契约关系，这比单纯的竞争能带来更为丰厚的收益，也能通过各自资源的互补来推动整个产业发展。

以电信运营商和终端提供者合作为例，电信运营商可以通过对终端价格补贴、改变终端菜单的软件设计，乃至对终端进行深入定制等方式介入终端领域。在定制机方面，当前市场上定制机多是在简单的软件内置的基础上，贴上电信运营商的logo，而不是真正的定制。电信运营商应当加大对终端制造商整合的程度，借助庞大的用户数据库，深入挖掘客户需求，在终端手机上体现融合更多的电信运营商元素，丰富定制机种类，打造明星终端品牌，形成终端业务优势。同时，电信运营商也应该与互联网服务提供商和网络内容服务商进行深入合作，共同制定合理的网络使用费及其利益分享模式。

现在我国智慧城市的建设被政府推上日程，电信运营商应该意识到电信领域的特殊性，积极和政府及相关机构进行合作。比如：与银行合作开发手机支付、电子银行；与医疗机构合作提供预约挂号、远程医疗服务；与教育界达成合作，提供校园智能化服务，远程教育服务；与政府合作开展电子政务、便民服务等；跨行业的联盟为用户提供了多元化的服务。使用户由单一定额电信产品消费转变为对社会和生活方式的认知与依赖，是电信运营商有效捆绑客户的重要手段。但是由于机会主义行为的存在，这种合作联盟在带来利益的同时也存在着一定的投资套牢、信息共享风险，建立以诚信为基础的联盟关系管理就显得更为重要了。这种联盟关系管理需要各参与方从竞合的角度去建立合理的分配机制，选择伙伴，增强沟通，培训信任和忠诚。

传统话务时代，电信运营商前向收费的商业模式就如同现在的高速公路收费一般，直接面向客户收费；互联网运营时代，电信运营商的商业模式创新，就是在收费公路旁开辟一条免费公路，通过设立广告牌位、加油站点、休息餐饮点等方式来获利。电信运营商在内部运营管理体系的优化与转型基础上，围绕客户感知与产业

---

① 王珍珍，陈功玉．制造业与物流业联动发展的竞合模型——基于产业生态系统的视角 [J]. 经济与管理，2009（7）：28-34.

链上下游企业一道系统提升产品聚合能力，提供基于和行业内外企业合作基础上的一系列聚合化产品解决方案，探索更为丰富多样、更符合客户消费习惯的聚合产品体系，为持续健康发展提供保障。

第三节　我国电信运营商绿色技术创新与可持续发展

此外，在新的产业生态和可持续发展理念的影响下，电信运营商未来发展需要持续不断地进行绿色创新。然而，当前有关绿色网络的研究多聚焦于技术层面，而从多方位可持续发展的角度出发，在网络构建层面、网络能力评估层面以及网络技术创新层面进行的研究还比较有限。因此，如何多方位提升电信运营商网络服务的可持续性，成为电信运营商在新的产业生态中面临的重要挑战之一。下面将从电信运营商视角出发，分析电信运营商未来网络升级和可持续发展。

一、我国电信运营商绿色技术创新

随着政府和公众对资源节约和环境保护意识的不断提高，推进绿色信息和通信技术进步对于提高消费者满意度和增强企业竞争力具有重要的战略意义。类似的概念包括可持续信通技术、绿色 / 可持续信息技术和绿色 / 可持续信息系统。绿色和可持续两个词有时在文献中交互使用。然而，在多数情况下，这两个术语之间是有显著差异的。随着绿色增长、绿色投资、绿色技术、绿色创新等一系列绿色概念越来越多地出现在政策辩论和学术研究中，绿色常被用作环境友好的同义词。然而，根据可持续发展定义，可持续发展不仅涉及环境影响，同时涉及经济和社会方面问题。因此，与绿色信息通信技术相比，可持续信息通信技术包含了更广阔的含义。为避免概念上的混乱，这里使用“绿色”一词来表示对环境可持续性的关注。此外，绿色技术对于技术提供方和用户有不同含义。对于技术提供方，绿色技术意味着提升网络的绿色水平，为客户开发更环保的产品，以实现环境可持续性的目标。对于用户，如企业用户和个人消费者，绿色技术意味着以更明智的方式购买、使用和处置技术产品，通过这种方式可以实现更绿色的企业。对于政府，则须同时考虑所有经济部门的需求和期望。由此可见，绿色技术涵盖产品的整个生命周期，供应商和用户都参与其中。

建设和运营绿色网络已成为电信业不可逆转的趋势。《信息通信行业发展规划（2016—2020 年）》指出，提升绿色化水平是推动信息通信网络发展的必然途径。

越来越多的电信运营商和设备制造商已将重点转向节能环保型网络的研发。根据中国电信运营商披露数据表明，近年来，中国联通每年节能减排专项投资超过1亿元，中国移动每年对“绿色行动计划”的投资也超过1.5亿元。

在电信服务产业中，产业上游的设备制造商和提供网络服务的电信运营商通常被认为是绿色创新和绿色实践的主体，主要遵循市场机制和接受政府监管。对于电信运营商来说，激励绿色创新以降低运营和推广成本，不仅是电信服务市场竞争的结果，也是政府监管的结果。在绿色转型的呼声下，电信运营商正面临是否要绿色创新以及如何创新的重要决策。过去，设备制造商专注于提高设备性能，而电信运营商只关注提高服务质量。而在全球气候变暖的挑战和国家生态和谐战略发展的影响下，绿色创新已成为大势所趋。近年来，受市场需求的影响，设备制造商和电信运营商都开始了不同程度的绿色转型。在这一过程中，二者之间的创新互动是多样的。例如，电信运营商的绿色采购，是以市场信号的形式向产业链上游传递绿色创新的需求；电信运营商对节能减排技术的投资以及实施能源管理合同等措施，是电信运营商企业内部的绿色改革和创新投资行为。此外，设备制造商和电信运营商之间也存在小规模和小范围的联合创新和联合实验项目。

先进的技术加强了网络行业的资源共享和协作互动。例如，人工智能的应用有可能降低网络的推出和运营成本，改善网络性能和客户服务。人工智能的有效利用是由大数据支撑的，比如运营和监控数据。大数据作为一种新的生产要素，使技术驱动型企业更容易找到改进和创新的机会。因此，数据共享和纵向知识互补的需求也推动了产业生态系统内绿色联合创新。目前，不同的创新模式并存于产业创新生态系统内部。

二、电信行业未来网络升级和可持续发展需求

（一）电信行业未来网络升级特点

在绿色创新战略驱动下，中国移动、中国联通和中国电信都规划和发布了面向新产业生态的未来网络架构重构战略，包含网络转型、网络解耦和提供弹性灵活的服务等方面。下面将通过研究电信运营商网络构架白皮书及未来网络愿景等资料，对电信运营商视角下未来网络架构的主要内容进行分析。表6-1总结了三大电信运营商对未来网络架构的规划和愿景等方面，包括网络特征、网络架构等内容。

表 6-1　未来网络升级特点

	中国移动	中国电信	中国联通
网络特征	至简、按需服务、智慧内生、柔性、安全内生	按需随变、弹性灵活、云网协同、立体	敏捷、简洁、集约、开放
网络架构	面向全场景的泛在连接向分布式范式演进，面向统接入架构的至简网络	以数据中心和超宽网络为载体	集约化、软件化、开放、云化

由表 6-1 可知，三大电信运营商对未来网络架构的愿景，都包含了按需服务、简洁、柔性、开放等理念。对面向未来的网络架构的理解，体现了电信运营商在新的产业生态中对自身竞争力和资源利用的认识以及对未来网络架构规划的相似性，体现了电信运营商间较为激烈的竞争关系。从电信运营商视角研究未来网络架构的特点与特征，可为融合可持续发展战略的下一代网络架构设计提供来自产业界的一定参考。

(二)电信行业绿色发展实践

在可持续发展政策引导下，中国移动、中国联通和中国电信都相继开始了绿色转型和绿色发展。以电信运营商公开发布的 2019 年企业社会责任报告或可持续发展报告为资料来源。表 6-2 总结了电信运营商在技术和设备能源等方面的部分措施与实践。由表 6-2 可知，三大电信运营商在节能减排新技术方面重点关注了能源效率，如数据中心能源效率指标（PUE）等。

表 6-2　电信行业绿色发展方向

发展方向	中国移动	中国电信	中国联通
技术	研究 5G 网络能耗相关技术，启动节能分级企业标准更新。创新使用了液冷技术，使得基站 PUE 低至 1.1 左右，相对传统基站节能率达到 35%	推广节能低碳通信机房、绿色数据中心。智能双循环空调、自研云舱封闭通道技术、高效电源模块等相结合，使整体节能率达到 50%	优化升级网络资源与网络结构，推广机房空调、互联网数据中心等设备设施的节能减排新技术

（续表）

发展方向	中国移动	中国电信	中国联通
设备能源	安排节能减排专项资金，保证气候变化相关投资项目实现，推动管理和技术上的节能措施，运用可再生能源	全面退网 2.6 GHz 的 TD-LTE 基站、交换机、老旧停服交换机、固网交换机等设施	减少机房专用空调 437 台、高低压配电设备 109 套、柴油发电机 80 台

三、构建电信运营商未来网络的可持续发展框架

通过上述可以了解到电信运营商对未来网络架构的愿景，更多侧重于网络性能和对用户体验的提升。新一代通信技术的迅猛发展和万物互联时代的到来，带来了通信基础设施的新增部署和能源消耗上升，也带来了潜在的网络安全和生态环境影响等问题。因此，面向未来通信网络架构的研究应从主要关注网络性能和用户体验逐步扩展到对网络全方位可持续性发展的关注。在电信运营商对未来网络愿景的基础上，以未来 6G 网络为研究对象，探索了一种面向未来通信网络的生态可持续的网络架构，多层次、多维度地讨论了系统构建框架，并分析了未来网络的应用场景以及与现实物理世界的动态交互过程。下面主要从需求分析、框架设计和应用场景三部分展开，促进电信运营商未来网络的可持续发展。

（一）需求分析

万物互联时代的到来和数据密集型应用的广泛普及，对下一代通信网络的业务支撑维度和服务广度及深度提出新挑战。通信网基站的加速建设和高密度异构网络的大规模部署在满足网络覆盖和高品质业务的同时，加剧了各种设备和基础设施的能源消耗，也带来了潜在的网络安全和环境影响等问题。下一代通信网络的发展，不但要实现深度赋能经济和智能服务社会的能力，网络的多方位绿色可持续发展也将成为重要驱动因素之一。

从整个电信网络的历史沿革看，网络架构的发展可以划分为四大阶段：模拟通信、数字通信、互联网通信和软件定义网络。① 在以上阶段，网络架构的设计主要把为个人和企业用户提供高速、灵活和优质的网络服务，作为技术发展的主要驱动力。同时，作为网络服务的运营者，电信运营商肩负国有资产保值和增值的责任，以开源节流为目标来构建、运营和维护网络。

① CTNet2025 网络架构白皮书 [R]. 北京：中国电信集团公司，2016.

因此，传统网络架构的演进和升级主要集中在提升技术和设备能效上。在技术层面，效率和融合提升是主旋律。以多天线为例，MIMO、大规模天线以及毫米波的提出主要从空间维度提升频谱效率；OFDM、OTFS、NOMA 等则主要从时一频域角度。网络融合的例子包括 3G 时三网融合、Wi-Fi 与 LTE 的融合以及未来网络中空天地一体化网络的提出。

在网络设备层，兼容性和性能价格比是网络设施及设备设计和部署的主要参考，重点关注了网络平滑演进和向下兼容等特性。近年来，网络体系架构发展开始关注能源节约。当前通信网络的优化与升级在提升网络性能和推进绿色低碳方面呈现并行发展的态势，网络和设备有着明显的层级关系。因此，在整体系统层面，网络性能与可持续性的兼容有待进一步研究。

在此背景下，如何实现和评估下一代通信网络在经济、社会和自然等方面的可持续性，特别是生态可持续性至关重要。对此，考虑到网络架构设计的前瞻性和超前性，设计了生态可持续的未来网络架构，以引导移动通信相关技术和业务在未来发展中的绿色转变。这不仅是对网络生态可持续性的超前规划，也是进一步提升网络性能和环境鲁棒性的必经之路。同时，通信网络性能的动态监测和及时评估也尤为重要。传统的网络性能评估模型多基于单业务或面向单一维度，如回归分析[①]、层次分析法[②]，而下一代通信网络在评估维度和业务组合上更加复杂，会面临各种耦合性和相关性挑战，需要更全面的评估体系和更智能的评估方法，这些挑战将在下一节进行研究和讨论。因此，基于国内外全面发展绿色可持续网络的现实需求，结合 ReSOLVE[③] 框架和大数据、AI 等赋能技术，提出了一种生态可持续的未来通信网络的设计框架。

（二）框架设计

由于通信技术选用及网络拓张对生态可持续发展造成一定影响，还有很多潜在未知因素，因此，对于下一代通信网络的设计不应是一种定式，而应是可重新定义、可重塑和可循环的。由麦肯锡提出的 ReSOLVE 框架是可持续发展的代表性框架，它将循环经济的核心理念拆解成六项行动方针，即重新生成、共享、优化、循环、虚拟化和交换。

---

① Chuang. L.，Jie. H.，and Xiangzhen，K..Asurvey of the Models and Evaluation Methods of User Experience Quality（QoE）[J].ChineseJ.Comput.2012，35（1）：1–15.

② GongWencong，YuanJingling，ChenMincheng.et al.Qo Ehierarchye Valuation Model Based on User Experiencedelay[J].Comput.Eng.Sci..2019，41（3）：479–484.

③ McKinsey Center for Business and Environment，Growth within：Acirculare Conomyvision for a Competitiveeurope[R].Ellen Mac Arthur Foundation，2015.

（1）重新生成。转向可再生能源和材料；回收、保留和再生生态系统的健康；将回收的生物资源返回生物圈。中国移动在数据中心、通信基站、营业厅和办公楼等的节能改造方面，安排了节能减排专项节能，并积极推动可再生能源在管理和技术上的运用。此外，随着国家能源局、国家发展改革委《关于促进非水可再生能源发电健康发展的若干意见》的发布，中国电信和中国联通也着力于研究使用可再生能源为电网供能。

（2）共享。通过在用户之间共享产品（私有产品的点对点共享或产品池的公共共享），在产品的整个技术生命周期内重复使用产品，并通过维护、维修和耐久性设计延长产品的使用寿命，保持产品循环速度较低，最大限度地提高产品的利用率。例如，中国联通与中国电信共建共享 5G 网络，中国联通与中国电信在 4G 和其他资源的共建共享合作等。

（3）优化。提高产品的性能、效率；消除生产和供应链中的废物（从采购和物流到生产、使用和最终使用收集）；利用大数据、自动化、遥感和指导。这些行动都不需要改变产品或技术，丰田著名的精益理念就是例证。中国电信积极推进机房基础设施配置的优化，实现了去冗余改造，减少机房专用空调、高低压配电设备和柴油发电机的数量。中国联通也以供给侧结构性改革作为主线，持续开展老旧设备退网、2/3G 网络精简等工作，实现了基站节能场景化，推动经济与环境效益不断改善。

（4）循环。保持组件和材料处于闭合循环中，并优先考虑内部循环。对于有限材料，这意味着再制造产品或部件，并作为最后手段回收材料。目前，中国电信已部署了 ITC 旧终端回收再利用等相关工作，不仅节约了资源，也带来了持续的经济效益。

（5）虚拟化。虚拟地提供实用工具，如在线购物、自动驾驶车辆车队和虚拟办公室。如云数据中心、服务器虚拟化和桌面虚拟化等技术。电信运营商已开始探索将虚拟化技术应用到日常的管理和运营，以及产品开发与服务等方面。

（6）交换。用先进的不可再生材料取代旧材料；应用新技术（如 3D 打印和电动引擎）；选择新产品和服务（如多式联运）。

下一代通信网络不单是在 5G 基础上进一步深化的社会基础设施，而且将面向网络的生态可持续发展。下一代通信网络将在大数据、AI 等技术驱动下实现可升级和可循环，为未来社会提供无处不在的可靠连接和深度感知服务，成为协调与融合自然、经济和社会三方可持续的下一代智能网络。下一代通信网络架构设计构建由人、社会和自然三方需求驱动，演化目标（生态和谐、循环经济和可持续社会）引导的可持续网络，如图 6-2 所示。下一代网络不仅为人和社会的发展提供深度感知和便捷的智能网络服务，也应充分考虑自然环境的需求，特别是对生态、物种多样性以及各类资源的保护。考虑到下一代网络服务的复杂环境，对未来网络架构的研究，不是旨在提出一种具体的网络形态，而是从方法论上介绍如何使下一代网络更加绿色和更具可持续性的各个方面。具体而言，在架构设计中自上而下考虑四个层面，即系统、技术、设备和能源。其中，系统层涵盖了网络的各种性能特征和设计理念。而技术层代表在传统的组网过程中所要考虑的网络架构、组网方式以及相关的技术采用等。设备层包括了网络构建过程中用到的各个网络组件实体。能源层重点关注对网络设备能源消耗的合理规划。这四个层次涵盖下一代网络面向可持续发展的不同层面，不同层次相互支撑、相互依赖。

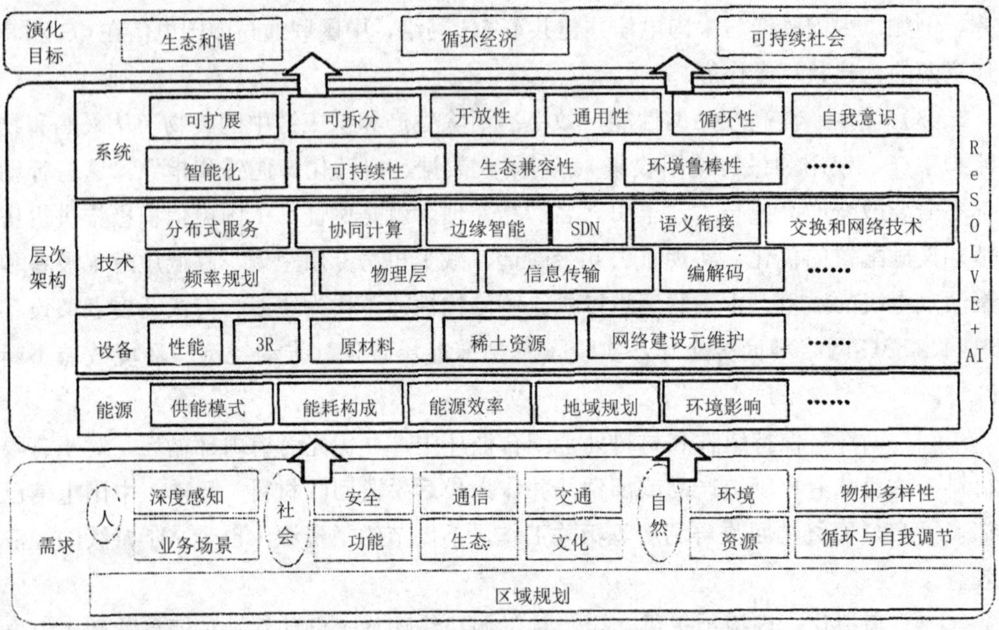

图 6-2　基于可持续发展理念的未来网络框架

1. 系统层面

系统层面涵盖网络构建、层次、组网和业务等总体要求和特征，并对网络具有的通用性和特殊性进行定义。系统层面的网络架构设计需要综合考虑并实现系统的集成能力、业务能力、自身修复力以及生态可持续能力。首先，可扩展、可拆分和开放性分别从软件层面按业务或管理需求分解和兼容性等方面，对网络的集成能力提出了要求。其次，通用性和循环性刻画了网络的功能与运行模式。设计者需要在统一的网络架构下实现更加广泛的服务以及需求的叠加。同时，循环性也将贯穿未来通信网络的各个层面：从大数据的循环使用和需求的闭环反馈，到设备和原材料的回收以及能源的循环再生等，无一不体现循环系统的红利。而自我意识和智能化是对网络高级智能的要求。其中，自我意识包含网络自发性、自主性和自觉性，是网络生命力的体现。网络自觉自发分析能力和自主修复能力，可对网络故障进行预测、预警和补偿，既节约了网络的资本支出和营业费用，又提高了网络服务效率。同时，智能化还要求网络对所提供的业务与服务具有自觉性，即向人的各方面需求和体验全面靠拢。例如，节点级智能具有数据感知能力、分析能力和对用户及用户群意图的洞察与识别等。

网络的生态可持续关系到网络与自然的深度融合。生态兼容性强调网络与人及其他生物的和谐共生。目前，无线通信的一个趋势是天线密集化和在高频、甚高频方面的利用。并且随着天线阵列规模的增大，系统因发射端的能量和空间资源的有效利用而增益提高；同时，电磁辐射的影响和发射信号的方向性也不断增强。如为增大覆盖范围，直接提高发射功率对电磁辐射的影响将更加明显。未来网络全频率基站和小型蜂窝密度、无线传能等技术的使用，将带来更大的电磁辐射和干扰等方面的问题。① 网络电磁辐射与自然电磁场的共存，需要对生物感知波束进行控制，并对具有环境鲁棒性的电磁环境管理技术给予应有的重视。

2. 技术层面

技术层面涵盖了应用层、网络层和基础设施等层面的采用技术。应用层的技术模块包括分布式智能服务，端—边—云的协同计算和边缘智能等；网络层的研究焦点有 SDN，多系统空间的语义衔接②，以及其他交换和网络技术；基础设施方面的研究则围绕频率规划，物理层设备的优化与共享，信息传输技术在智能场景的应用和视频等多媒体业务的编解码技术方向展开。这些技术的大规模使用或将对生态产生直接或间接影响。因此，下一代网络应该从生态可持续角度，研究、控制并预防技术采用对自然系统的影响。例如，频率规划不仅要关注业务需求和兼容性，也要关注其使用范围与周围生态的兼容性。低频、超高频等物理技术的使用，如频谱自由共享、全息无线电、太赫兹通信和可见光通信等③，也要进行合理的规划，考虑其受环境、生态和地域限制等问题。

3. 设备层面

设备层面在关注设备性能的基础上，进一步关注原材料的减少、回收和再利用（Reduce，Reuse，Recycle，3R）。以稀土资源为例，因其是一种不可再生的稀缺性战略资源，且广泛应用于高精尖网络设备等，其回收再利用显得尤为重要。目前，

---

① Tornevik，C..Impacts of EMF Limitson 5G Network Roll-Out[R].NLM，2017.

② Ziegler，V.andYrjola，S.. 6G Indicators of Value and Performance[A].//2nd 6G Wireless Summit 2020: Gain Edge for the 6G Era，6GSUMMIT，2020：1-5.

③ Yuan，Y，Zhao.Y.ng..et al.Potential Key Technologies for 6Gmobile Tommunications[J].Sci.China Inf. Sci.，2020，63（8）：1-19.

三大电信运营商已经陆续开展了退网基站设备、旧手机等废旧物资回收的项目。回收的废旧手机及配件等由专业公司进行无害化处理后，可对其中部分成分进行回收再利用。国家每年都会产生大量的废旧设备，如果没有合理的处理手段，必将造成环境污染。而通过对废旧设备的回收再利用，可以从设备中提炼出金、银等贵重金属以及稀土等稀缺资源，再次用于工业生产，不仅降低了成本，还减少了潜在的环境污染，对保护环境有重要意义。

4. 能源层面

能源层面需要从开源、节流两个思路展开，既要关注绿色技术创新和新能源使用，又要对网元设备及外设能源消耗进行合理规划。例如，通过基站共址、天线拉远等方式，基于新能源地理环境部署大型数据中心、计算中心等，有效降低了基站外设环境的能源消耗。此外，无线携能通信可应对非固定、恶劣环境等对设备的供能与控制的挑战；可见光通信、新型光源的研制等将对无线通信的盲区和能源利用提供清洁能源的选择。

由此可见，如何增加未来通信网络的绿色可持续性，不单要关注网络架构和设备部署是否能够基于不断变化的流量负载实现高效节能，同时也要优化布局在基础设施上的算力及通信等各种资源。在网络架构的设计和组网过程中，AI 将充分发挥其在各个层面，如可持续系统、网络切片、边缘智能、算力分配和可再生能源选择等方面的优势，将可持续的循环的顶层设计理念渗透到网络构建的每个环节。在可持续技术开发和利用上，数据网络的绿色融合和虚拟化、硬件设备的绿色优化和共享、数据的绿色循环与交换、用户和社会需求的深度感知都依赖于数据、网络与 AI 技术的高效融合。

（三）应用场景

下一代通信网络作为智能基础设施，将在与人的交互过程中，渗透到社会环境、经济系统和自然之中。高密度异构网络的部署、网络边缘延伸会将网络硬件与软件嵌入环境成为自然的一部分。同时，网络的发展将对人类社会、经济和自然环境产生积极或负面影响，社会、经济和自然也以数据、评估与体验等方式向网络反馈信息和诉求，形成动态闭环系统结构，通过数据感知和智能技术，实现网络服务于人、社会和自然，促进人类社会可持续发展。

到 2030 年，下一代通信网络将支撑万亿级、人机物、全时空、安全、智能的连接与服务[①]，并在 5G 新无线接入技术基础上融合演化产生若干新的用例和应用场

① HuangTao，HuoRu，LiuJiang.et al.Future Network Development Trends and Prospects[J].China Sci.Inf. Sci..2019.49（8）：941–948.

景。首先，下一代通信网络将实现可扩展的超可靠低延时通信（sURLLC）。不仅满足各类万物互联（IoE）应用（例如智能工厂）低延时、高可靠性和等待时间的需求[①]，还将融合URLLC需求与大规模机器类通信（mMTC）场景的多样化，催生新的sURLLC服务，实现可靠性、延迟和可扩展性的三重折中，满足不同规模机器通信网络的超低时延、超高可靠性需求。

下一代通信网络将提供空间化立体式大带宽（HeMBB）以满足与人相关的空间立体化通信需求，实现网络容量、连接性和移动性的联合增强。借助于空、天、地一体化，HeMBB将提供比当前增强移动宽带（eMBB）更快的数据速率，在实现更高的容量的同时，强调更强的连接性和更高的用户移动性支持。空域网络的无人机自组网、飞艇组网将大大提升网络的临时大热点和备灾、容灾能力。天域网络的高、中、低轨卫星可以提供支持不同覆盖范围、不同移动性和更多样环境的业务补充。同时，在下一代通信技术中，网络将以扁平化、无定形、自组织的组网方式进一步满足大量人群的活动，使得网络不受人口密度、区域活动限制，实现网络在各种特殊场景和移动场景的随处可用与无缝连接，进一步优化用户体验。

此外，下一代通信网络还将有能力提供多维融合服务（multi-dimension integrated services，MDIS）和人类知觉服务（human-perceptual service，HPS）。MDIS要求网络系统可以提供包括通信、计算、缓存、控制和定位等不同维度的综合服务，多维智能服务更是打破云、管、端的分界，打通AI所依赖的数据的传输、控制、计算能力，为0.1ms级时延智能服务提供可能。未来通信技术要实现的是对网络多维能力的动态优化和定制化组合。因而，多维融合服务的实现需要对上行和下行链路、通信、计算、存储等资源进行联合设计，以满足稳定性、准确性和定位精度等目标性能。最后，人类感知服务（HPS）将在虚拟现实（virtual reality，VR）和增强现实（augmented reality，AR）等需求的基础上，能够实现更广泛场景的无线移动。AR、VR高保真的全息交互，使全息通信随时随地进行，各种高纬度的感知体验、全沉浸式的交互体验将实现人们“全息连接”的通信愿景。展望未来，将出现基于天基系统的互联网（简称“天联网”），天联网系统结合现有陆上通信网络，将真正实现个人通信，即用各种可能的网络技术，让用户能在任何时间、任何地方和任何人进行通信。届时，通信终端可能不再是单独的手机终端，而是可以和人体合为一体，如通过微型耳机、隐形眼镜等类似形式出现，实现现有终端的语音和视频交互及呈现功能。未来的通信终端天线及其他零部件设备等可能会随着技术进步逐步

① Ziegler，V.and Yrjola，S..6G in Dicators of Value and Performance[A].//2nd 6G Wireless Summit 2020：Gain Edge for the 6G Era，6G SU MMIT，2020：1-5.

分离，能云化的在云端，不再像现在通信终端将基带、射频设备以及处理图像、音乐、视频、语音等功能部件集成在一起，以便终端更加隐形化、小型化、智能化、便捷化。

综合来看，下一代通信网络将实现高密度的覆盖、持续不间断地服务输出和实时全方位的动态交互。系统间的交互将随生态可持续意识的强化和网络能力的进化变得更加复杂和频繁。这使未来网络的架构设计是动态的、开放的和循环的，以感知经济、社会和自然的全方位需求。

四、5G 技术下电信运营商的可持续发展

目前，通信技术日新月异，5G 通信时代已然到来。截至目前，全球已经有 30 多个国家、60 多家电信运营商正式发布 5G 商用服务。5G 网络可以提供更宽的带宽，极小的网络时延以及超高密度的网络连接，所以相比 4G 网络技术而言不仅是网络的升级，亦是一个质变的过程。根据中国信息通信研究院发布的《大数据白皮书（2020 年）》，5G 在未来的应用场景主要包括以下几个方面：VR/AR、工业互联网、车联网、超高清视频、无人机、智慧医疗、智慧电网等。

目前，5G 已进入商用阶段。中国移动进行了 5G 技术应用场景的研究，包括车联网和高速固网宽带在城市中的应用等。中国电信将 5G 技术开发应用的工作重心放在了 5G 在智慧城市领域和无人驾驶的研究上，并明确了 5G 行业应用研究的进一步计划。中国联通也利用现有的 4G 资源加快 5G 网络的部署和覆盖。

（一）推进 5G 信息基础设施建设

5G 技术提高了数据传输的带宽和速度，并扩大了设备接入的规模，对电信运营商核心网络的规模也提出了更高要求。同时，大数据分析和云计算等技术的兴起，也使得电信运营商对大规模数据的处理成为可能。电信运营商通过推进 5G 等信息技术设施建设，可以进一步提升自身竞争优势。

1. 大数据

大数据是指无法在一定时间内用常规软件工具对其内容进行抓取、管理和处理的数据集合。大数据有大量、真实性、高速、多样、低价值密度等特点。根据中国信通院发布的白皮书，金融、医疗健康、政务是大数据行业应用的最主要领域。除此之外还包括农业、教育、电子商务、互联网、供应链与物流、交通运输、工业与制造业等。电信运营商中国大数据融合应用能力正在不断深化。大数据在工业领域的应用不断拓展深入，驱动网络化协同、智能化生产、个性化定制等新模式、新业态快速发展。互联网、电信、金融等重点领域大数据解决方案和产品加速出现，智

能推介、精准营销等应用越来越成熟。目前，三大电信运营商以企业推广和企业客户获取为目标的大数据能力建设、业务运营及大数据架构，正深刻影响不同行业企业从传统营销向数据营销的转型。

2. 云计算

云计算是指计算机系统资源的按需可用性，特别是数据存储（云存储）和计算能力，用户无须直接主动管理。云计算通常用于描述互联网上许多用户可用的数据中心。如今占主导地位的大型云，通常具有从中央服务器分布到多个位置的功能。如果与用户的连接相对较近，则可以将其指定为边缘服务器。近年来，国务院发展研究中心国际技术经济研究所发布的白皮书指出：在未来，云计算将迎来关键性的十年发展期。首先，随着新基建的推进，云计算将加速应用落地进程，在交通、政务、互联网、金融、物流、教育等不同领域快速发展。其次，在全球发展数字经济的背景下，云计算成为很多企业实现数字化转型的重要途径之一。关于中国云计算产业链的基本情况，按照产业机构来看，云计算产业链可以分为上游核心硬件、IT基础设备和下游云生态三个部分，中央处理器、闪存、芯片、内存等构成核心硬件，存储设备、服务器、网络设备等构成中游IT基础设备，以及由基础平台和云原生应用组成的下游云生态。

在大环境的带动下，云计算产业呈现高速增长的态势，三大电信运营商也先后加入，积极开拓基于云计算的相关服务。

（二）加强产业协同促进可持续发展

电信运营商持续加强5G产业创新能力建设，推动5G与云计算、大数据、人工智能、区块链等技术协同发展。

1. 人工智能

人工智能是由机器展示的智能，任何感知环境并采取行动以最大限度地提高成功实现目标的机会的设备都属于人工智能范畴。

中国移动于2019年发布了人工智能平台一“九天”。该平台聚焦智慧网络场景，由深度学习平台和AI能力平台组成，提供从基础设施到核心能力的开放式AI服务，赋能各行各业有关人工智能的规模化应用。目前“九天”人工智能平台已在客户服务智能化、市场营销和网络智能化等领域开展应用，并应用于上海移动智能营销机器人、江苏移动网络智能化、中移在线智能客服、浙江移动深度学习平台等。

中国电信也将ICT新技术集群应用于数字中国、智慧社会等建设，目前已与产、学、研伙伴构建了“区块链与数字经济联合创新实验室”“灯塔AI能力开放平台”“人工智能联合实验室”等产业协同创新平台，其中灯塔AI能力开放平台可以通过简洁的操作实现使用复杂的人工智能算法，进行模型训练、评估及预测。当前，平台支持 MXNet 以及自主研发的 Dragon 框架，后续将面向行业伙伴和高校科研机构进一步开放，提供包括数据采集、数据标注、模型训练与能力封装等一系列的相关服务。

同时，中国联通也向互联网化运营转型，构建核心业务支撑平台，该平台继承主流商业模式、兼顾未来商业模式，可实现沃享套餐、积木式套餐和后向收费等多种模式。除此之外，中国联通还将对外合作与自主创新相结合，如与互联网合作伙伴联合完成金融保险 AI 在线语音质检项目，合作试点全语音门户服务等，利用 AI 技术，通过人机融合服务来提高热线服务能力。

2. 边缘计算

边缘计算是一种分布式计算范式，提高计算和数据存储的响应时间并节省带宽。边缘计算广义可定义为发生在网络边缘的所有云计算之外的计算，在该定义之下，云计算操作大数据，而边缘计算操作“即时数据”，即传感器或用户生成的实时数据。

边缘计算将原有云计算的全部或部分任务迁移到数据源附近，具有安全性高、实时数据处理和分析、隐私保护、位置感知及低流量、可扩展性强的优势。边缘计算在产业互联网中具有十分广泛的应用。其中，在医疗场景中，边缘计算主要可以防止医疗设备管理的应用程序发生延迟。在边缘计算的支持下，可直接本地化关键数据，无须建立集中的数据中心，在响应速度、安全性和有效性上有更良好的表现。在交通方面，边缘计算可以缩短端到端的延迟，为车辆行驶提供便利，避免信号处理不及时而造成车祸事故，使其能与道路上的其他车辆通信，并告知司机交通拥堵信息或预期的风险。由此可见，边缘计算在医疗、交通等行业的全方位应用，有利于提升行业的信息化水平，加速各领域的处理数据效率，促进产业互联网的不断发展。

各大电信运营商都加快了推动边缘计算在各领域的应用，在不同的应用场景部署边缘计算网络，提供边缘计算基础服务，围绕工业互联网、商超综合体、VR/AR、高清视频等行业，产生了很多 5G 应用场景案例。在商超综合体方面，中国电信发布了“5G+MEC 智慧商业数字孪生平台”。基于电信的云边协同“5G SA 网络”，可以实现大空间、定制化场景的厘米级空间定位和规模化部署。在智慧工厂方面，中国电信携三一重工完成了“5G+MEC 智慧工厂”预商用，通过智能化系统的部署以及数字化电解、铸造车间的建设，节约了大量人工成本。此外，在车联网、医疗、矿山、电力、视频等领域，也涌现出不少“5G+MEC”应用。中国移动则重点推进智慧城市、车联网、智能制造和直播游戏四大通用垂直行业场景。在浙江，中国移动与华为首先完成了全国首个“5G+MEC”车载通信网络部署；在云南，中国移动与中兴通信、云南神火铝业打造云南首个“5G+MEC 智能工厂”。

中国联通于 2020 年在 MEC 智慧港口、能源、新媒体、智能制造、智慧医疗等多个领域取得了突破。MEC 智慧港口项目结合联通 5G+MEC 网络大带宽及低时延特性，通过无人驾驶智能集装箱卡车的全景高清视频，对无人卡车进行远程实时监控，为无人卡车远程遥控驾驶提供技术保障，满足了港区无人卡车异常时人工远程遥控驾驶车辆的需求，提升了无人卡车的安全和管理能力。此外，中国联通新疆分公司与国网新疆电力在 +1100 千伏昌吉换流站完成了 MEC 设备安装工作，成功实现了新疆能源行业的首个“5G+MEC”商用。

（三）进入新兴业务领域实现数字化转型

相比过去标准化的固话、移动电话和互联网接入服务，物联网、区块链等新兴业务行业差异巨大，电信运营商无法将其统一标准化，而是应该聚焦行业痛点，根据用户需求推进方案，根据物联网、区块链领域的各垂直行业细分市场的需求，提供针对性的服务。

1. 物联网

物联网描述了由物理对象构成的网络，其中“物”指的是嵌入传感器、软件和其他用于通过互联网与其他设备和系统连接并交换数据的技术。物联网可以采集任何需要监控、连接和互动的物体或过程，有着全面感知、可靠传输以及智能处理的特点。三大电信运营商在物联网基础设施建设和服务方面，都有相应部署和规划。其中，中国移动成立了中移物联网有限公司，专业运营物联网专用网络，推动物联网在各行各业的规模应用，开启移动物联网生态。目前，中国移动已经形成了全面覆盖云—管—端的物联网能力。中国电信对于物联网的规划，通过“端”“管”“云”“用”四方面去提升产业链价值。中国联通对于物联网连接能力的建设，是通过打造物联网产业生态圈，关注非网络连接等服务，构建多样化和多场景的物联网网络。

2. 区块链

区块链技术是一种分布式的网络数据管理技术，通过分布式共识协议和密码学技术，保障网络传输与访问安全，实现数据不易篡改、多方维护、全网一致、交叉验证的功能。区块链于 2021 年上升为国家战略后，地方政府都积极打造区块链先行应用试点地区。各省政策多数在鼓励落实区块链技术在各领域的应用，主要包括金融、创新发展、公共服务及政务等领域，除此之外还有农业、知识产权、交通运输、贸易商贸等方面。近年以来，中国三大电信运营商合作成立了“可信区块链电信应用组”，提出了包括“区块链即服务”、业务运营支撑、电信运营商间清结算、物联网物流溯源等领域的电信行业应用方向，同时就可信区块链电信应用组后续的工作计划、工作机制和输出成果达成了一致。可信区块链电信应用组的正式成立，建立了一个区块链产业与电信运营商紧密合作的平台，有助于联合产业链共同发掘区块链在电信资产、数字资产、新一代网络建设等电信运营商相关领域的应用价值。

参考文献

[1] 车婧 . 移动互联网时代我国电信运营商发展分析 [D]. 广州：广东外语外贸大学，2015.

[2] 陈黎晋 . 移动互联网背景下传统电信运营商渠道转型研究——以云南移动为例 [D]. 昆明：云南财经大学，2015.

[3] 陈翔 . 移动互联网时代下的电信运营商竞争优势研究 [D]. 成都：电子科技大学，2016.

[4] 陈晓萌 . 移动互联网产业价值链中电信运营商的策略研究 [D]. 北京：北京化工大学，2017.

[5] 崔君苗 . 互联网时代电信运营商渠道运作研究 [D]. 北京：北京邮电大学，2012.

[6] 邓海华 . 互联网时代电信运营商渠道转型研究 [D]. 武汉：湖北工业大学，2019.

[7] 邓云志 .5G 时代电信运营商面临的挑战与商业模式创新浅析 [J]. 现代经济信息，2018 (9)：361+363.

[8] 董琦琦 . 基于大数据挖掘技术的产品开发——以电信运营商为例 [D]. 南京：东南大学，2016.

[9] 冯立超 . 电信产业链纵向竞合关系与协同机制研究 [D]. 长春：吉林大学，2018.

[10] 冯丽丽 . 我国电信运营商在移动互联网产业链中的定位研究 [D]. 北京：北京邮电大学，2014.

[11] 冯艳刚 . 电信业供应链协调策略与创新激励模型研究 [D]. 北京：北京邮电大学，2015.

[12] 郭建军 . 电信运营商电子渠道互联网化研究 [D]. 南昌：江西财经大学，2015.

[13] 郭宇 . 移动互联网时代电信运营商商业模式创新研究 [D]. 南昌：江西财经大学，2014.

[14] 黄勇军，冯明，丁圣勇，等 . 电信运营商大数据发展策略探讨 [J]. 电信科学，2013，29 (3): 7-11.

[15] 解建辉 . 移动互联网环境下基础电信运营商的企业困境与转型路径研究 [D]. 北京：北京邮电大学，2017.

[16] 李加平 . 基于智能移动互联网的电信运营商新型移动电子商务平台分析研究 [D]. 昆明：昆明理工大学，2015.

[17] 李睿，刘旭峰，高敏，等 .5G 发展动态与运营商应对策略 [J]. 信息通信技术，2018，12 (4): 59-65.

[18] 李姗姗，李涛，刘辛炎 . 电信运营商数字化转型成熟度评价研究 [J]. 信息通信技术，2022，16 (1): 58-63.

[19] 刘明 . 跨界融合背景下电信运营商全业务电子商务转型研究 [D]. 北京：北京邮电大学，2019.

[20] 龙驰 . 大视频时代下中国电信运营商的战略转型研究 [D]. 北京：北京邮电大学，2019.

[21] 罗剑锋 . 产业链变革的动态视角下通信运营商合作伙伴选择与合作机制研究 [D]. 长沙：中南大学，2013.

[22] 孟星星 . 基于互联网金融的电信运营商与金融机构竞合关系研究 [D]. 南京：南京邮电大学，2017.

[23] 宋罗娜 . 互联网时代电信运营商产业生态研究 [D]. 北京：北京邮电大学，2021.

[24] 王林 . 移动互联环境下携号转网对电信运营商竞争影响的博弈分析 [D]. 南昌：南昌大学，2015.

[25] 文志成 . “一带一路”格局下中国电信运营商的国际合作——电信经济学的视角 [J]. “一带一路”与中国—东盟合作发展研究，2021 (0): 99-114.

[26] 谢志斐 . 云计算市场发展分析及电信运营商云计算业务发展建议 [J]. 通信世界，2021（3）: 19-22.

[27] 辛鹏骏 . 移动互联网时代电信运营商商业模式创新研究 [D]. 成都：电子科技大学，2012.

[28] 张旭梅，官子力，范乔凌 . 移动互联网背景下电信运营商产业链延伸合作模式及策略研究 [J]. 重庆大学学报（社会科学版），2016，(6): 36-43.

[29] 张燕 . 博弈论视角下的移动互联网产业链纵向优化整合研究 [D]. 南昌：江西师范大学，2016.

[30] 郑佳琦 . 我国电信运营商对外投资的问题及对策研究 [D]. 哈尔滨：哈尔滨师范大学，2015.

[31] 郑兴有 . 营销渠道的冲突管理研究 [D]. 上海：东华大学，2014.

[32] 朱成雪 . 移动互联网产业电信运营商的盈利模式研究 [D]. 南京：南京邮电大学，2014.

[33] 朱涛 . 全业务背景下电信运营商电子商务发展战略分析 [D]. 长春：吉林大学，2015.

附　录

CDMA：一般指码分多址。码分多址是指利用码序列相关性实现的多址通信。

TD-SCDMA：英文 Time Division-Synchronous Code Division Multiple Access（时分同步码分多址）的简称，它是以我国知识产权为主的、被国际上广泛接受和认可的无线通信国际标准，也被国际电信联盟（ITU）正式列为第三代移动通信空口技术规范之一。

QFD 质量屋模型：把顾客或市场的要求转化为设计要求、零部件特性、工艺要求、生产要求的多层次演绎分析方法。

SP：服务提供商的缩写，是通过移动通信网和定位技术获取移动终端（手机）的位置信息（经纬度坐标数据），开展一系列应用服务的新型移动数据业务，它将成为我们将来舒适生活中密不可分的一部分。

ITV 业务：中国电信宽带互联网视听业务，具有点播功能。

OTT：指互联网公司越过运营商，发展基于开放互联网的各种视频及数据服务业务。

O2O：是 O2O，Online To Offline 的缩写，即在线离线 / 线上到线下，是指将线下的商务机会与互联网结合，让互联网成为线下交易的平台。

ARPU：一般指每用户平均收入。运营商用来测定其取自每个最终用户的收入的一个指标。

LBS：指基于位置的服务，是利用各类型的定位技术来获取定位设备当前的所在位置，通过移动互联网向定位设备提供信息资源和基础服务。

BPDU：一般指网桥协议数据单元。网桥协议数据单元生成树协议是一种桥嵌套协议，在 IEEE 802.1d 规范里定义，可以用来消除桥回路。

DAI 技术：计算机安全用语。ARP 防范在全部是 Cisco 交换网络里，可以通过绑定每台设备的 ip 和 mac 地址解决。但是这样做比较麻烦，可以用思科 Dynamic ARP Inspection 机制解决。

DMZ：英文 demilitarized zone 的缩写，它是为了解决安装防火墙后外部网络的访问用户不能访问内部网络服务器的问题而设立的一个非安全系统与安全系统之间的缓冲区。

Web 服务器：一般指网站服务器，是指驻留于因特网上某种类型计算机的程序，可以处理浏览器等 Web 客户端的请求并返回相应响应，也可以放置网站文件，让全世界浏览；可以放置数据文件，让全世界下载。

CPU：一般指中央处理器。

PC：一般指个人计算机。

ATM：自动取款机。

ICT：一般指信息与通信技术。这是一个涵盖性术语，覆盖了所有通信设备或应用软件以及与之相关的各种服务和应用软件，例如视频会议和远程教学。

TD-LTE：即长期演进的缩写。

IMS：即 IP 多媒体系统，是一种全新的多媒体业务形式，它能够满足的终端客户更新颖、更多样化多媒体业务的需求。

IoT：物联网。

AR：增强现实技术。

MR：一般指混合现实技术。

VR：虚拟现实技术。

CP：即内容提供商，通常是指为电信运营商（包括固定网、移动网、因特网或其他数据网运营商）提供内容服务的社会合作单位。

Oracle：Oracle 公司（甲骨文）是全球最大的信息管理软件及服务供应商。

EMC：EMC（易安信）为一家美国信息存储资讯科技公司，主要业务为信息存储及管理产品、服务和解决方案。

WAP：无线应用协议的缩写，一种实现移动电话与互联网结合的应用协议标准。

CT：通信技术。

IDC：互联网数据中心，是指一种拥有完善的设备（包括高速互联网接入带宽、高性能局域网络、安全可靠的机房环境等）、专业化的管理、完善的应用服务平台。

IM：即时通信系统。

SP/CP：服务提供商/内容提供商。

IPv6+："IPv6+"是IPv6下一代互联网的升级，是面向5G和云时代的IP网络创新体系。

SRv6：SRv6是基于IPv6转发平面的SR技术，其结合了SR源路由优势和IPv6简洁易扩展的特质，具有其独特的优势。

Kubernetes：简称K8s，是用8代替名字中间的8个字符"ubernete"而成的缩写，是一个开源的、用于管理云平台中多个主机上的容器化的应用。

OpenStack：是一个开源的云计算管理平台项目，是一系列软件开源项目的组合。

WML：无线标记语言，是WAP规范指定的基于XML的基本内容格式，使用支持该规范的设备例如移动电话可以浏览WML的页面。

HTML：全称为超文本标记语言，是一种标记语言。

BBS：基站子系统，是传统的蜂窝电话网络的一个组成部分，负责处理一个移动电话和网络交换子系统之间的通信流量和信令。

ESS：它是综合了各种信息报告系统和决策支持系统而构成的专为组织中的高层领导使用的信息系统。

cBSS：是指中国联通cBSS集中业务支撑系统。

VPN：一般指虚拟专用网络。

Bit：比特，计算机专业术语，是信息量单位，是由英文BIT音译而来。

DPI：每英寸点数，是一个量度单位，用于点阵数码影像，指每一英寸长度中，取样、可显示或输出点的数目。

CRM：客户关系管理。

NFC：一般指近场通信。

SNS：即社会性网络服务，专指旨在帮助人们建立社会性网络的互联网应用服务。

iftt：是"if this then that"的缩写，事实上是让你的网络行为能够引发连锁反应、让你使用更为方便，其宗旨是让互联网为你服务。

MMS：一种实时通信机制。

PUSH：推送服务。

WCDMA：宽带码分多址（Wideb and Code Division Multiple Access，常简写为W-CDMA）是一种 3G 蜂窝网络，使用的部分协议与 2G GSM 标准一致。

PCC：策略控制和计费。

VoIP：基于 IP 的语音传输，是一种语音通话技术，经由网际协议（IP）来达成语音通话与多媒体会议，也就是经由互联网来进行通信。

QoS：服务质量，指一个网络能够利用各种基础技术为指定的网络通信提供更好的服务能力，是网络的一种安全机制，用来解决网络延迟和阻塞等问题的一种技术。

MIMO：一般指多进多出。

OFDM：即正交频分复用技术。

OTFS：正交时频空调制。

NOMA：非正交多址技术。

SDN：一般指软件定义网络。

URLLC：低时延高可靠通信（超高可靠和超低时延通信）。

MXNet：亚马逊（Amazon）选择的深度学习库。

Drogon 框架：Drogon 是一个跨平台框架。